抗戰前、中、後的廣西變革

黃旭初回憶錄

黃旭初
蔡登山
———
原著
主編

黃旭初次子黃武良，攝於廣西容縣「黃旭初別墅」後庭。

黃旭初和他的回憶錄

蔡登山

黃旭初（1892～1975），廣西容縣人。係廣西省政府主席，主政廣西近廿年。黃旭初年十六入容縣師範，二十歲肄業於廣西陸軍速成學校步兵科，與李宗仁有同學之誼。一九一四年，他以優異成績考入北京中國陸軍大學學習。一九一七年，任廣西陸軍模範營連長，保定軍校畢業的黃紹竑、白崇禧任副連長。一九一九年由湘歸任廣西陸軍第一師步二團團附。一九二一年六月，調任廣西督軍署中校參謀。一九二三年擔任李宗仁的「廣西定桂軍總司令部」參謀長。一九二六年北伐軍興，廣西軍隊改編為國民革命軍第七軍，李宗仁任軍長，白崇禧任參謀長，黃旭初任第四旅旅長，後升任第七軍第六師師長，屢建奇功。一九二八年升任第十五軍副軍長兼第二師師長，一九三〇年任護黨救國軍第十五軍軍長。

一九三一年七月一日，黃旭初在南寧就任廣西省政府主席。一當就是十九年，直到一九四九年止。與山西的閻錫山同以模範省著稱中外，有聲於時。黃旭初積極配合李宗仁、白崇禧進行軍事、政治、經濟、文化「四大建設」，在幾年的時間裏，桂系一躍成為中國西南的一大地方實力派。李宗仁後來在他的回憶錄中寫道：「黃君（指黃旭初）老成練達，與我有同窗之雅，並曾入陸軍大學深造，謹小慎微，應對如流，全軍賴其輔導，上下歸心。嗣後我軍竟能戡平八桂，問鼎中原，渠早年主持戎幕，為本軍打下良好基礎之功，實不可沒。黃君其後主持廣西省政達十九年，澤被桑梓，亦非幸致。」

一九四九年十二月二日黃旭初離開南寧，因為軍事情勢上南寧已不可守。十二月三日他和白崇禧同時飛抵海南島的海口，他們在海南十九天。白崇禧乘艦出海指揮作戰曾小別一週，其餘每天都有會議或晤談，商討的都屬當前軍國要事，全不及私。又因由桂入越的敗殘部隊，為數尚不少，白崇禧乃囑黃旭初赴越南籌謀部隊生活的照顧和善後安排。法國駐邕龍領事田友仁那時也遷到海口，黃旭初請他辦理入越護照，但他轉報法方得不到答覆，無法辦通赴越南手續。十二月二十一日黃旭初和白氏握手分袂，飛往香港，白氏南飛榆林視察。不料此別竟成永訣！自此，黃旭初寓居香

港，後來國府聘為總統府國策顧問，但他一直沒有到職。一九七五年十一月十八日，他因心臟病發作，病逝香港九龍浸會醫院，享年八十四歲。

黃旭初在五○年代末在香港雜誌上開始寫回憶的文章，前後有十來年，據香港傳記作家胡志偉先生估計，有二百一十五篇，共一百卅萬言。其中成書出版的只有《我的母親》一書，另外還有《八桂憶往錄》（後名為《廣西懷鄉記》）、《廣西與中央廿餘年來悲歡離合憶述》，這兩部書稿篇幅頗大的，史料價值尤高。胡志偉的評價是「從地域來講，他寫了自一八九八年李立廷領導會黨起義至國軍由桂南退入越南期間的廣西內政、邊防、外交、建設、金融、民族、約法、議員、自治、鐵路、糧產、通志、民意機關、粵桂關係以及外界對廣西的評價，儼然一部廿世紀五十年代前的廣西省斷代史；從政事來看，他從同盟會滲入廣西、辛亥柳州獨立、陸榮廷討袁、廣西護法、桂軍參加北伐、粵桂之戰、龍潭大戰、粵桂合力救平南昌暴動、西征唐生智、逐奉軍出關、用兵武漢、黃張攻粵、滇軍攻南寧、中原大戰、粵桂反蔣、寧桂復合、桂南會戰、大別山戰鬥、衡陽保衛戰、崑崙關血戰、常德會戰、南寧兩次陷日、反攻桂柳、廣西光復，一直寫到李宗仁當選副總統、李白求和失敗、李宗仁飛美、監察院彈劾李宗仁、李宗仁回歸大陸，活生生是一部桂系政治軍事活動史。」。此外還有《辛亥革命廣西援鄂北伐軍》、《辛亥革命造成廣西陸榮廷握政》、《辛亥革命時廣西省議會與臨時約法》、《抗戰前夕寧桂間的微妙關係》、《遷省史話》、《廣西回應雲南護國討袁始末》、《劉古香柳州獨居》等近代史料的文章，但可惜的是並沒有單獨結集出版。

胡志偉還特別指出黃旭初寫近代史，資料主要取自他自己的日記，部份依據第十六集團軍總司令部中校參謀盧玉衡的口述和第五軍司令部編印處李誠毅等人的手記；敵方的行動，則依據日本人鈴木醇美的《廣西會戰紀事》等書。這也是他回憶錄史料之價值較高的所在。一般我們看到的回憶錄都是作者晚年的回憶之作，由於是數十年的往事，即使有驚人的記憶力，許多細節還是無法回溯的。而黃旭初寫這些戰役，有時間，有路線，何日何地被攻陷，戰役的整個路線圖，一清二楚。苟非靠當時的日記所載，是難以做到的。

據廣西壯族自治區博物館副研究館員巫惠民說他幾經周折後，在自治區文化廳、區黨委統戰部和廣西海外聯誼會的多方努力和協調下，終於二○○一年十二月十日將黃旭初的日記和信札徵集到，成為國家二級珍貴文物收藏於廣西壯族自治區博物館。日記是從一九三一年至一九七五年間所寫的，除一九三五至一九三六兩年共用一本外，其餘每年一本，共四十四

本。徵集時，除一九三一～一九三四年及一九三七、一九四〇年這六年日記因外借未還而沒有徵集外，其餘三十八本全部徵集入藏。而信札部分黃旭初將之集成七冊，共208封，1079頁。有李宗仁給蔣介石、黃旭初和臺北張群（岳軍）的信，有白崇禧致黃旭初的信，也有黃旭初給李宗仁以及黃旭初與夏威、程思遠、徐梗生聯名給李宗仁的信等。

　　鑑於黃旭初回憶錄的史料價值，我聯絡上在香港的黃旭初的次子黃武良同意出版。我找齊了黃旭初在香港《春秋》（半月刊）連載的《廣西與中央廿餘年來悲歡離合憶述》四十四章節，他在書稿最後記了「一九六三、八、四初稿」，這書稿前後，寫了近兩年的時間。文章刊出後，李宗仁從美國來函，對第一篇的章節作了若干更正與補充。於是黃旭初又寫了補正之一〈李宗仁由美來函話當年〉、補正之二〈廣西人在浙皖兩省的地方政權〉、補正之三〈桂人主皖政—由李宗仁到夏威〉、補正之四〈國軍戰敗避入越南經過詳情〉，對原書稿做了更詳盡的補充，可見其精益求精的態度。

　　此書稿談及李李宗仁、白崇禧和蔣介石的恩怨離合甚多，為此我又找到黃旭初所寫的四篇文章，分別是：〈白崇禧兩度任副總參謀長之憶〉、〈蔣李初次會晤經過詳情〉、〈蔣李第二次會晤經過詳情〉、〈我記憶中的早年李宗仁〉，當作此書稿的附錄，如此對李宗仁、白崇禧和蔣介石之間的關係，當有更進一步的瞭解。書名也改為《黃旭初回憶錄—李宗仁、白崇禧與蔣介石的離合》（簡稱《黃旭初回憶錄》系列一）。

　　黃旭初回憶錄中，他生前親自訂定章節的《八桂憶往錄》（又名《廣西還鄉記》），篇幅較大。為便於閱讀今將其分為兩部，分別是：《黃旭初回憶錄——孫中山與陸榮廷的護法暗鬥》及《黃旭初回憶錄——抗戰前、中、後的廣西變革》。另他原先唯一結集出版過的《我的母親》一書，此次亦予收錄。如此他的回憶錄一共五本，有一百二十餘萬字，可謂齊備矣。黃旭初晚年在香江一隅，用了十餘年的時光，來寫回憶錄，不為名也不為利，但卻為歷史做了見證，其精神無疑地是令人敬佩的。

　　感謝黃武良先生他無私而且信任我，是我在整理出版一系列《黃旭初回憶錄》的最大動力，雖然前路漫漫，但不寂寞！

目　次

一、襲舊名換新質的民團制

　　民國二十年後至抗日戰爭前，廣西的治安比之別省特為良好，頗為當時外人所稱道。他們聽說這是廣西屬行民團制度的結果，民團是各省都有的，雖然名稱或有不同，但何以廣西的成效特著呢？為想了解個中的原因，於是先後有著名的新聞記者、學者、甚至外國人士，親到廣西來實地考察，歸而著文評述，見諸報刊的，不一其人。

　　這是一種襲用舊名變換新質的制度。固然不是鄉紳辦的保衛團，也不是單純的民兵制度或軍制訓度，而是依照地方自治的編制，從軍事訓練出發，將民眾組織起來，使人民能自衛、自治、自給的一種設施。從靜的組織機構方面說，民團就是人民的軍事的、政治的、經濟的、和文化的集團或團體。

　　這種制度所以能在廣西施行，一由於當時廣西在西南政務委員會系統之下，省政措施得到極的大自由，上級不加以拘束；二由於軍政雙方意見一致，精神一致，政策容易貫徹；三由省內無戰事的干擾，連續多年，一切政令都能按照計劃推行無阻，非獨民團為然。

　　本篇特將民團的起源、組織、訓練、經費、幹訓、功效等項詳為記述。

（一）推行民團制度的原因

　　民團制度當初是怎樣行起來的呢？

　　十九年夏，我軍由湘敗歸，困處桂柳。南京令滇粵合力攻桂。滇軍圍我省會南寧；粵軍佔據了梧、潯、鬱富庶區域，進至賓陽，一面阻斷我柳邕間的交通，一面以飛機投彈轟炸邕垣，以助滇軍攻城。我軍在柳雖經兩月餘的整頓補充，因一切貧乏，實力依然很小，無法同時對付滇粵兩強敵。但南寧守軍糧食將盡，急待設法解圍。教導第一師師長梁瀚嵩，原籍賓陽，他向李宗仁總司令、白崇禧前敵總指揮建設，願辭去軍職，回籍組織民團，以助軍隊作戰。李、白採納其議，遂組織民團總指揮部，白兼任民團總指揮，以梁瀚高為民團副總指揮，負組織民團的專責。是年九月，白氏率三個縱隊由柳往攻圍邕的滇軍，其部署是白親率第一、二兩縱隊

經武鳴直向南寧,而以李品仙指揮第三縱隊向賓陽牽制粵軍,使其不能前進和滇軍聯合。事先,白令梁瀚嵩兼任第三縱隊參謀長,到賓貴公路東側的樟木墟進行賓陽、貴縣、遷江、來賓四縣的民團組織;又以盧焱山為第六區民團指揮官,陳日葵為副,統率四縣的民團和軍隊一致行動,破壞賓貴公路的交通。自貴縣的雷神到賓縣的黎塘一帶要點,粵軍時時都被我襲擊,屢有傷亡、疑懼交加。我第三縱隊各部向賓陽城、思隴墟攻擊。粵軍進到思隴墟,終不得不退回賓陽城,我第三縱隊達成了牽制的任務。由這次的經驗,深感民團如果組織完善,運用適當,不僅可以禦匪衛鄉,且可協助軍隊作戰。滇軍既由南寧敗走回滇,粵軍也於二十年夏因粵桂和平而悉撤回粵,廣西復歸統一,於是將民團制度普遍推行到全省。

(二)民團的組織系統

想了解民團全般的情形,應先知道民團的組織系統。它是和行政系統一致的,分省、區、縣、鄉(鎮)、村(街)各級。現從上到下來詳細分述。

省

最初在省會設立廣西民團總指揮部,以掌理全省民團的指揮監督和一切事務,隸屬於國民革命軍第四集團軍總司令部。二十一年初,白總指揮以民團為省行政的一部,應由省政府辦理,從四月一日起,將廣西民團總指揮部撤銷,改在省政內設團務處接管它的職務。經過了一年多,由經驗上感覺,省政府主管民團,遠不及軍事機關主管的便利,二十二年六月,又撤銷團務處,而將其職權移交第四集團軍總司令部接管。所有民團一切編練、經理、衛生、政訓等事,不須另設機構,即由總司令部參謀、經理、軍醫、政訓等處兼辦。此外,設團務設計委員會,由總部委派員長一人和專任委員數人,並由省府、總部各指派兼任委員數人來組成,負責研究團務改進事宜。

區

依十九年所定的民團組織暫行條例,劃全省為十二個民團區。每區設區民團指揮部,置指揮官、副指揮官各一人,督促所屬各縣辦理團務。省府團務處成立後,就從前六道的區域,從新劃全省為南寧、梧州、桂林、柳州、百色、龍州等六個民團區;並擴大區指揮部的組織,在區部增

設特務隊，以補助區屬各縣警衛的需要。二十二年六月，又改劃為桂林、平樂、梧州、柳州、南寧、百色、天保、龍州等八區；並令區部停止編練民團常備隊。二十三年四月，省政府各區民團指揮官兼任該區行政監督，以就近督察各縣政務；並派秘書、助理員各一人協助辦理，不另設公署。二十五年十一月，再劃全省為桂林、平樂、梧州、柳州、潯州、鬱林、慶遠、南寧、百色、天保、龍州等十一區。

縣

縣設民團司令部。以縣長兼任民團司令，並由省委軍官一人為副司令。司令受區指揮官和縣政府的監督指揮，綜理全縣團務。副司令輔佐司令，協贊統率指揮全縣的民團。二十一年四月將民團司令部合併縣政府辦公，不再獨立。二十三年，省政府委派副司令兼副縣長。二十五年三月，撤銷縣民團司令部，改在縣政府設第五科，專管民團事務。

鄉（在市區為鎮）：鄉（鎮）設鄉（鎮）公所，置鄉（鎮）長一人。在公所附設民團大隊部，鄉（鎮）長兼任民團大隊長。大隊由所屬各村（街）後備隊、預備隊所成。

村（在市區為街）：設村（街）公所，置村（街）長一人。每村（街）由八甲至十五甲編成。每甲十戶，故一村（街）有八十戶至一百五十戶。各戶合於規定年齡的男子，都有應徵為團兵編入團隊受訓的義務，因此，每村（街）都有民團。由村（街）長任隊長，甲長任班長。

附記

有些縣，在縣和鄉（鎮）中間還有區。區有區公所，置區長一人。區可將所屬各鄉鎮的民團大隊編為一個聯隊，區長兼任聯隊長。

看了上述，便可知道廣西的民團組織是全省一致的，上下一貫的，軍政聯繫的。

（三）團隊的種類和訓練

現述團隊的編組和訓練。

先說編組。廣西民團條例第九條規定：凡在廣西省內居住二年以上，有固定居所，年滿十八歲以上四十五歲以下的男子，不分城內和鄉村，不問職業和省籍，都要徵編受訓。只現任公務員、在校肄業生、病後不堪勞役的這些可以緩徵，肢體殘廢、心神喪失、有專門特殊學識技能呈經第四

集團軍總司令部核准的這些可以免徵。應徵的壯丁，分別編入後備隊、常備隊、預備隊訓練。後備隊分甲乙兩級年在十八歲至三十歲的編為甲級隊，三十一歲至四十五歲的編為乙級隊。常備隊，由區民團指揮部就所屬各縣後備隊甲級隊中分派徵調；縣、鄉（鎮）將應徵團兵的數目逐級分配下去；村（街）長兼後備隊長奉令後，就甲級隊團兵中生活狀況較優兄弟較多的儘先抽調送區。預備隊，於常備隊團兵訓練期滿退伍後編定。

再說訓練。民團訓練的方法和時間，因隊別不同而各有規定。常備隊初規定大縣四隊，中縣三隊，小縣兩隊，每隊都是一百人；由縣民團司令、副司令、督練官督飭各隊長和隊附，依照省頒的學科術科進度實施訓練；由區民團指揮部按期派員考察，呈報省級；訓練期間為四個月。後改歸區指揮部訓練，期間為六個月。最後，覺常備隊辦法有缺點：因抽調壯年的農民離開鄉村來城受訓，妨害了他們的生產工作；要每縣都設常備隊，所費款項不少，這是一筆額外的負擔；受訓的團兵，照給月餉，這和普通募兵差不多；而和辦民團的原意（人人皆兵）是不合的。所以把它改變，除了有特殊情形的幾縣仍設常備隊外，其餘各縣就不再設，而注意後備隊，選派軍官分赴鄉村就地訓練去了。後備隊的訓練，由縣民團司令部督飭教練官、助教、各該隊隊長、隊附就屬內現有編定隊數分期召集施行。城廂每年由三月起至八月底止、四鄉由九月起至次年三月止為訓練期間。先將全縣甲級隊訓練完畢，再訓練乙級隊。每隊訓練約兩個月，每日三小時，共扣足一百八十小時。預備隊由常備隊退伍的團兵編成，如退伍的少，不足一隊，可編一排或一班；由縣民團司令部在每年農隙時擇定日期和適宜地點召集訓練一星期；此項訓練除授預定科目外，關於聯防方法、國恥紀要、防禦工作、墾荒、築路和種樹等，都須向團兵懇切說明。民團訓練的科目，學科為典範令摘要、兵役法、簡易測量、民團章則、國恥概要、政治常識、自治概要、實業常識、防空、消防、公文程式概要、識字課本等；術科為基本教練、連教練、連野外演習、築壘實施、射擊實施、夜間演習、國技等。這些學術科目，對後備隊的訓練，得酌量免授或減少。訓練時所需用的武器、服裝，在常備隊由第四集團軍總司令部發給；在後備隊和預備隊概由自備；倘無槍枝，得以矛代用；無力置備服裝的，得穿顏色相近的短衣褲，但軍帽和腳絆必須具備，否則受罰。

（四）民團的經費

民團的組織，既然這樣龐大，經費自然是個大問題。在初期，總指揮部和各區指揮部的經費，都是由省庫支給；區指揮部特務隊的餉項，多由各縣攤籌；至各縣司令部和常備隊的費用，概由各縣負擔，以致縣的捐稅日益繁重，人民負擔頗為艱苦。例如購槍費一項，即由田賦加倍徵收而來。自團務處成立以後，所有省團務處、各區指揮部、縣司令部以至常備隊、後備隊村長兼後備隊長，都是有給職的一切經常費，概由省政府支給，年約共支三百九十餘萬元。從此，各縣因辦理民團而增加的捐稅一律廢止，民眾得釋重負。國務歸第四集團軍總司令部主持後，全省民團經費，由省政府預算規定撥交總司令部核支，每年約需三百六十餘萬元。省政府何以能籌出這一筆鉅款呢？實在是由軍費項下節省出來的。當時第四集團軍裁乘只有十七個團，僅三萬餘人，是各省裁兵最澈底的。李宗仁總司令說：「我們覺得建設的工作，固然要政府能夠負起責任，也要民眾能夠拿出力量來共同去做，才能達到完滿的目的。所以就先裁軍隊，拿錢來辦民團，希望造成一個能夠推動建設的社會力量。」因為大家正在喊著「建設廣西」的口號。

（五）民團幹部的訓練

建設廣西的理想，為實現孫中山先生的三民主義。實現的方法，是實行自衛、自治、自給的三自政策。建設的工作，總括為軍事、政治、經濟、文化四部門。以軍事建設達到自衛的目標，實現民族主義；以政治建設達到自治的目標，實現民權主義；以經濟建設達到自給的目標，實現民生主義；而文化建設，卻是做軍事、政治、經濟各種建設的原動力的。這是建設廣西的一個簡單而完整的理論，具見二十三年頒布的《廣西建設綱領》中。

建設工作，靠社會的力量去做。而社會中最有力量的分子就是壯丁。他們已由實行民團制度而成為有力的組織，以推動軍事建設，何不順理成章使它推動其餘各部門的建設呢？這便是民團從本來單純負擔軍事的任務而逐漸增加政治、經濟、文化各種任務的由來。這種演變經過的跡象，從民團幹部訓練的歷史中可以很清楚地看到。現特略述各期民團幹部訓練的情形。

甲　廣西警衛幹部訓練所

二十年四月，在南寧設立廣西警衛幹部訓練所，開始首次民團幹部訓練的工作。調撥中央軍事政治學校第一分校第四期學生的一部，並招考中學畢業生一部，合併訓練。八個月結業。將成績優異的委充各縣民團整理委員，其餘委為訓練員。

繼此於二十年八月在百色設立田南民團訓練所。因該區域交通不便，言語特殊，故在廣西警衛幹部訓練所外，另行訓練。時間六個月，結業後派回原籍各縣任常備隊長或訓練員。二十一年二月，又辦田南民團訓練班，就調回的民團整理委員並考取的投效軍官，分班訓練兩個月，結業後分發各縣充任督練官，其成績和經驗都優異的，即委任縣民團副司令或參謀等職。

這兩所一班訓練的共達七百人。訓練內容偏重於軍事方面。因無成法可師，訓練內容和方法不免有缺點。量和質都不足以應工作的需要。這是幹部訓練的第一階段。

乙　民團幹部訓練大隊

民團幹部訓練大隊，為各區民團指揮部停止編練常備隊後，移其經費來開辦的。二十二年八月，南寧、桂林、梧州、柳州、平樂、龍州、百色、天保八區同時設立。由省政府令各區指揮部責任各縣將現任鄉（鎮）村（街）長分期選送入隊受訓，六個月結業，再由區指揮部派充各縣民團幹部或鄉鎮村街長。訓練科目分軍事、政治兩大類。軍事訓練：學科有步兵操典、射擊教範、築城教範、野外勤務、夜間教育、簡易測繪、陸軍禮節等，術科有制式教練、戰鬥教練、野外演習、夜間演習、輜重教練、工作實施、射擊演習等。政治訓練：有帝國主義侵略中國史、黨義、世界大勢、地方自治、三自政策、建設綱領、民團章則概要、政務警察、生產教育、農村倉庫以及衛生常識、歷史、地理、算術、應用文等。八區共八大隊，可訓二千五百九十餘人。僅辦了三期。這是幹部訓練的第二階段。

丙　各區民團幹部學校

二十四年七月，改組民團幹部訓練大隊為各區民團幹部學校。改組的主要原因，為充實基層幹部的能力，使能確實負擔三位一體的責任。所謂基層，即鄉鎮村街。所謂三位一體，是以鄉鎮村街長兼任民團隊長和國民基礎學校校長。目的不僅在訓練大批軍事、政治幹部，兼要訓練大批

教育幹部。事先由省政府制定民團幹部學校組織大綱頒行。校長由區民團指揮官兼任，教育長由區部政治組主任兼任。學生按程度的高下分為甲乙丙三種隊。甲種隊又分兩類：高中畢業或有同等學力的，六個月結業；高中畢業已受軍訓的，三個月結業。乙種隊分為四類：初中畢業或有同等學力的，十個月結業；初中畢業已受軍訓的，五個月結業；幹部畢業生未經初中畢業的，或為四個月結業，或為十二個月結業。丙種隊為初中肄業一年以上或有同等學力的，十八個月結業。其分配的情形：南寧區有甲種隊四，乙種隊二；桂林區乙種隊一；兩種隊三；平樂區乙種隊二，丙種隊一；柳州區乙丙種隊各二；梧州區乙種隊二，丙種隊三；百色、天保兩區，各為乙種隊一，丙種隊二；龍州區乙種隊二；總計共有甲種隊四，乙丙兩種隊各十三。八區共為三十中隊，有學生三千二百餘人。訓練人容，軍事課程佔十分之三，政治課程佔十分之七。且為適應三位一體制的基層幹部需要，教育課程和技術課程的科目增加不少。如甲乙兩種隊增加國民基礎教育概論、國民基礎學校實施法、國民基礎學校各科教學法等，丙種隊增加愛國教育實施法、生產教育實施法、衛生教育實施法、農業技術、合作組織、自然科學常識等。這是幹部訓練的第三階段。

丁　廣西民團幹部學校

　　各區民團幹部學校僅辦一期，因八校分立，人力物力，浪費較多；訓練內容，難免參差；二十五年五月，將其合組為廣西民團幹部學校。校址設於南寧西塘鄉。初隸屬於第四集團軍（後稱第五路軍）總司令部。設校長一人，教育長一人。下設政訓、軍訓、總務、經理、軍醫等處和編纂委員會、農林示範場等。各處人員，由總部或省府任用。組織規模，遂以確立。後以基層幹部屬行政性質，應受行政機關的督率領導，二十七年七月遂改隸省政府。校長改由省政府主席兼任。內部組織也改為教導、軍訓、總務三處，並設生活指導、鄉村工作指導、編審等三委員會。工作人員全由省政府任用，只軍訓官長咨請總部委派。學生以一百二十人為一中隊，八中隊為一大隊，全校共設三大隊，初期略有缺額，實得學生二七九五人。訓練內容，仍為軍事佔十分之三，政治佔十分之七。訓練期間，仍依程度高下分為甲乙兩三種隊：甲種隊六個月結業，乙種隊一年結業，丙種隊一年半結業；後因抗日戰爭爆發，都提前結業。辦至二十八年二月止，總共四期，結業的為一〇四四一人；其中大部分為現任村街長調來受訓的；一部分為曾任鄉鎮村街長或小學教員一年以上著有成績，由各縣考送入校受訓以儲備為鄉鎮村街長補充用的。這是幹部訓練的第四階段。

戊　廣西地方建設幹部學校

二十八年二月，結束民團幹部學校，而在桂林設立廣西地方建設幹部學校。校長由省政府主席兼任，下設教育長一人和總務、教導、軍訓三處。學生以一百四十四人為一中隊；計第一期為六中隊；第二期為四中隊；第三期值敵寇侵佔桂南，故僅招收兩中隊；第四期為省府令收學生軍退伍的一部分學生，故僅為一中隊；每期都自成一大隊；惟第四期僅一中隊，不設大隊，附屬於第三大隊來管理。二十九年春，又先後在桂林平樂兩區、龍州區、柳州慶遠兩區、梧州區設立特別訓練班。調訓各該區現任的村街長，本校以訓練鄉鎮長為主要任務，故針對其需要而定訓練內容，大別為三類。政治訓練：其課程有精神講話、總理遺教、中國近代史、社會常識、抗戰形勢講話、廣西建設、地方自治、國民基礎教育、合做事業、農業常識、衛生常識、法律常識、公文程式、鄉村工作須知等。軍事訓練：學科術科都和民團幹部學校相同。課外活動：有小組會、講演會、壁報、劇團、歌詠隊、漫畫隊、自治會等。訓練方法：一、積極提高學生的政治認識；二、提高學生自動的能力；三、養成學生自覺的紀律行動；四、喚起學生戰鬥的工作精神；五、強調動員精神，實施戰時生活；六、理論和實踐並重。辦理兩年，訓練鄉鎮長四期，結業學生一四〇二人；開辦特別訓練班四所，各班共辦七期，現任村街長受訓的，四千餘人；開辦甲長訓練班三期受訓甲長二百餘人。這是幹部訓練的第五階段。

二十九年秋，設立廣西省地方行政幹部訓練團，那是遵照中央規定辦理，全國各省一樣的，故不再述。

（六）民團的功效

民團制度所以能行之有效，由於利用民團的組織為民眾的組織，使一盤散沙的民眾，變成團結有力的團體。能適當運用這種團體的力量，便可進行種種公共福利事業的建設。而重要的關鍵，全在於民團幹部的訓練。自採用三位一體制後，民團幹部就是基層幹部，他們受訓後的成就是：全省基層幹部，對推行新政的信念，普遍一致；因新幹部的產生，一掃鄉村原有的舊勢力，使新政推行順利；新幹部對政令的了解和執行政令的能力，遠比未受訓的為高，使政令推行不受阻滯。惜訓練機構變動太多，訓練工作未能一貫；訓練方法偏重注入而忽略陶治工夫；訓練內容，尚未能以理論密切配合實際。三位一體制也長短互見，好處為：人才經費都可節

省，基層機構得以迅速普遍設立；新幹部得迅速訓就，以代替領導鄉村的舊勢力；減少牽制磨擦，政令統一，而且運用靈活。缺點是：身兼三職，全才難得，尤其辦理教育，不易勝入；抗戰以後，徵調頻繁，一人力量，更難應付；待遇微薄，良才不願俯就，現任的也難久安於位。省政府知道這些缺點的，而限於條件，只能逐漸補救，例如先就經費較裕、人才較備的鄉鎮村街，另設專人主持學校教育便是。

民團本質屬於軍事，故其成就也以軍事方面較為顯著，除治安良好外，徵兵也很順利。它的推行是自上而下的，人民習慣後，政令貫徹不感困難，但在鄉村集會中自動發表意見的尚未熱烈。

二、廣西建設的理論政策計劃和成果

民國二十年以後那幾年間，廣西不問外事，埋頭從事省內的建設工作，其原因有三：

一、外患日急，無論任何的內戰，都為國人所厭惡，故只有致力於建設一途。

二、胡漢民在西南，南京不敢十分壓迫，兩廣局勢穩定，給予最好的建設機會。

三、廣西的領袖和幹部，多是四十歲左右的人，血氣強盛，很有建設的勇氣和興趣。

大家對建設廣西的決心是有了，但是途徑很多，如民主、共產、法西斯蒂等等，我們選哪一條好呢？幹部和客卿中，英、美、日本、蘇聯和義大利的留學生都有，我們聽過他們種種意見後，把各種制度和本省的環境合起來研究，經過了相當時間考慮，終以我們原來就是國民黨，不宜輕易拋棄國民黨的歷史去另尋別的途徑。就這樣決定下來而展開工作。

本篇記述廣西建設的理論、政策、計劃與其成果的概要。

（一）建設的理想

建設廣西，想把它塑造成怎麼個樣相呢？

這可從左列兩點簡單地說明：

第一、我們決不拋棄國民黨的歷史，所以廣西建設所走的路，就是中國建設所走的路，也就是實行孫中山先生的三民主義。建設廣西，就是要在廣西實現三民主義一部分的理想。

第二、廣西是中華民國的一省，省的建設不過是國家建設的一部分。所以李宗仁總司令說：「廣西人民的各種問題得到澈底解決，非解決中國整個問題不可。因此，我們對於廣西建設的工作，一方面要使它在消極上不妨礙整個國家民族利益的發展，一方面要使它在積極上能夠有利於國家，幫助問題的解決。建設廣西，不只是為廣西而建設廣西，應該為中國復興而建設廣

西。」建設廣西工作的理論，既包涵在整個建國理論的體系裡面，它的工作便受這理論的指導，和建國工作配合無間，以期完成一省的地方建設，而促整個國家建設的成功。因此，「建設廣西、復興中國」，遂懸為廣西全省上下共同努力的目標。建設廣西，不過是復興中國的手段；復興中國，才是建設廣西的目的。

（二）推行的政策

三民主義只是一種建國理想。想把理想實現，便須針對現實，釐定政策，才能實行。廣西實行三民主義，用的是自衛、自治、自給的三自政策。

這個政策是由推行民團制度而觸發的。辦民團的初意只在自衛，後來因民團組織，既可以用為鄉村的公眾集會，又可用為鄉村公共造產，於是擴大它的任務到自治和自給兩方面去，三自的名由此形成。作用只在基層。到了確定三民主義為省建設的理想後，才把這政策的內容加以充實，範圍加以擴展的。現在把三自政策的內容簡要地說明：

自衛政策，首先要保障廣西的建設，使廣西全省的人民，都能夠安居樂業，不受他人的蹂躪；最後要保衛中華民族，使能恢復其固有的自由，能在優勝劣敗、弱肉強食的世界上，爭得一個生存發展的地位。要達到民族主義的。自治政策，在樹立地方自治制度。以村街為最小單位，訓練人民行使四權，由村街而鄉鎮，推進到縣和省。要達到民權主義。自給政策，在發展生產，挽救入超，改善人民的生活。要達到民生主義的。

無論自衛、自治或自給，都要人民起來共同負責才能成功。要人民起來負責，必得先把他們組織起來，成為一個集團的力量。而民團組織，當時人民對之都已習慣，已經成為民眾組織的力量，於是利用它來推行三自政策。民團組織和自衛的關係，不消解釋也就明白，因為民團原來是為自衛而辦起來的。民團組織如何推行自治？因為民團是把作為社會中堅的青年和壯年人組織起來，加以一種訓練，使過慣團體的生活，認識團體的意義，有了這樣的經驗，再去參加自治的工作，便不再像以前那樣的不了解不理會了。這可說是推行自治政策的一種基礎。民團組織如何推行自給？要貫徹自給政策，必須靠三種力量：私人力量、政府力量和社會力量。有了民團組織，散漫的社會力量，已經團結起來，有了統制；這樣，政治上就可以加強統制的效能，政府對於社會，就可以如身之使臂，臂之使指，

施行統制經濟，就不感到困難了。民團組織，又可以聯合私人的力量，成為社會的力量，以增加生產。所以有了民團的組織，政府和社會都能發揮力量，以求國民經濟的自給。

（三）建設的計劃

有了建設的理想和推行的政策，進一步便須訂定建設的計劃了。

在此以前，廣西曾於二十年舉行全省行政會議，對建設的永久路向和整個大政方針，作有明確的初步決定。廿一年即根據會議決定以制定「廣西省施政方針及進行計劃」頒布施行，這是最初的建設計劃了。

到了二十三年，建設開始的準備工夫，已有相當的結果，三月二十七日廣西黨政軍聯席會議通過《廣西建設綱領》，建設廣西的長期總計劃於是確立。這彷彿像廣西的臨時約法，是廣西歷史上的重要文件，特把其全文錄出：

廣西建設綱領

△基本認識

（一）總理所創立之三民主義，乃中國革命惟一適當原則，廣西黨政軍同志及全體民眾之無上使命，即本此原則以建設廣西、復興中國。

（二）中國現階段革命運動性質，應為反帝國主義反封建勢力的國民革命。而當前革命之中心任務，為爭取民族解放，一切普遍民權或發展民生，均必須以民族獨立鬥爭之貫徹為先決條件。本省現階段建設方針，應為此一中心任務所決定。

（三）為促進本省建設及完成中國革命計，當奉行總理遺教，喚起民眾，共同奮鬥。對於社會生產直接間接有貢獻之民眾，須加以組織訓練，以充實其參與政治之能力。並須遵照總理「三民主義為人民而設」的遺教，一切建設計劃，皆以大多數生產民眾之利益為基準。

（四）根據上述意義，本省現階段建設工作，具有如下的性質：
　　甲、自衛自治自給之三自政策，應為本省建設之總原則，建設廣西、復興中國的革命目標，即由三自政策之推行以達到之。

乙、為貫徹當前中國革命之中心任務計，應以最大努力從事軍事建設，充實民族自衛能力。

丙、為適應現階段中國革命之性質以達到民權主義計，本省政治建設，一方面應努力使一切行政設施，皆基於生產民眾之意志，具足民主化之精神；一方面屬行保障民權，扶植人民自治能力，造成民主政治之基礎。

丁、經濟建設指導原則為民生主義。即由發展國家資本、節制私人資本、與力求生產社會化之途徑，以達到民生主義之理想。循此途徑，根據本省之特殊環境，現階段經濟建設之特徵，在於抵制帝國主義經濟侵略，救濟農村，發展生產改善勞苦民眾之生活，防止私人操縱獨佔之弊害，向自給之目標前進。

戊、文化建設，應根據現階段政治經濟軍事之需要而定其方針。

基於以上之認識，釐定本省建設綱領如下：

△政治建設

第一條　整飭行政組織，制定本省需要法規，以收因地制宜之效。

第二條　健全政治基層組織，推進建設事業。

第三條　以現行民團制度，組織民眾，訓練民眾，養成人民自衛自治自給能力，以樹立真正民主政治之基礎。

第四條　發把公正廉潔之政治風尚，肅清貪官命吏，制裁土豪劣紳，以保障人民生命財產及自由。

第五條　推行衛生行政，發展人民保健事業。

第六條　樹立文官制度之基礎，提高行政效能。

第七條　實施公務人員訓練，以增進其能力。

第八條　屬行預算、會計、審計制度。

△經濟建設

第九條　施行社會制策，依法保障農工利益，消弭階級鬥爭。

第十條　革新舊式農業，振興與農業相適應之工業，使農工業互相促進，以達到工業化為目的。

第十一條　開拓土產市場，提倡國貨，節制奢侈品之輸入。

第十二條　運用金融政策，扶植中小工商企業。

第十三條　適應民生需要，公營重要工商企業。

第十四條　在一違反公眾利益之原則下，勵獎私人投資，開發各種
　　　　　實業。

第十五條　積極開發礦發，並發展交通事業。

第十六條　改善稅捐制度，嚴禁苛捐雜稅及一切有礙生產之徵收。

第十七條　用累進稅率徵收所得稅、營業稅及遺產稅。

第十八條　整理土地，獎勵墾荒，振興水利，以發展農村經濟。

第十九條　推行合做事業，並設立農民銀行，興辦平民借貸所及農
　　　　　村倉庫，嚴禁一切高利貸。

第二十條　整理各縣倉儲，調劑民食。

△文化建設

第廿一條　提高民族意識，消弭階級鬥爭，創造前進的民族文化。

第廿二條　獎勵科學技術之研究發明。

第廿三條　根據政治經濟軍事之需要，確定教育方針。

第廿四條　改良教育制度，使貧苦青年均有享受高等教育之機會。

第廿五條　國民基礎教育一律免費，並限期強迫普及。

△軍事建設

第廿六條　屬行寓兵於團、寓將於學政策。

第廿七條　由寓徵於募政策，達到國民義務兵役。

　　自廣西建設綱領頒布後，省政府於每年度開始前，即根據它並檢討實際以制訂該年度的廣西省施政計劃綱要，頒布實行，成為定例。

　　前面說的廣西黨政軍聯席會議，因當時國民革命軍第四集團軍總司令部、中國國民黨廣西省黨部、廣西省政府和廣西高等法院四個平行機關，為交換情報、溝通意見起見，從二十年起，由這四個機關的首長和高級幹部每週集會面談一次，名為黨政軍聯席談話會。後來覺得這個組織無形中已成為全省的神經中樞，於是改為黨政軍聯席會議。凡黨政軍各部門的重大措施，都要先提交這會議通過，然後由各該機關發布施行。會議不對外，唯一的例外，只是《廣西建設綱領》用會議名義公布，因這是黨政軍各方面共同遵守的最高原則，所以特別鄭重其事，以喚起全省人民和幹部的注意。

（四）軍事實施三寓方案

廣西這種有計劃的建設，其進行的情況和結果，現分述其概要。先說軍事建設。

軍事建設的目標，在實現民族主義，推行自衛政策來達成。其實施方案為寓兵於團、寓將於學、寓徵於募。就是民團的組織訓練、學校的軍事訓練和徵兵等三項工作。

民團原為各縣所向有，現將其澈底改造，而仍沿用舊名稱。改造要點：一、組織上，舊民團漫無管制，彼此缺乏連絡，效果很微；改造它使一方和政治組織齊一步調，一方使其系統嚴明，關係密切。二、實質上，舊民團多由雇僱而來，良莠不齊，甚至團兵做土劣的爪牙，為害民眾；現規定團兵均為生產民眾，不論富貴貧賤，一概加入組織，接受訓練。三、任務上，舊民團僅為維持治安，對付宵小；新民團要推行國民義務兵役，綏靖地方，鞏固國防，充實人民自衛自治自給的力量，以實現三民主義。

關於民團的組織和訓練情形，已見專篇論述，現不復記。

關於徵兵，國民政府在二十二年六月公布兵役法，廣西就遵照其意旨，利用民團制度作實施的基礎，將各級民團組織加給徵兵的任務，試行徵兵。所有應徵的壯丁，多為受過民團訓練的，素質優良，這便是寓兵於團所收的效果。廣西平時養兵很少，故每屆徵兵數目不大，在徵兵的時候，對於應徵的，儘先錄取自願入伍的壯丁，自願的太多或不足時，才用抽籤法來決定。這是用募兵的方式來徵兵，所以稱為寓徵於募。在抗日戰爭初期，廣西徵兵前後達八十萬人，如按人口為比例，此時廣西出兵為最多。自後，每年續徵，數量很大，以機構較健全，任職的較有經驗，故困難和弊端都較少，這是實行民團制度的好處。

關於學校軍訓，就是在普通學校施行軍事訓練。別的國家，早已有此制度，但在中國只是廣西首先作普遍的施行。原來學生軍訓和公務員軍訓，都屬於民團後備隊訓練，只為集訓方便，才和村莊的壯丁分開來實施。後來又覺得學生有普通科學的根底，何妨就把其軍訓程度加深些，培養成為初級軍事幹部？因為用普通學校來養成軍官，所以叫做寓將於學。此法的好處，在政府方面，不須軍官學校的龐大軍費，便可養成很多初級軍官，很是經濟；在學生方面，因為不是單門學軍事，將來如果沒有軍官可做，不妨做教員或鄉村長，也不會失業。青年受過嚴格的軍訓，還可以養成刻苦耐勞的精神，以後擔任甚麼工作，效率都可望好些。

（五）自治條件已告完成

政治建設，目標在實現民權主義。而以培養新人、推行新政為起點。因為推行新政，必須有了解三民主義和忠實執行廣西建設綱領的各種各級幹部。這些幹部的養成，全靠訓練。訓練的範圍，包括各級行政幹部和各種技術幹部，但以基層幹部為主要。

基層組織採三位一體制，即鄉鎮長同時兼任民團後備大隊長和中心學校校長，村街長同時兼任民團後備隊長和國民基礎學校校長。故基層在組織系統上雖屬最低級，但基層幹部須負擔軍事政治經濟文化建設的重任，所以基層幹部的訓練，絕非普通的青年訓練或技術人員訓練所能辦到，不論在內容上、形式上、方法上都有其獨特之點：一、必須使受訓的認識三民主義、三自政策、廣西建設綱領、一切法令和國內外的政治情勢，才能忠實執行任務，達成建設廣西、復興中國的使命；二、必須使受訓的不僅成功為一最低級行政工作人員，且須成為民眾運動的真正領導者組織者和教育者；三、全省有二千餘鄉鎮，二萬餘村街，即使每鄉鎮村街配屬幹部一人，便需二萬五千人以上，所以訓練必須普遍化、經濟化，使每一幹部都有受訓的機會。訓練機構迭次演變，統計受訓的基層幹部，約有三萬人。此外，訓練各種公教人員和技術人員五千餘人。

實現民權主義的方法和程序，孫中山先生在建國大綱裡規定得很詳細，就是要完成地方自治，實行憲政。廣西對於完成地方自治的工作，分頭並進，不遺餘力。全省戶口，在廿二年做第一次普遍調查，以後還派員隨時抽查，從此各縣戶口才有正確的統計和記載。全省的土地測量，也大致完成，地形圖完成三分之一，戶地測量完成十二個市鎮，土地陳報完成了四十五縣。地方警衛使用民團，治安良好；各縣城各大市鎮還另設警察。廿六年，縣道完成通車的三千五百餘公里，鄉道完成通車的一千三百餘公里。廿五年村街民大會成立；廿七年鄉鎮民代表會成立；各級民意機構，以後陸續產生。縣自治條件雖已具備，但民選縣長的命令，中央始終未下，連民選鄉鎮村街長也併擱置。

（六）對外貿易將近平衡

經濟建設的目標，在推行自給政策來實現民生主義。自給並不是說一切都由省內自給自足，這是不可能的，它只包含消極和積極兩種作用。消

極作用為遏止外來經濟勢力的侵略，消滅對外貿易的入超；積極作用為要生產不斷增加，促進社會經濟趨向工業化，以增進人民的富力，使能享受安適的生活。實施的途徑有三：一、獎勵私人投資以開發實業；二、由政府直接投資經營，造成國家資本；三、發動鄉村造產運動，創造鄉村公產。

關於私人投資，因二十年以後，治安良好，不但省內的遊資源源流入生產事業，華僑回來投資的，也曾盛極一時，大規模的私營林場，紛紛成立，開礦風氣，逢勃發展，向不為人注意的地利富源，竟成為私人資本競爭的目標。後來地方人士感覺發展實業的重要，復組織大規模的廣西企業公司，資本額定一萬萬元，經營農林工礦各業，也頗有成就。關於政府直接投資經營，有三種方式：一、由省獨資經營；二、和中央合資；三、和商人合資；三種都以廣西銀行為金融機構，儘量以地方金融力量加以扶助，以期促進工業的發展。關於創造鄉村公產，是利用民團組織做推行基層經濟建設的力量。

在廿一年時，廣西對外貿易總值為七千六百萬元，其中入口值為四千七百萬元，出口值為二千九百萬元，入超達一千八百萬元。廿六年對外貿易總值增至八千八百萬元，而入口值反減至四千四百五十餘萬元，出口值激增至四千三百四十餘萬元，入超值減至一百一十餘萬元。但廿七年後，由中央統制，結售外匯，低價收購，致出口銳減，入超又復增高。

（七）教育新制適合需要

文化建設，以配合政治經濟軍事各部門的需要為準則。根據此準則，創制了兩個新的教育制度：一為國民基礎教育制度，一為國民中學制度。

國民基礎教育制度，規定每村街設一國民基礎學校，每鄉鎮設一中心國民基礎學校。國民基礎教育，包念兒童教育和成人教育兩部分，採合校合班制，並運用免費強迫入學的政策推行。課程的要點：一、廣西建設綱領指出當前的革命中心任務，為爭取民族解放運動為中心。二、根據民族生活的需要，全部課程的企圖，為教化兒童和成人在集團生活中發展其所長。三、全部課程不採用純粹設計組織，仍酌量設置教學科目，惟科目力求簡單化。四、全部課程採用單元組織：兒童班課程大綱，分為鄉土概況、本省建設、民族歷史及現狀、世界大勢等四大單元；成人班課程大綱，分為鄉土概況與社會建設、中華民族與世界兩大單元。國民基礎教育的特點，為以全體民眾為對象，以整個社會為範圍，以革命建國為目標，以社會事業為內容；復將義務教育和民眾教育、兒童教育和成人教育、學

校教育和社會教育統一綜合為一體，以建立整個民族教育體系的底層機構；並配合政治上基層機構，以鄉鎮村街為單位，設綜合性的學校來實施綜合性的教育。廣西基層組織的完密，社會秩序的安定，公共造產的邁進，民族意識的發揚，處處都表現這種教育成功的所在。

國民中學每縣應設一所，如財力不足，也可數縣聯合成立。招收中心學校畢業生和有同等學力的學生。修業分前後兩期，各為兩年，比之普通初中高中各縮短一半，以適合廣西國民經濟的情形和政治上的急需。課程以目的科學為中心，內分政治建設、經濟建設、文化建設四部門。編排上，四個學年各有它的重心：第一學年側重人文科學，第二學年側重自然科學，第三學年側重地方建設的組織，第四學年側重地方建設的實踐。科目儘量簡單化，以免學生疲於應付；將歷史、地理、公民三科混合為一，名為社會科學；將生理、衛生、自然、物理、文學五科混合為一，名為自然科學。

將算術、代數、幾何、三角、珠算五科混合為一，名為數學。科目既綜合，上課鐘點可節省，學生多得自修時間，多有從事各種活動的餘地。教材的特點：一為鄉土化，不僅農業、勞作、地方建設等科大量包含鄉土教材，就是社會科學、自然科學、國文等科，也儘量參入地方資料，藉以啟發學生愛鄉愛國的觀念和從事地方建設的熱忱。二為偏重地方建設，以謀和管教養衛各種工作相配合。三為適應生活需要，凡和社會生活關係較少的材料，儘量廢除或減少。四為配合實踐，期能在實際上培養學生服務的能力。五為兼顧升學的需要，培養學生自學的能力，使欲升學的可以自行補習，並注重本國語文、社會常識、應用科學、數學等最基本的科目，國民中學畢業生，大多數都在基層服務，因以解決一部分人才的困難。各省也注意這種新制度，不時有人來參觀。

廣西的文化建設，為求量多以應急需，自難同時得到質的充實；政治收效大於教育本身；適於實用而頗有新意。

（八）結語

廣西力行三民主義的計劃建設，其初步收穫，民族方面為：抗戰出兵最多，民族自衛氣盛；充分執行民族平等原則，漢回苗瑤侗僮各種族在省內，權利和義務的享有，都一律平等；注重民族健康，按照行政系統，設立衛生機構，配置衛生人員，以改善民眾衛生狀況；關於民族文化，普及國民基礎教育，擴充中等高等教育，獎勵留學，編修志書。民權方面：縣

自治條件已告完成，只待下令民選縣長。民生方面：對外貿易幾近平衡；實施限田和扶植自耕農，即平均地權的手段；提倡地方公營事業，實行鄉村公共造產，都是向著民生主義社會經濟制度的理想走去。中央和地方能誠心努力去實行，不受戰爭摧殘，不受政潮干擾，假以時日，理想是會成為事實的。

三、遊桂人士對廣西的評論

　　到廣西遊歷考察的人士或團體，和報刊上評述桂省政情的文章，以民國廿三、四年期間為最多。就我記憶所及，個人來遊的，有張君勱、曾琦、羅文榦、羅隆基、陳衍、王造時、盧作孚、晏陽初……等；團體來考察的，有貴州的兩廣教育實業考察團、中山大學教育參觀團、廣東教育考察團、中央大學地理考察團、中國社會教育社廣西考察團、上海實業界兩廣考察團、南開大學考察團……等；中國科學社、中國工程師會學、中國化學會、中國地理學會、中國植物學會和中國動物學會六個學術團體，且於廿四年八月在南寧聯合舉行年會；報刊發表評論的，有上海《新社會半月刊》、北平《獨立評論》、上海《復興月刊》、上海《新中華》、上海《申報月刊》、南京《時代公論》、鎮江《江蘇教育》、廣州《三民主義月刊》、天津《大道半月刊》、上海《大美晚報》、上海《汗血月刊》、南京《政治評論》、天津《大公報》……等。不論是個人、團體或文章，都有一共同點，就是對桂人努力求治，很表同情。因此，他們在交際中或文章上，都樂意對於桂政措施不吝指正，使當事者獲益不淺。

　　在許多文章中，以胡適之先生的〈南遊雜憶〉和胡政之先生的〈粵桂寫影〉，觀察客觀而深刻，批評坦率而中肯。現讀起來，彷彿像一部當時實況的紀錄電影。特為摘錄，以見當時人士對於廣西的看法。

（一）胡適之博士

　　胡適之先生於民廿四年一月間南下遊歷香港和兩廣，八月十二日發表〈南遊雜憶〉，追記此遊的詳情。全文五節：一、香港；二、廣州；三、廣西；四、廣西的印象；五、尾聲。其中一、二兩節與廣西無關，第三節專記廣西的山水名勝，第五節記離桂後行動，現都略去只錄其第四節，以下是其原文，但略有刪節而不背其意。

廣西的印象

胡適

　　我在廣西住了近兩星期，時間不算短了，只可惜廣西的朋友要我繳納特別加重的「買路錢」，──講演的時間太多，觀察的時間太少了，所以我的記載是簡略的，我印象也是浮泛的。

　　廣西給我的第一個印象是全省沒有迷信的、戀古的反動空氣。廣州城裡所見的讀經、祀孔、祀關岳、修寺、造塔等等中世空氣，在廣西境內全沒有了。當西南政務會議的祀孔通令送到南寧時，白健生先生對他的同僚說：「我們的孔廟早已移作別用了，我們要祀孔，還得造個新孔廟！」

　　廣西全省的廟宇都移作別用了，神像大都打毀了。白健生先生有一天談起他在桂林打毀城隍廟的故事，值得記在這裡。桂林的城隍廟是最得人民崇信的。白健生先生毀像命令下後，地方人民開會推舉了許多紳士去求白先生的老太太，請她勸阻她的兒子；他們說：「桂林的城隍廟最有靈應，若被毀了，地方人民定會遭殃。」白老太太對她的兒子說了，白先生來對各位紳士說：「你們不要怕，人民也不用害怕。我可以出一張告示貼在城隍廟牆上，聲明如有災殃，完全由我白崇禧一人承當，與人民無干。你們可以放心了吧？」紳士們滿意了。告示貼出去了。毀像要執行了。奉令的營長派一個連長去執行，連長叫排長去執行，排長不敢再往下推了，只好到廟裡去燒香禱告，說明這是上命差遣，概不由己，禱告已畢，才敢動手打毀神像！省城隍廟尚且不免打毀，其餘的廟宇更不能免了。

　　我們在廣西各地旅行，沒有看見什麼地方有人燒香拜神的。人民都忙於做工，教育也比較普遍，神權的迷信當然不佔重要地位了。廟宇既沒有神像，燒香的風氣當然不能發達了。

　　廣西給我的第二個印象是儉樸的風氣。一進了廣西境內，到處都是所謂「灰布化」。學校的學生、教職員、校長、文武官吏、兵士、民團、都穿灰布的制服，戴灰色的帽子，穿有鈕扣的黑布鞋子。這種灰布是本省出的，每套制服連帽子不過四元多錢，一年四季多可以穿，天氣冷時，裡面可加襯衣，更冷時可以穿灰布棉大衣。上自省主席、總司令，下至中學生和普通兵士，一律都穿灰布制服，不同的只在軍人綁腿，而文人不綁腿。這種制服的推行，可

以省去服裝上的絕大靡費。廣西人的鞋子，尤可供全國的效法。中國鞋子最大的缺點在於鞋身太淺，又無鈕扣，所以鞋子稍舊了，就太寬了，後跟不緊，就不起步了。廣西布鞋學女鞋的辦法，加一條扣帶，扣在一邊，所以鞋子無論新舊，都便於跑路爬山。

廣西全省的對外貿易也有很大的入超。提倡儉樸，提倡用土貨，都是挽救入超的最有效方法。在衣服方面，全省的灰布化，可以抵制多少洋布與呢絨的輸入！在飲食嗜好方面，洋貨用的也很少。我們在廣西旅行，使我們更明白：提倡儉樸，提倡土貨，都是積極救國的大事，不是細小的消極行為。

廣西是一個貧窮的省分，不容易負擔新式的建設。所以主持建設的領袖更應該注意到人民的經濟負擔的能力。即如教育，豈不是好事？但辦教育的人和視學的人眼光一錯，動機一錯，注重之點在堂皇的校舍、冬夏的操衣等等，那樣的教育，在內地就可以害人擾民了。我們在邕寧武鳴各地的鄉間看見的小學生，差不多全是穿著極破爛的衣袴，腳下多是赤腳，偶有穿鞋，也是穿破爛的鞋子。固然廣西的冬天不太冬，所以無窗戶可遮風的破廟，也不妨用作校舍，赤腳更是平常的事。鄉間小學生的襤褸赤腳，正可以表示廣西辦學人的儉樸風氣。我在邕寧鄉間看的那個小學還是廣西普及國民基礎教育研究院的一個附屬小學哩！教育廳長雷沛鴻先生正在進行全省普及教育的計劃，要做到全省每村有一個國民基礎學校，要使八歲到十二歲的兒童都能受兩年的基礎教育。我看了那些破衣赤腳的小學生，很相信廣西的普及教育是容易成功的。這種教育是廣西人民負擔得起的，這樣的學生是能回到農村生活裡去的。

廣西給我的第三個印象是治安。廣西全省現在只有十七團兵，連兵官共只兩萬多人，可算是真能裁兵的了。但全省無盜匪，人民真能享治安的幸福。我們作長途旅行，半夜後在最荒涼的江岸邊泊船，做起火把來遊巖洞，驚起茅蓬裡的貧民，但船家客人都不感覺一毫危險。汽車路上，有山坡之處，往往可見一個灰布少年拿著槍桿站在山上守衛，這不是軍士，只是民團的團員在那兒擔任守衛的義務。廣西本來頗多匪禍，全省巖洞很多，最容易窩藏盜匪，有人對我說，廣西人從前種田或牧牛都要背著鎗。近年盜匪肅清，最大原因在於政治清明，縣長不敢不認真做事，民團組織又能達到農村，保甲的制度可以實行，清鄉的工作就容易了。人民的比較優秀分子又往往受過軍事的訓練，政府把舊式鎗械發給民團，人民有了

組織，又有武器，所以有自衛能力。廣西諸領袖常說的自衛自治自給的三自政策，現在至少可以說是已做到了人民自衛的一層。我們所見的廣西的治安，大部分是建築在人民的自衛能力之上的。

在這裡，我可以連帶提到廣西給我的第四個印象，那就是武化的精神。我的朋友傅孟真先生曾說：「學西洋的文明不難，最難學的是西洋的野蠻。」他的意思是說，學西洋文化不難，學西洋的武化最難。中國人想學人家的武化（強兵），如今已不止六十年了，始終沒有學到家。因為中國本是一個受八股文人統治的國家，根本就有賤視武化的風氣。當兵是社會最賤視的職業，比做綠林強盜還低一級。在這種心理沒有轉變過來的時候，武化是學不會的。最近十年中，這種心理有點轉變了，可惜轉變來得太緩太晚，所以我們至今還不曾做到武化，還不曾做到民族國家的自衛力量。但在全國各省之中，廣西一省似乎是個例外。我們在廣西旅行，不能不感覺到廣西人民的武化精神確是比別省人民高的多、普遍的多。這不僅僅是全省灰布制服給我們的印象，也不僅僅是民團制度給我們的印象，我想這裡的原因，一部分是歷史的，一部分是人為的。一是因為廣西民族中有苗、猺、獞、狪、狑、猓猓（原註：今日官書均改寫「傜、童、同、令、果果」）諸原種，富有強悍的生活力，而受漢族柔弱文化的惡影響較少。一是因為太平天國的威風至今還存留在廣西人的傳說裡。一是因為廣西在近世史上頗有受民眾崇拜的武將，如劉永福、馮子材之流，而沒有特別出色的文人，所以民間還不曾有重文輕武的風氣。一是因為在最近的革命戰史上，廣西的軍隊和他們的領袖曾立大功、得大名，這種榮譽至今還存在民間。一是因為最近十年中，全省雖然屢次經過大亂，收拾整頓的工作都是幾個很有能力的軍事領袖主持的，在全省人民的心目中，他們是很受崇敬的。因為這種種原因，廣西的武化，似乎比別省特別容易收效。利用新年舞獅子和各種武術比賽來提倡尚武的精神，也是廣西武化的一種表示。至於民團訓練的成績是大家知道的，去年蕭克西竄。廣西派出剿禦的軍隊只有六團是省軍，其餘都是民團，結果是把蕭克的主力差不多打完了。去冬朱毛西竄，廣西派出的省軍作戰的只有十一團，民團加入的有十五聯隊，共約二萬人，結果是朱毛大敗而逃，死的三千多，俘虜的七千多。廣西學校裡的軍事訓練，施行比別省早，成績也比別省好。在學校裡，不但學生要受軍訓，校長教職員也要受軍訓。中央頒布的兵役法，至今未能實行，廣西

卻已在實行了；去冬剿共之後，軍隊需要補充，省府實行徵兵八千名，居然如期滿額。若在江南各省，能做到這樣的成績嗎？這次徵來的新兵，我們在桂林遇見一些，都是很活潑高興的少年，有進過中學一兩年的，有高小畢業的。在那獨秀峰最高亭子上的晚照裡，我們看那些活潑可愛的灰布青年在那兒自由眺望、自由談論，我們真不勝感歎國家民族生存的一線希望是在這一軍武化青年的身上了！

※　※　※

廣西給我的印象，大致是很好的。但是廣西也有一些可以使我們代為焦慮的地方。

第一、財政的困難是很明顯的。廣西是個地瘠民貧的地方，負擔那種種急進的新建設是很吃力的。據第一回廣西年鑑的報告，廿二年度的全省總收入五千萬元之中，百分之卅五是禁煙罰金，這是煙土過境的稅收。這種收入是不可靠的，將來貴州或不種煙了，或出境改道了，都可以大影響廣西省庫的收入。同年支出五千二百萬元之中，百分之四十是軍務費，這在一個貧省是很可驚的數字。萬一收入驟減了，這樣鉅大的軍務費是不是能跟著大減呢？還是裁減建設經費呢？還是增加人民負擔呢？

第二、歷史的關係使廣西處於一個頗為難的政治局勢，成為所謂「西南」的一部分。這個政治局勢，無論對內對外都是很為難的。我們總覺得兩廣現在所處的局勢，實在不能適應現時中國的國難局面。現在國人要求的是統一，而敵人所渴望的是我們分裂。況且這個獨立的形勢，使兩廣時時感覺有對內自保的必要，因此軍備就不能減縮，而軍費就不能不擴張。這種事實，既非國家之福，又豈是兩廣自身之福嗎？

第三、我們深信，凡有為的政治（所謂建設），全靠得人。建設必須有專家的計劃與專家的執行。計劃不得當，則傷財勞民而無所成。執行不得當，則雖有良法美意，終歸於失敗。廣西的幾位領袖的道德、操守、勤勞，都是我們絕對信任的。但我們觀察廣西各種新建設，不能不感覺這裡還缺乏一個專家的「智囊團」做設計的參謀本部；更缺乏無數多方面的科學人才做實行計劃的工作

人員。救治太急的毛病，在政治上固然應該避免，在科學工藝的建設上格外應該避免。有為的政治有兩個必要的條件：一是物質的條件，如交通等等；一是人才的條件，所謂人才，不僅是廉潔有操守的正人而已，還需要有權威的專家，能設計能執行的專家。這種條件若不具備，有為的政治是往往有錯誤或失敗的危險的。

（二）胡政之先生

天津大公報總經理胡政之先生廿四年一月底由廣州到梧州，旅行廣西各地十日。二月十九至廿三日用「冷觀」的筆名在大公報發表〈粵桂寫影〉。全文共六節：一、廣州的四日勾留；二、廣西的一般觀察；三、廣西的政治與軍事；四、廣西民團的真相；五、廣西的教育事業；六、旅行粵桂後綜合的感想。現僅摘錄其第二節；至最末一段，是尤其第六節撮取的。

廣西的一般觀察

胡政之

從廣東到廣西，最易叫人感覺到的便是廣東富而廣西貧，廣東大而廣西小。他因為貧，所以上下一致，埋頭苦幹；因為小，所以官民合衷，清感融洽。又因自知其為貧而小，所以當局的人們，非常虛衷謙抑，很歡迎外省人士的合作與批評。辦事雖然帶一點「土氣」，然而誠實有朝氣，是在任何地方沒有如此普遍的。廣西除軍隊多由桂省人士統帶外，其政治教育各方面，皆看得出外省人的活動，他們和本省人都非常水乳。廣西中學校最缺乏英數理化的教員，尤其歡迎外省人在那裡當中學的教員，月薪可得一百四十元，較在界當差為優，而且地位穩固，因為教員都受省府委任，不隨校長為進退。廣西最好的現象是官民打成一片。我們從梧州到柳州桂林，隨時隨地都看得出上下協和，軍政民團結一致的精神。廣西官民「共苦均貧」，這是廣西上下融洽的原動力。美國艾迪博士（Sherwood Eddy）前月在廣西視察，認為非常滿意，他有一篇文章敘述感想，中有一段說道：「若雜處民間而隨處可聞人民謳歌官吏之德政者，我惟於廣西一省見之。人民之言曰：吾省之官吏皆努力而誠實，其中有一貧似吾輩者，彼等絕無賭博浪費貪污等弊，且早眠早起，清晨七時半即在辦公室矣。」這些話都是事實。

廣西是李（宗仁）白（崇禧）黃（旭初）三人合治，三人皆能利用各人所長來以身作則，把勤儉樸實刻苦耐勞的風氣樹立起來，傳播到全省，於是地方雖小雖貧，而無遊民乞丐。向來多匪，素號難治，現卻治安特別良好。所以然者，有精誠合作的好領袖，才能有安分守法的好人民。廣西的特長，不在什麼物質建設，實在這點苦幹實幹的真精神。我們再看：農村復興，可算是近年中國的時髦口號，然而真正深入民間，喚起民眾，從而組織之者，廣西要算效率最佳的了。這因為在別省或者僅由學者鼓吹，或者只得局部實驗，唯獨廣西合軍政兩署的努力，在自衛自治自給三位一體的口號之下，訓練民團，編制村甲，依政治的力量，硬把農村建設起來。我旅行所經，看見許多鄉村，闢有鄉村公路，設有公共苗圃，整潔而肅穆，足為改革力量達到下層的表徵。如能循序漸進，繼續工作，定有更好的成績。

廣西的民團組織和國民教育，都另外有他的一套辦法，容當另節介紹。此處我願特別指出的，第一是在上的人以身作則不言而行的美德。他們不但自己努力向上，為民表率，並且設法表揚若干本省先輩的名人，鼓舞後人景仰，如劉永福、馮子材、其至岑春煊、陸榮廷之類，把像片懸掛公共場所，引起一般民眾崇拜名賢愛國愛鄉的心理，這都是振作群眾精神的一種方法。第二便是瀰漫社會的一團朝氣。例如他們因為要訓練民團，於是嚴格施行公務人員的軍訓，省府廳長委員年在四十五歲以上的人們，照章本可豁免，但是他們仍然自願與青年們同樣出操，以資民眾矜式。又如在他處地方，天甫微明，一定行人稀少，廣西卻是上午五時便已行人載途。廣西政界雖然薪俸很薄，但應酬甚少，無有浪費，家家都有貧而樂的氣象。尤其在舊曆新年中間，雖在深山窮谷，到處都有熙來攘往的光景。桂省軍政人員，自總司令省主席起，人人都著五元毫洋一套的制服。我在南寧，白健生先生請我在他私宅去看剿共電影，得窺他的私生活，其簡單樸實，比我輩窮書生有過之無不及，這實在是廣西改革政治易於推行的一大原因。他們一般皆沒有嗜好。公娼雖有，指定在特別地方營生，公務員概不許遊蕩。政府雖賴貴州過境的鴉片特稅挹注，人人卻不許吸煙。紙煙最上等的僅抽美麗牌。娛樂則象棋最為流行，此外別無消耗精神金錢的工具。

廣西社會還有一大特色，就是婦女都能從事生產工作，與他處之游惰放縱者完全不同。她們不但能夠種地飼畜，還能肩挑背

負。我們乘車在深山中疾馳，常能遇見青年婦女，挑負重載，獨身行走；甚至大腹孕婦，還可背負幼兒，肩承重擔，行所無事。這等情形，不特江南少見，即在北方也很稀奇。桂省當局為要矯正城市婦女官員眷屬游惰荒嬉之習，特別在武鳴桂林等處設立女子工讀學校，招收僚佐妻女入校讀書習藝，一方減輕男子負擔，一方免除打牌應酬惡習，此亦惟在廣西環境乃能辦到耳。

廣西山水，著名古今，但是不以偉大勝，而以峭拔顯，其民族性亦然，多有矯矯不群不受羈勒的氣概。近代太平天國革命，主力多賴廣西人士。即最近數年，廣迭遭外省軍隊侵入，結局悉被打出。蓋因桂人有寧肯入山為盜，不肯屈服於人的氣質，而山嶺重重，易守難攻，尤占地利。我們只要認明此點，就可以判斷廣西將來的前途而該省富於農產森林之利，宜於農而不宜於工商，更為該省政治上難期發展之鐵證。桂省當局屢向記者聲明，志在修明省政，敬恭桑梓，但求能保和平，一意親仁善鄰。按之環境，舍此本也別無可走的途徑，所以廣西在中國大局上，實在沒有什麼危險性。

※　※　※

綜合粵桂見聞所得的感想：一、兩省當軸對局部建設都有誠意而且努力。二、以他們的才力精神治理桑梓，可說是游刃有餘，但如擴大範圍，恐不免捉襟見肘。三、兩廣固然是拆不開，然不一定便是一事，所以兩省各有短長，還應分別看待。四、粵誠取精用宏，但商民疲敝已甚，急需休息；桂固淬礪奮發，但限於資本人才，求治不宜太急；誰鹵莽輕進，都難收良果。五、粵桂偏在南國，眼光易限一隅，觀察全局難免錯誤；中央對地方也不無漠視，缺乏親切；應求互信，各謀了解。六、粵桂人物不同，地方性質各異，除非利害關係有迫而合，否則誰也不能左右誰的意志。至兩廣本身的前途，須取決於他們自己的政治有沒有辦法，不是外界勢力所可動搖的。

四、寧夏對峙期間的粵桂關係

　　廣西和廣東，在地理上，同處嶺南，同屬珠江流域，言語也有一部分相同。但廣東為商業社會，廣西卻為農業社會；而且桂境所有河流，都流入粵境；廣西的農林礦產品出口，必須經過廣東，於是廣西的經濟，自然而然地為廣東所操縱了。

　　然而政治上的情形，有時卻和經濟上的情形相反。例如民五討袁之後，桂軍入粵，粵省即為陸榮廷氏所統治，甚至民十、達六年之久。又國民革命軍北伐後，留李濟深氏坐鎮廣州，掌握粵省軍政，由民十五年繼續至十八年。

　　因此，胡朝俊氏（號章民，粵籍，曾任廣西全邊對汎督辦）說：「昔年赴桂，初晤黃季寬主席，談及兩廣關係時，我認為：在平時，桂被粵所控制；在戰時，粵卻被桂所控制。他也以為然。」因為平時，和平共處，只有經濟關係，而戰時卻變成政治關係了。

　　以上是粵桂關係的歷史概要。本節專述民二十年夏以後那五年間兩省關係的實況。

（一）蔣氏囚胡時期

　　粵桂兩省的關係，在國民革命軍北伐時，幾乎成為一體。武漢事變，桂軍失敗，後為勢所逼而攻粵，彼此遂成為敵對。接著張發奎部受汪策動在鄂西反蔣，經湘西入桂，聯桂攻粵，敗歸；桂張聯合北方的閻馮大舉反蔣，出師湘鄂，又敗歸；蔣氏遂令粵湘滇三省合兵攻桂，企圖一舉將桂張根本消滅。但湘軍因共黨攻長沙，急由全縣撤兵回救；滇軍圍南寧，數月不下，被桂張聯軍擊敗而逃；只剩下粵軍，忌張部未除，終為粵患，據梧潯鬱一帶，和我對峙不退；這是十九年的情形。到二十年夏而情勢突變，廣東因蔣主席囚禁立法院長胡漢民而憤起反蔣，遣使來邕向廣西和張部求和。當時我們正侷促在半個廣西，對此自是求之不得，即行同意。經過雙方信使往還商洽之後，粵軍即於五月中旬，完全由桂境撤退。政治是只講利害的，此時兩省的利害既然一致，敵對自然解除而復為友好。於是兩廣

真誠合作，在廣州樹起旗幟，另立黨政機構，造成西南局面，以和南京對抗。關於黨政中央如何組織和兩廣軍事政治如何統一？事先，桂方李宗仁總司令應粵方陳濟棠總司令的邀請，派白崇禧、張發奎、葉琪、李品仙幾位到廣州商洽；過了幾天，李氏親自來穗和陳氏面洽，彼此意見一致。黨的機構，由會集廣州的國民黨第一、二、三各屆中央執監委員十六人開會決議，成立「國民黨中央執監委員非常會議」。政的機構，由非常會議先通過國民政府組織大綱，同時推選十五人為國民政府委員，再依據大綱組成國民政府。這個國府並無五院，只設軍事委員會、外交部、財政部、政務委員會等四個直屬機構；也不設國府主席，而由國府委員互推五人為常務委員，國府委員會議，即由常務委員輪流主席。兩廣的軍隊，一律取消現在的稱號，恢復國民革命軍的名稱，編粵軍為第一集團軍，桂張各部為第四集團軍。粵桂兩省政府人員，由國府從新任命。

廣州中央建立後，國府常委汪兆銘、孫科曾到梧州視察，以示關切和團結。廣西開民眾大會予以歡迎。

（二）九一八事變起後

嶺南開府，蔣氏兵力為贛共所牽制而不敢下令討伐，寧粵只是冷戰對峙著。九一八事變爆發，寧方派蔡元培等來粵商談和平，團結禦侮。粵方迫蔣釋胡才有和可談，再迫蔣下野而後和平實現，統一告成。廣州的非常會議和國民政府，已由粵方的國民黨四全代會決議撤消，改設國民黨中央執行委員會西南執行部和西南政務委員會。廿一年一月，一二八事變又作，蔣氏乘機復出掌軍，汪和蔣合作而長行政院。汪胡是彼此參商的，蔣汪既居中央，胡遂站在粵方，寧粵仍然對立。

日本對中國的野心，非全部歸其控制宰割不會停止，繼二十年九一八事變之後，廿一年有一二八事變，廿二年有長城戰役，每年必鬧一次；中共又乘此時機，盤踞贛南；內憂外患，相逼而來，使蔣氏疲於應付。在這種情勢之下，客觀上蔣氏自無用兵西南的可能。。但蔣在位一日，無論粵桂，對他都不敢忽於戒備，只要這種情勢不變，粵桂共同對蔣的團結也不會變。桂的對粵，彷彿像三國時蜀的對吳，常時保持住「可與為援而不可圖」的態度，記得廿二年十一月九日李、白兩位和我討論時事問題，還切實提到這一點。

粵方對桂更覺寬心的事，為張發奎的第四軍，已於廿一年三月以援助黑龍江馬占山將軍抗日名義離桂北上，志不在粵了。

（三）閩變時期

廿二年冬，閩變將起，風聲四播，情形變得複雜了，在對閩問題上，粵桂間常有不能意見完全一致的顯露，中間且又夾雜些誤會的事實。

廣西對閩的態度，最初表現於十一月五日李、白兩位致李任潮、陳真如、蔣憬然、蔡賢初的電報，勸請切勿採取勾日聯共、樹立人民政府、實行土地革命的做法，致失國人同情。又電胡展堂、蕭佛成、唐少川、鄧澤如、鄒海濱、陳伯南，謂任潮等被迫憤而出此，欲勸息之，不如合閩粵桂在粵成立革命政府，彼既有路可行，或不至鋌而走險。粵的實力在陳氏，陳對此建設無興趣，遂無下文。

胡朝俊十一月十八日自廣州電：「粵方判斷，如閩果獨立，桂必坐觀成敗，故求桂不如求寧。」

福建十一月二十日宣布獨立後，廣州謠言蜂起，紙幣大跌；影響到我省內，梧州市面桂幣跌百分之三，匯水飛漲。

粵桂曾訂有聯絡禁煙辦法，實行年餘，彼此受益。後因粵方給煙商霍芝庭以專賣權，霍遂藉此壓低煙價，致廣西全省煙商陷於絕境，牽連到百貨為之停滯。滇黔商人請求廣西取銷粵桂聯絡辦法。廣西為經濟和財政的關係，不得已而接納商人的請求，通告粵方將聯絡辦法廢止。但廢止後適逢閩變醞釀風聲日緊，粵方竟疑為這是我與其政治上不合作的表現。後經我方據實解釋，誤會才告消除。閩變既發，我方為免粵方誤會再生，決定一切都容忍到再大限度，勿和粵方發生破裂。

福建獨立過了一週，李總司令以閩變實由蔣氏逼成，電促陳總司令由兩廣倡義對蔣聲討。陳氏十二月一日覆電，疑桂祖閩；又派李漢魂來邕，請李、白兩位無論如何以一位到粵面商應付辦法。第四集團軍總部有位客卿在梧州聞此消息，來函主張：「李、白兩位倘決定赴粵，應使胡展堂先生先到廣州，免粵倚桂作幌子，使寧方看重他。」由此可見一般人對陳氏的看法。李、白都未能赴粵，李十二月十六日電陳云：「仍勸閩回頭。如閩聯共來犯兩粵，當與粵一致，以保西南的安全。」此時報紙上有「粵向寧商借一千五百萬元，為對閩交換條件」的消息。

寧方很注意粵方的態度，看見了胡漢民、陳濟棠、李宗仁等十一月廿二日聯名致李任潮、蔣憬然、陳真如、蔡賢初等指責其勾共叛黨的通電，遂匯款接濟陳濟棠的軍費，又以國府主席餌胡漢民。但胡氏表示：蔣不下野，決不入京問事。胡氏並派胡文燦於十二月底到邕，鼓勵廣西反蔣。但

粵不肯動，桂何能獨行？且時機已稍晚。

陳總司令派林翼中於廿三年一月六日到邕，商對閩問題。我方迭接赴閩視察者報告，知閩犯各種錯誤，終必失敗。粵已派重兵駐閩邊，等待收拾其敗亡的部隊，聽之而已。

（四）閩變平後

閩變於廿三年一月被蔣氏敉平，贛共於同年十月大舉西竄，在此期間，粵桂間的情形如下所記。

閩變到了一月中旬，敗局日近，為緩和寧方的疑忌，廣西決參加本月在南京召開的國民黨第四屆中央委員第四次全體會議。但因西南的領袖胡漢民不參加，故李、白兩位也不去，而推我前往，十四日決定此事，十五日我即發電報告西南執行部和南京中央黨部，十六日由邕起程。十八日到廣州，訪陳總司令，他對我入京，表示驚訝；又主張我們西進，對滇黔應速籌謀。到西南政務委員會訪鄧澤如、鄒魯各委員，他們告我以向四中全會的提案。十九日到香港訪胡漢民委員，他主張「任潮、真如應及時離開福建，好設法保全十九路軍；我在滬同志應發表停止內戰的言論，以阻中央軍的追擊。」但廿一日十九路軍將領沈光漢等已通電擁護中央，中央軍即入漳州；廿八日李任潮、陳真如、蔣憬然等已逃到香港。

我廿二日到上海，廿三日晨到南京，即出席四中全會。廿四日黃紹竑內政部長和我謁行政院汪院長，汪對我說：「桂何必做粵的附庸！粵每次通電後，伯南必另電陳明為人所迫而出此。閩變後且說，須以一部分兵力防桂。」極力離間粵桂，但或也含些事實。

我由京返滬，一次，黃季寬、張伯璇兩位和我談廣西問題，張說：「桂聯粵，如與鹿豕遊；桂聯蔣，如與虎狼居。」話固尖刻，但聽者都有同感。張又以為此時對粵不可冷淡，對蔣也應敷衍，但應使粵方了解對蔣只是敷衍。

我二月七日離滬，九日到港，即訪胡漢民委員，他批評陳伯南對桂合作不認真。十日到廣州，訪陳總司令，我將李總司令囑我向陳請教的電報送他看，他即提筆寫對時局方略交我，要點為對寧表面敷衍，但須彼此通知，以免誤會；如敵對粵時，桂出奇兵相助。十九日我歸抵邕，將此行情況報告，李、白兩位決定對粵仍切實聯繫，對寧應繼續敷衍；並即通知陳總司令，對時局意見，與其一致。

寧方派蔣鼎文於二月底到粵商剿共計劃，但不久，粵局竟因此而感到

動盪。李總司令乃於三月廿四日由邕赴穗，表示久駐，無形中為粵消弭危機。我們五月十八日接李來函，謂粵局內部漸形穩定。

湘省主席何鍵以會商五省聯絡剿匪事宜為名來粵，陳總司令請白副總司令到粵共商，自六月十八日由邕往。何到後，陳李、白三位和他密商改造時局問題，頗好，但對步驟和方式未聞有結論。

白氏留粵太久，謠言迭起，說他被監視在粵。他九月八日返抵南寧，據談粵情：一、陳總司令對軍事布置毫無計劃，如果他個人堅定，部下還可以跟上來，因為大家明知寧如得粵，各人也站不住。二、胡、陳兩位都贊成我們西進，萬勿北向，陳並表示可以助餉。

自粵桂禁煙聯絡辦法取銷，廣西深受不良影響。我方不想因經濟衝突妨礙政治合作，極力忍讓，到九月十八日，才派陳雄赴粵商洽恢復。經過月餘的折衝，粵方乃派代表雲堯生偕陳雄來邕，十一月六日財政廳長黃鍾岳和雲簽訂聯運草約，內容將舊辦法稍加修改。

廣西道路局長蘇誠，八月間親往欽縣洽催修築邕欽公路，回報謂民眾尤其商人渴望早成，但在軍政界的卻疑桂對欽有野心。

（五）贛共西竄時期

贛共於廿三年十月傾巢西竄，中央軍乘勢窮追，將黔滇川三省切實控制，西南形勢大變，兩廣為勢益單，團結合作，更有加緊的必要。

李總司令十月廿五日由粵抵邕，十二月四日復赴粵，十二日來電說：「黔事關係重要，決乘追共機會，與粵聯軍入黔，已與伯南聯電五中全會請纓。」

廿四年二月中旬，陳總司令派張達的第二軍由廣州水運到柳州，再循黔桂公路上到獨山，和駐在都勻的我廖磊第七軍聯成一氣。但中央軍先佔貴陽；共軍共向遵義。

為時局問題，白副總司令二月九日電請李總司令回邕商討。李十九日抵邕後，召集幹部三次研究，得結論為拖；但對外要避戰，對內要備戰；政治上要避戰，軍事上要備戰；須避戰然後有時間備戰，須備戰然後真正能避戰。

蔣委員長三月廿五日飛抵貴陽，想約李總司令往晤。李未敢信蔣有何誠意，只派劉斐、張定璠代表前往，他廿七日赴粵，以免粵方生疑。劉張四月四日返邕復命，謂蔣對桂頗感快慰。張並建議：乘此剿共時機，和蔣先謀軍事上的合作。白副總司令同意，仍派張、劉赴粵報告進行。張、劉

向西南政務委員會陳述：「往年對贛共，曾由政委會授權陳總司令和蔣氏商洽合剿；今對黔共，自應授權李總司令和蔣氏商洽合剿。」政委會和李總司令都表贊同，仍由張、劉兩位電陳蔣委員長。但蔣四月十五覆電謂匪不足平，竟未採納。

陳總司令五月十三日電告，謂黔共已遠竄，欲調在柳州，慶遠的第二軍回粵。我方答稱，軍事雖緩，但為保持形勢，以免經濟狀況發生變化，為用頗大，似不宜調。並派四集團軍總參謀長葉琪於五月廿九日赴粵報請李總司令和粵方再商。但六月初旬，第二軍盡撤回粵。

西南執行部因南京和日本簽訂「何梅協定」，六月廿二日發電質問中央：對華北事件究竟如何對付？這是李總司令據白氏的建議轉請採行的，意在爭取西南的政治立場。

李總司令派葉琪訪問湘、鄂、四川，七月五日經粵返邕據報：張學良、何鍵均不能自動反蔣；廣東絕望，不足與言。八日葉墮馬死。十一日李返邕，八月廿三日再赴粵。

國民黨第五次全國代表大會十一月在南京舉行，黃紹竑氏以為這是調解蔣桂關係的良機，懇切敦促李宗仁中委赴會。幹部同人都贊同此議，免為廣東所累死。但李終對蔣失去信心，未有赴會，十一月十六日由穗回邕。

（六）胡氏逝世前後

胡漢民氏廿四年六月九日離港遊歐，廿五年一月五日自歐動身返國。陳總司令託其兄維周來邕訪問，據談：「因余漢謀、李揚敬說，蔣不抗日，將不得了，廣東應自為計。故伯南使我來問廣西的辦法。」意在了解桂對蔣氏的真態度。他一月八日來到，十三日返穗。李總司令聞蔣極力敦請胡氏到南京去，以拆西南的台，消息緊張，遂於一月十七日赴粵，鼓勵陳總司令共同表示尊重胡氏，勿使胡氏入京。李廿二日電召王公度赴粵，白副總司令因將留胡在粵的做法三點囑王轉達。

湘省財政廳長河浩若一月四日由穗到邕，他主張湘粵桂三省經濟合作，才能做到戰時的自足。九日返穗，粵也贊同其主張。我即派財政廳長黃鍾岳赴穗會商。廿四日黃歸報告：在粵和河浩若、區芳浦（粵省財廳）兩廳長討論三省經濟合作問題，議定原則四項，將由廣東省府正式通知。

胡氏一月十九日由歐抵穗，廿五日即入廣州，白崇禧和我發電歡迎其來邕，廣西省黨部也去電邀請。但廿九日接胡覆電，謂因病未能來。胡決

四、寧夏對峙期間的粵桂關係｜041

不入京，且籌劃積極辦法，派王若周、胡畏三為代表，於二月廿七日經邕赴滇活動。

陳總司令在三、四月間，屢次向李總司令表示，主張積極反蔣，並請李催白副總司令到粵共商進行。但白不知陳的這種決心是真是假？是真的話，也想不出他為什麼理由？而且想用「非法憲法」做題目來倒蔣，很覺可笑；故白氏沒有赴粵。李總司令五月八日回邕，再共同研究陳的決心問題。

胡氏於五月十二日因腦溢血突然逝世，兩廣失去此重要人物，局面跟著會發生變化，這是意料中事。李總司令因才回來數日，先派白崇禧、潘宜之、劉斐和我於十三日飛廣州致弔，並和軍政各要員商討應付時局的辦法。我十七日先歸，李總司令二十日再赴粵。中央派王寵惠等來弔胡喪，並向陳濟棠試探要求將廣東的軍權和政權交還中央問題，陳表示無法接受。李、白兩位和陳氏他們經多次的討論，李、白雖主張慎重，鄒魯也反對用兵，陳卻堅決要積極行動，李、白自不好各行其是，結果只好和陳氏一致，用抗日為題，以爭取國人的同情。事既決定，白氏即於三十日回邕，準備行動。

六月二日西南執行部和西南政務委員會聯席會議決議，電請中央北上抗日，收復失地。第一、四兩集團軍各以小部隊進入湘南，期待湖南先作響應，但何鍵受中央軍控制，終不敢動。陳濟棠對組織抗日政府的決定，到了十日，因日本恐嚇和紙幣低跌而推延不辦。蔣電令陳撤回入湘部隊，一切應待黨議解決。十一日陳、李、白各將領電覆蔣氏申述動員抗日的決心。十二日再以西南名義發表對時局主張的通電。十六日西南和中央代表在衡州進行和平談判後，即將入湘部隊撤回，因事實上西南兵力已通不過湖南北上。廿二日兩廣軍隊改稱抗日救國軍，並組織軍事委員會，陳濟棠為委員長，李宗仁為副。廿九日李宗仁在穗白崇禧在邕同時就抗日救國軍第四集團軍總副司令職，陳濟棠已先於廿三日就抗日救國軍第一集團軍總司令。七月初，陳濟棠見廣西在很短時日內能徵集大量兵員，頗為驚忌。六日陳請我方派人到穗共商救濟金融辦法，我派廣西銀行行長黃薊前往，後來商得結果兩項，未及實行，粵已先敗。

蔣委員長主持全國軍事，因對日屈辱，屢受國人指責，故不敢對西南抗日下令討伐。他又深悉廣東弱點，可用官和錢以分化其內部，粵一倒，桂自難獨支。果然，七月四日廣東空軍飛行員四十名叛逃香港和南昌；八日第一軍軍長余漢謀由贛潛往南京，通電服從中央；九日東區綏靖委員李漢魂也宣言擁護中央，棄官離汕。白副總司令以粵局嚴重，要我和劉斐於

十日飛穗將補救辦法向李總司令陳述。我們在穗作三日的商討，因陳氏已失去掌握部隊的自信，不敢組織抗日政府，只決定組織第一、四兩集團軍聯軍總司令部和粵軍改取內線作戰兩事，我們十三日即回邕。南京方面，十三日五屆二中全會決議：撤銷西南執行部和西南政務委員會；軍事委員會令：免陳濟棠本兼各職，任余漢謀為廣東綏靖主任，李宗仁、白崇禧為廣西綏靖正副主任。十四日余漢謀在大庾就新職，回師對粵；粵海軍兩艦又逃往南京；十八日粵空軍全部飛往南昌投中央；陳濟棠即離粵。李總司令也回邕，維持五年的西南局面遂告結束。

人言粵太自私，當局又非其任。五年來桂受粵累不少，而始終忍讓；李總司令在粵比在桂的時日為多，不特消除陳氏對桂的疑慮，有時粵方內部的離貳也藉其穩定；到最後情況益危急那幾天，白副總司令還派李品仙並以電報向陳氏建設應急的方策，但形勢惡化太快，陳氏都不能行。桂對於粵，是始終如一的。

五、葉琪墮馬逝世的真相

　　《春秋》第一七三期第8頁載士心先生的「葉琪墮馬喪生始終是謎」一文，其主要的一段云：「當中央決定以武力解決兩廣之前的一年，葉氏好像曾赴南京受訓（是否赴南京陸軍大學將官班受訓，已記不清了）。依當時的情況而言，以敵對的軍方權威人物，何以會貿然入京，頗引起一般人士的注意和臆測。但葉氏於受訓完畢之後，終於安然地回到廣西，而且仍然繼續任幕僚長。事隔不久，廣西方面卻突然宣布葉氏慘死。筆者彼時正在廣州，對這項消息，除了驚詫之外，在任務上是必須加以瞭解的。根據所得情報，指出這次葉氏之死，並非真的所謂墮馬，而是因為葉氏在南京受訓期間，於思想上已傾向了中央，當其回到廣西之後，在態度和言論上，對李、白都有了有形無形的表露，因此，葉氏晨間習慣地乘馬馳騁之際，被人在背後槍擊殞命！惟真實的情況究竟如何，仍視為一個謎。」

　　新歲聶崇侯醫生過訪，問我曾否看到《春秋》所刊葉琪墮馬一文？並說：「葉墮馬後就近送來軍醫處急救時，剛好我也親自檢查救治，哪有被人槍擊的事？望有以正之！」當時我答允了聶醫生，現以此篇以踐約。

　　關於葉琪墮馬前的行動言論和墮馬時的情形，我曾在「廣西與中共廿餘年來悲歡離合憶述」第二十三節中很簡單地記述過。現在只就是士心先生文中他「視為一個謎」那一點，根據事實作明白的解釋。

（一）葉氏與李、白的關係

　　現從葉氏和李、白兩位平時關係的狀況說起。

　　葉氏自國民革命軍北代後期，即任第四集團軍第十二軍的軍長。民十八年武漢事變失敗，避居香港。其後，李、白再起，葉也回桂追隨，自二十年起，即任第四集團軍總參謀長。其人短小精悍，頭腦清明，待人誠摯，任事忠誠，重道義、善交際。他既知道為國家民族著想，也知道為廣西立場著想。他絕不是自私、好利的人。所以李、白絕對信任他、倚重他，而任他做幕僚長。當時廣西是禁止黨政軍公務人員賭博和冶遊的，應酬宴會也很少，晚間多暇，比較高級那一班幹部，不必約定，都可隨意到

李、白兩位住處（他們就住在總司令部裡面）去閒談，遇著有什麼問題，便順便討論，大家都可高談闊論，毫無拘束，在葉氏個人更不消說了。我們為交換民間疾苦的情報和溝通彼此的意見，廣西省黨部、廣西省政府、廣西高等法院和第四集團軍總司令部這四個平行機關，每週舉行一次聯席談話會，四個機關的首長和其高級幹部必定出席，葉氏在會中是最肯說話的，他在各種集會也是如此，對私人交際更是如此，卻無人不喜歡他、嫉忌他或譏議他。李、白對葉，並非每言必聽，但他們之間，彼此都是肝膽相照的。

（二）奉使訪問湘鄂四川

自中央因贛共西竄，派兵追擊，乘機控制了貴州和四川，使西南局勢為之大變。此時國人正厭惡內鬨，廣西又無單獨改造時局的力量，更須親仁善鄰，並和中央方面增進諒解。李、白兩位因此，派葉琪訪問湘、鄂和四川，想藉均權制度以探測各方對於時局的意見，並向蔣委員長貢獻如何協調中央與地方的建議。

葉氏奉命後於廿四年六月八日由廣州直飛漢口。這是他從二十年以來足跡再到長江流域的首次。那時，張學良任軍事委員會委員長武漢行營主任，駐在漢口。葉於十七年北伐完成後訪問奉天，和張盤桓多時，交誼不淺；張廿二年底遊歐返國途中，還從郵船上電致南寧李、白和葉賀年；葉到漢後，即訪張深訪，然後轉往四川。

葉到成都，晉謁蔣委員長，將李、白所託的意見陳述，因中國幅員太廣，如果一切事權都集中於中央，難免有照顧難周，反於國家有不利之處，不如採用地方均權制度，較為有利，如此，在情感上，地方和中央將更易協調。蔣對親信部屬，有時還不免疾言厲色，但對其他的人，卻很為客氣，任由葉盡情傾吐。當時中央派往廣西的藍衣社分子很多，散布各地，他們不僅是只做情報，並且在各縣煽動壞人搞亂，又製造謠言，淆亂觀聽，葉痛陳這種做法在政治上實在有損無益，可否將他們撤去？蔣委員長聽葉說完後的表示：對均權問題，謂設置地方的中間組織，如政治分會、軍事委員會分會之類，都沒什麼大問題；對特務組織，謂暫不能放棄。

葉當然也訪候四川省政府主席劉湘。劉以前和廣西曾有過聯絡，因他企圖控制貴州，交好廣西，以開闢一條通海外的新路。但已今昔異勢：不僅貴州全歸中央掌握，連四川自己也將與同黔一樣的命運。已往的事，不復再提。葉歸途經湖南，訪省主席何鍵，彼此相處多年，且屢經事變，知其

為人更深，何是向自己最有利的方向轉變的。葉知道張學良、劉湘和何鍵三人都對蔣委員長存在著不同程度的不漢，但三人現在的處境，都不敢反蔣。他們對均權制度，都感覺興趣，但如果希望他們率先倡首，一時也是辦不到的。

葉氏的親善訪問和增進諒解使命達成後，先到廣州向李總司令復命，七月五日返抵南寧。白副總司令和我們聽了葉的初步報告，都覺得他對時局整個形勢，認識很清，預備過兩三天，根據他所得的情況，對如何應付時局問題，作詳細的討論，不料，未及舉行，葉即墮馬而逝！

（三）葉氏墮馬傷重不治

葉氏回到的第二天是星期六，他料理其他事務，還沒到部辦公；第三天是星期例假；到第四天七月八日星期一才照常到部工作。我和葉的住所，同在南門外體育場旁邊桃源路，他家在東端，我家近西端，相距不過百餘步，彼此出入時常相遇。我家離省政府很近，我每日往返都是步行。第四集團軍總司令部在城內，和他家相距較遠，他平時上班，每晨由馬伕從總司令部馬廄裡牽馬去接，馬也沒固定他騎哪一匹。八日那天早上六時一刻，他照常乘馬離家往總部去，進了南門到興寧路，馬即狂奔，無法制止，到了總部門外，勒不轉馬頭進門，竟一直向東馳去。到達民生路共和路的交叉點，道路成了丁字形，向前直跑受阻，必須轉彎，因奔勢太驟，葉遂被摔下，受重傷、昏迷、不能說話。距離墮馬處數十步便是總司令部軍醫處，立刻將傷者送到處內施救，經軍醫聶崇侯等幾位檢查，知因傷及延髓，所以不能言語。盡力救治到上午九時半，終至群醫束手，返魂無術，而溘然長逝了！

事後知道葉氏當日所乘那匹馬，白副總司令也常時騎它，近數週來，白因身體不適，久置不騎，故野性復發，狂奔猛走，致肇此禍。

葉家男子，有一非常奇異的傳統習慣，壽命向來很少能夠達到四十二歲以上。葉琪當年已四十九歲了，知者正為其能打破慣例而慶幸，不圖竟遭此意外的變故。

（四）謎由虛偽情報形成

葉氏墮馬的實情，我已清楚真確記敘如上。他從民國二十年以來，足跡根本就不曾到過南京，說不上「在南京受訓」，不管是陸軍大學將官

班（可檢陸軍大學同學錄查看有無葉琪的姓名在內）或其他任何的訓練。更說不上「因為葉氏在南京受訓期間，於思想上已傾向了中央」。因之，「當其回到廣西之後，在態度和言論上，對李、白都有了有形無形的表露，因此，於葉氏晨間習慣地乘馬馳騁之際，被人在背後槍擊殞命」這段話，變成了沒有根據的無稽之談，純屬捏造，對不懂廣西內情的人或能受其蒙騙。

在此，我可以舉出人所周知的實例來比照，更可以看出那情報捏造得太過不像。十九年夏北方成立擴大會議的時候，在廣西的部隊號稱第一方面軍，李宗仁任總司令，黃紹竑為副總司令，白崇禧為前敵總指揮，傾師入湘，期望與北方部隊會師武漢，七月大敗回桂，損失慘重。蔣主席遂令湘粵滇三省大軍，合力三面攻桂。廣西的殘敗部隊，退保柳桂一隅，其餘地域悉被對方所佔據或隔絕，情勢非常危險。黃紹竑態度十分消極，由柳州往桂林休養，住在良豐的西林公園，八月廿一日他突然拍發兩道急電：一致本省部隊和各縣，宣布他已自行解除副總司令和所兼職務；一致南京中央方面，主張和平息兵。在此時此地而有此舉，不難促使這個柳桂殘局立即瓦解，這是何等嚴重的事！這時候，李、白怎樣對黃呢？他們只是覆電並派員接他回柳當面懇切勸他此時不可辭職，以致搖動軍心；和平的電報不應發而已發，也就算了。李雖不答允黃解職，但黃從此不再問事，只在柳州附近種桐。李也聽他自由，連派人監視都沒有。現那捏造葉氏的情節，拿來和黃氏的舉動比較，大小輕重，相去不啻天淵；捏造得太不近情理了！更有一點，廣西的軍政幹部，十分之九都是黃氏舊屬，黃氏的潛力很大；但葉氏向來是在湖南掌兵，回桂後雖然位居總參謀長，手上卻無兵權，就算他傾向中央，要反叛廣西團體，也搞不起來的，李、白怎會擔心而要將其置之死地呢？更退萬步來說，李、白果真要除葉氏，不使人知，時間地點都可任便選擇，何必在南寧城裡光天白日眾目注視之下來動手呢？沒有人這樣愚蠢的吧！

我更要說明一點，當時西南對中央的情形，不過如反黨之對執政黨，並非雙方完全斷絕一切的關係。行政院各部不止一次派員到桂省視察，省政府照常接受，並未拒絕。各部召集各省的人員赴南京會議，桂省府也照規定派員參加。陸軍大學由北平遷到南京後，廣西每期都送有學員入校。李、白並非絕對不傾向中央，由他們派葉氏入川晉謁蔣氏一事已可看到。在此以前，當四月間蔣委員長在貴陽時，李、白不是曾經採取張定璠的建議，謀與蔣氏先從軍事上合作（事詳《春秋》第一九二期第17頁）嗎？但因蔣不採納而未能實現。葉死以後，蔣委員長在十二月兼任行政院長，他

於七日召集吳忠信、黃紹竑、張任民、張定璠、韋雲淞等商談廣西問題，表示即可發表德鄰，健生為湘黔桂邊區剿匪總司令。李、白得張任民等電告，決意接受命令。但因廣西財政困難，部隊出省剿匪，費用浩繁，不能獨力負擔，廿七日特電吳忠信轉陳蔣氏說明實情，如發表三省邊區剿匪總副司令名義，現共匪西竄，頗有需要，但須助餉。十二月卅一日國民政府特派李宗仁、白崇禧為湘黔桂邊區剿匪總副司令。明令既頒，李、白代表在京接洽助餉事，數旬竟無結果，李、白終於不敢就職。由這些事實看，說是李、白因為葉氏思想上傾向中央而殺之，不是情報捏造得太離譜嗎？

（五）亮齋雜筆中的記載

徐亮之先生著《亮齋雜筆》，民國四十年六月自由出版社印行，專記當代人佚事之可徵信者，共六十二則。其第四十一則標題：「葉琪墮馬」，現特錄其全文於後，以資旁證。

「葉琪字翠微，廣西容縣人。初與李品仙、廖磊俱從唐生智；生智敗，與磊、品仙俱歸李、白。李、白任國民革命軍第四集團軍總副司令，以琪任總參謀長。」

「琪矮小，儕輩恒以『矮哥』呼之。而性豪放，喜詼諧，能強記。時李、白頗刻意治桂，有好士名，士亦往往樂遊廣西。琪內贊戎機，外接賓客，內外協洽，李、白以為能。一日，大宴集賓客初遊桂者；既坐，琪逐一叩姓名，斯須覆識，廿餘客，略無違謬；四座皆驚歎。琪故善騎，乃卒以墮馬死，遠近惜之。琪既倉卒死，家人頗以未得遺言為憾，聞去邕城二十里有『靈姑』，能召對鬼神，踵求靈姑召琪。靈姑者，村嫗也。其召鬼，先詢知死者生辰；次焚香默禱；次白沫橫流，昏不知人，而鬼至；人不能見鬼，鬼特附嫗以語，宛然死者聲口，猶晤對耳。琪既應召至，家人頗慨其善騎而死於騎。琪忽歎曰：『此何與於騎，冤鬼而已！』曰：『鬼為誰？』曰：『四川之事發耳！』曰：『四川所發何事？』則感唭咨嗟，堅不肯言，唯處處分家務叮嚀而去。而其事琪髮妻獨知且怪之。蓋琪兒時侍父官四川，嘗與一兒爭騎，不勝，怒錐其馬股，馬驚，踣兒死；兒家以兒死於馬不死於琪；事寢三十餘年。及琪奉使飛川返桂，兒之鬼乃偕附飛機，卒乃為祟云。」

「琪葬梧州南蛇頭；然民國四十年，即中共定桂之次年，竟發其墓而鞭其屍。使世果有鬼神之事，使靈姑者果能招琪之鬼而問之，又不知當作何感唭也！」

六、廣西境內鐵路建築的經過

　　廣西建築鐵路的醞釀，起於清末。其見於計劃的，初為法國主辦的同龍鐵路，由同登到龍州，測量設計都已完妥，越方且敷軌到了邊境，後因故停止。光緒卅二年，法國藉口永安州教案向清政府強求由南寧到北海的鐵路建築權；兩廣人民群起反對，成立粵桂鐵路公司，自行招股建築；邕北鐵路邕局辦事處設在南寧城內銀獅巷府城隍廟，派人向各縣宣傳招股，認股的不少，後終未能實現。

　　民國四年，盧瀚照等請籌建北海至全州間鐵路，並請先築邕北段，准予民辦，未得覆准。五年，交通部設株欽鐵路工程局於北京，派員出發勘測，路線自株州經湘潭，寶慶、全州、桂林、柳州、武宣、貴縣至欽州，桂境路段於六年六月勘測完畢，後未切實進行。十七年，粵桂兩省成立邕欽鐵路籌備會，籌建邕欽鐵路，旋奉令移歸鐵道部辦理，經中央政治會議審查，歸入第二組興築期內，後復因故作罷。廿二年，兩粵會商建築三賀鐵路，派出測量隊勘測，路線由三水經廣寧、懷集、賀縣到鍾山，後因經費無著，未能興築。其他路線曾經測勘的有欽渝線和粵滇線，也無確切的計劃，都未能實現。

　　這些都是廣西在過去籌築鐵路的史話。

兩省與中央、決築湘桂線

　　廣西在未有普通的鐵路以前，遷江縣的合山煤礦公司建有由合山到大灣的自用鐵路，使用輕軌，專為運煤，不載乘客，對於交通無大價值，故人人都望著普通鐵路早日出現。因為公路只能供行政上如出巡視察和調兵剿匪等項的便利，對於經濟發展的需要，必須鐵路才能滿足。但以廣西本身的力量，實在沒法獨自去修築鐵路。縱然築成，若只供省內交通，收入恐不足以養路；僅通貴州，仍難維持，必通到四川而後可。這種見解，廿三年一月間丁文江先生在南京對我即如此說。他就當時的情勢推測，湖南因為有了粵漢鐵路，必不願再築株欽鐵路，意即廣西應設法促成欽渝鐵路的實現，才合實際。這是不錯的，四川和貴州也正盼望欽渝鐵道能成功

呢！廿四年十一月底，我從南京回桂，經過上海，盧作孚先生也由四川來到，李石曾先生特意介紹一法國銀團的人和我們商談借款修築欽渝鐵路問題，只是初步接洽，問題複雜，未能有何結論。

對經濟上最有利的事，有時在政治情勢上反不易談。李宗仁總司令和我乃於廿五年二月五日電請鐵道部張嘉璈部長，請其進行湘桂鐵路的建築。張六日覆電：湘桂鐵路即進行測量。三月十六日張部長又親到南寧和我們商談，並說蔣委員長對廣西頗不諒解。到了六一抗日運動在兩廣發動，鐵路事自然擱置。幸九月中旬和平實現，我們再電鐵道部在湘桂和三賀兩線中擇一早日進行。張部長十月十三日覆電：湘桂三賀兩線同時並進，惟基金困難，請派代表到京商洽。我以桂省府名義派麥煥章為代表赴京與鐵道部會商，結果，湘桂鐵路的建築費，部方意欲中央和湘桂兩省分擔。十一月六日我電陳蔣兼行政院長，謂桂省貧乏，款極難籌，仍請由中央籌措。蔣十一日電覆：飭鐵道部照湘路辦法辦理。廿六年二月中旬，我乘出席國民黨第五屆三中全會，在京滬和有關方面商洽路款和桂越接軌問題。二月廿二日張部長午餐招待湘主席何鍵、黔主席吳忠信、李石曾先生、麥煥章代表和我，商談湘桂鐵路有關各事，決定路線和用公債為湘桂兩省籌款，事乃逐步進入具體。

法欲投資本、三次來磋商

湘桂鐵路股份廣西應擔部分，鐵道部既決定發行公債來籌集，張部長並允為廣西推銷半數，我遂於三中全會完後赴滬，探聽有無方法推銷其餘半數。許克誠先生介紹我先訪王志莘、錢新之兩位金融家；他們卻請我先和宋子文先生一談。我往訪宋先生，他說：最好先找外國人，因此事如果成功，還可繼續商訂他事，且外債條件較內債為好；倘外國人不承受，我再為找國內資本家推銷。過了幾天，宋和李石曾先生介紹一位法國銀團代表晤談；法銀團曾投資於成渝鐵路，這位代表對湘桂鐵路投資也感興趣，說三月中旬將赴廣西商談；我和他談時，馬君武博士在座。

訪孫哲生先生，他說：將組織華南銀行以經營開發華南實業，集資一千萬元，大部分為華僑資本，已得七百五十萬元，希望兩廣省政府各認若干！我允認股，數目待定。

宋先生的中國建設銀公司，承攬外國資本和本國資本轉貸於人，成渝鐵路資金即為宋的銀公司承接法國銀團的資本而轉貸給的。孫宋兩位正彼此競爭，互搶生意，曾聞有人勸他們彼此合作，當更有利。許先生向我建

議：假使我們將來能自組銀團，借款自可免經中間者之手。

三月十七日我由桂林電告張部長：湘桂鐵路基金，可改以廣西鹽稅作擔保。

法國前越南總督Varene夫婦三月廿二日到南寧，李總司令廿三日由桂林飛往晤談，結果雙方同意兩點：一、由法方投資修築由越邊至桂林和由南寧經貴州到四川的鐵路；二、並投資開發廣西的礦產。

五月一日，李石曾先生介紹的法國銀團代表Lucien Merlet由宋子文先生的秘書黃憲儒送其到桂，三日，李、白總副司令和我與L代表會談，雙方對於建築由鎮南關到桂林的鐵路，都表同意。惟L代表鑑於成渝鐵路的經歷，顧慮兩點：一為中央是否願意；二為地方人是否反對。經我們解釋：中央是願意的，地方人決無反對。L代表滿意；並表明他此次來商，曾經法國外交部和民部同意的。關於借款，他只願和中國建設銀公司董事宋子文商洽，而不願意與政府商洽，說是中國政府辦事，往往大體已經商妥，也忽然可由一小節而致軌延或破裂云。

張嘉璈部長不欲法國單獨投資於廣西鐵路，而謀由中國建設銀公司、法國和英國三方面共同投資。他先向英國商洽借款建築廣梅鐵路，而增加兩粵鹽稅每擔五角為基金，作借款擔保，五月十三日電廣西省政府請勿反對此事。省府以中央事前未徵取本省同意，迭電反對。六月初，財政鐵道兩部覆電，仍請廣西勿予反對，謂將來建築三水至南寧鐵路，再以超過此數補助廣西。省府五日電覆兩部，仍堅決反對；但表示：如中央不能取銷增加的鹽稅，則中央應發公債五百萬元，以補助目前本省建設費用的不足。

貸桂款開工、抗戰需路急

七七事變爆發，中央決心抗戰，需要湘桂鐵路更感迫切，籌備實施更急。我參加廬山暑期訓練團第二期工作結束後，八月十日因公到南京一行，十三日由京飛九江轉南昌，準備乘來時留待的汽車返桂，而赴湘公路被大水所淹，無法通行。遇新委湘桂鐵路局長杜鎮遠赴任，十五日相偕赴九江，十六日晨乘湖北建設廳長伍廷颺派來的華明輪船西上，在船上我和杜局長商討湘桂鐵路收用土地、徵工、徵料各問題。十七日晨到武昌，當晚乘火車南行，十八日上午九時到長沙，何芸樵主席設午宴共談湘桂鐵路有關事項。鐵路也被洪水淹沒一段，何主席派船送我們到大氾舖。粵漢鐵路局長淩鴻勛特留火車在大氾舖等候即行，十九日晨到衡陽。當日上午十時乘李總司令派來的飛機返桂林。杜鎮遠局長也於廿四日來桂。

廣西省政府委員會九月一日決定修築湘桂鐵路徵用民工和徵用枕木辦法；八日，省委會議復將徵工辦法加以修改，大體上是仿照湘省的。

　　各項辦法都規定完妥了，款項尚無著落，徵用土地、徵用民工和徵用枕木需用桂鈔四百萬元，即待開支，乃電致宋子文先生商墊。宋九月十七日覆電，允由中央、中國、交通、農民四行借給桂鈔四百萬元，按月由中央協助桂省款項下扣還五萬元。後來省府以財政困難，請求減輕借款利息和還款期限。

　　借款既到手，工程就立即開始，用最快的速度進行，不到一年，湘桂鐵路最初一段已告完成，火車由衡陽直達桂林了！

路股派縣認、工款抵資金

　　湘桂鐵路由交通部和湘桂兩省共同投資經營，設湘桂鐵路理事會主持其事。原定路線只由湖南省的衡陽到廣西省的桂林為止；抗日戰爭發展後，沿海各口岸都有陷入敵手的顧慮，中央為打通西南國際路線假道越南以出海起見，乃決定將路線延長到鎮南關，以與越南鐵路接軌。經過衡陽、祁陽、零陵、東安、全縣、興安、靈川、臨桂、永福、榴江、雒容、柳江、來賓、賓陽、貴縣、永淳、邕寧、扶南、崇善、明江、寧明、憑祥等二十二縣，為西南的大動脈。全線長一〇八五公里，桂境佔八七八公里。在桂境的，按建築時期可分為全桂、桂柳、柳南、南鎮四段。每段均由桂省府徵工建築，所耗用的款項，即作為桂省對湘桂鐵路的投資。

　　桂省資金由省府攤派各縣募集。廿六年十二月間，我巡視各縣政務，關於湘桂鐵路認股和徵工情形，各縣多有面報。路股方面：扶南縣：富紳不肯多認，只好按戶攤派；百色縣：對商人另定標準攤派；上金縣：地方富紳少，不易攤派足額；憑祥縣：地方太窮，難認足額；養利縣：路股尚未收齊；萬承縣：因縣受水災，請酌減路股；左縣：受水災的九個村，請免派認路股；武宣縣：路股尚未開收；陸川縣：不繳路股的，可否拘押？藤縣：尚差二百餘股等等。徵工方面：百壽縣報：分配該縣的鐵路工程原為九公里，後竟分配十三公里，工程相差一倍以上，加工七百人，還不能做一半；又聯合公司來縣採辦枕木，壓迫本地木商，不用本地人斫木，運費很高云。

法資企圖深、猶糖衣毒藥

湘桂鐵路理事和監事會議，交通部於廿六年十二月中旬在漢口召集，廣西派廣西銀行行長黃薊、財政廳長黃鍾岳、建設廳長陳雄出席。會畢回報：桂林到鎮南關的鐵路，中央決定由湘桂鐵路公司辦理，計尚需款一億一千萬元，定由國庫撥六千萬元，鐵道部將成渝、湘黔及其他各路拆來的材料約值三千萬元，湘桂兩省各認五百萬元，尚欠一千萬元另待籌措。

桂鈔和法幣的比值，經桂省府和財政部費時數月的商洽，才得確定為桂鈔二元值法幣一元，財政部電知桂省府自廿六年十二月一日實行。是年年底，張嘉璈部長似擔心法幣會被倭寇破壞，欲藉辦理桂林至鎮南關鐵路的機會，撥款存放廣西銀行，轉成輔幣，預立將來的基礎，特向桂省府建設：以王志莘為廣西銀行常務理事，沈熙瑞氏為廣西銀行副行長任港行經理。王氏和黃行長交換意見後，認為組織不必多所變更；並以為廣西的困難，不在金融和經濟，而在財政。

張部長廿七年二月二日由越南返抵桂林，同來的有法國銀團代表薩爾第和劉蕙誠。張云：此次和法方代表所商談的鐵路借款條件，要點有三：一、利息約為一分六七，很重很重！二、鐵路管理權，法方建築完成後須立即交給我方管理；三、借款擔保計有三重：第一為鐵路本身的收入，第二為鹽稅，第三法方要求廣西的鎢鑛稅，如尚不足支付利息，尚須中央指定他種收入作保。張氏並說：中越以後政治經濟關係漸多，凡是人家給我現在的糖果，也就是將來的毒藥，我們必須時時注意法方的情形，善為應付，不可大意，才得其利，此後並須專人研究法越問題。張對由南寧到鎮南關的鐵路線，主張經由左江南岸；但我們以為經由北岸比較為安全。

我因出席國民黨臨時全國代表大會而到武昌。四月八日在漢口訪張部長，他擬將湘桂鐵路由賓陽的黎塘接一支線到貴縣，以便運輸材料，問我意見如何？我說：地方人正是求之不得！

路工無經驗、初辦困難多

湘桂鐵路在桂境的土方、石方工程，是由廣西省政府徵工建築的，現分段詳述：

一、全桂段：此段自全縣湘邊到桂林南站，是一五三公里。計全段土石方總數一百一十餘萬公方，徵調桂林、靈川、興安、全縣、資源、灌

陽、龍勝、義寧、百壽、永福、陽朔等十一縣民工二千四百四十餘組，計十五萬六千三百人，每人平均工作四十天。由省政府在桂林組織湘桂鐵路桂段路工管理處負責辦理，以建設廳長兼任處長，並設副處長二人以為襄助。在徵工各縣設徵工處，由縣長兼主任，並設副主任二人為助，受路工管理處的監督指揮，辦理民工的徵調和管理事宜。自二十六年十一月一日開始土工建築。因事屬創舉，辦理未能周到，故遭遇困難很多。但由辦理人員的努力，到二十七年九月二十八日，即全線通車，費時僅十一個月，開全國建築鐵路成功最速的新紀錄。

全桂段的徵調民工辦法，是參照內政部頒布的國民工役法辦理的。應徵區域內的壯丁，由十八歲起至四十五歲止，除規定免役的外，一律都要參加抽簽，中簽的即須徵調。路工的編制，以六十四人為一組，設組長，由村街長或副村街長兼任；每十組為一隊，設隊長一人，由鄉鎮長或副鄉鎮長兼任。各民工的徵調遣送和在工地的管理，概由縣徵工處擔任。但關於工作方面，則由路工管理處在工地設辦事處或派出所監督指揮。關於給與，民工曰支桂幣四角。不工作期限本規定不過二十日，但因民工的工作效率太低，事實上平均每人工作約四十天。總計廣西所耗工款共三百五十餘萬元。

點工改承包、工資依米價

二、桂柳段：此段自桂林南站至柳江，長一七四公里。其中由永福的矮嶺到榴江的桃花塢一段特殊工程，由湘桂鐵路理事會桂南工程局包工建築。此外全線土方工程共約四百二十萬公方，概由廣西徵調民工建築。預計徵調平樂、恭城、鍾山、富川、蒙山、昭平、荔浦、修仁、榴江、中渡、三江、融縣、柳城、柳江、雒容等十五縣民工一千六百七十組，共十萬零七千人。後以特殊工程，如高填深挖等難工，陸續中工程局發包，工程因以減少，總計實徵民工一千四百一十三組，共八萬七千二百餘人。省政府於廿七年七月在桂林設桂柳段路工管理處負責辦理徵調事室，並在柳州設立辦事處。徵工各縣設立徵工處。八月十六日開工，預定在二十八年五月底完成。因二十八年夏季霍亂流行，黃冕一帶包工工人死亡不少，以致民工驚恐逃亡很多，延至九月才全部完工。其他特殊工程，直到同年十二月乃完成通車。當時適值桂南淪陷，倭寇進犯賓陽，柳州吃緊，幸得此段鐵路完成，使增援部隊能夠及時開到前線，戰局因以穩定。

本段的徵工辦法、工隊編制和管理，與全桂段大致相同。但鑒於全桂

段點工制的失敗，乃改用包工制，民工給與，按方計算。普通填挖土方，每公方單位為桂幣四角，高方或難方都酌予增加。每民工所配土方約為五十分方。在工作時，每人每日先發桂幣三角，每組完工時，即將方價清算，清發工資。初時米價每百市斤約售十元，民工尚能飽食，後來物價漸漲，民工所得漸難果腹，乃將土方單價提高至桂幣五角，伙食則增至每名日給桂幣四角。隊長和組長，一次過分別發給津貼桂幣五十五元和三十六元。

破壞免資敵、勝後恢復難

三、柳南段：自柳州至南南寧，長二六〇公里。另黎塘到貴縣支線，長五七公里。全線土方工程均由省政府徵工建築，並設湘桂鐵路柳南段路工管理處專責辦理徵調事宜。自二十七年六月二十八日開工建築，因戰局的張馳，奉令停工復工數次。二十八年十一月桂南戰事發生，奉令停工，那時全段土方工程已經完成十分之八以上。二十九年一月，敵擾賓陽，將一部分路基破壞。柳江至來賓一段，長七二公里，因和遷江合山煤礦的開發有關，於三十年四月復工，九月通車。統計本段土方工程約五百餘萬公方，徵調宜山、欣城、羅城、柳江、貴縣、桂平、武宣、來賓、遷江、象縣、鬱林、北流、博白、陸川、興業、橫縣、賓陽、上林、平南等十九縣民工，已出工的二千三百二十組，共十四萬八千餘人。路工的徵調、編組和給與，大致和桂柳段相同，惟應徵民工，如確因有特別事故不能出工者，准折繳代役金桂幣二十七元，彙交縣徵工處轉解路工管理處，核減該縣所負擔的土方，統籌雇工代築。

四、南鎮段：自南寧到憑祥縣的鎮南關，長二三四公里。由省政府組設湘桂鐵路南鎮段路工管理處負責徵工建築全段土方工程，自二十七年四月一日開工，至二十八年十一月，已完成百分之九十五，並且已由鎮南關敷軌至明江境，長七十八公里。桂南戰事發生，已奉令澈底破壞。本段土方約六百餘萬公方，徵猶龍津、崇善、思樂、上金、雷平、龍茗、萬承、明江、寧明、憑祥、左縣、養利、邕寧、永淳、武鳴、上思、扶南、綏淥、隆安、同正、都安、上林、那馬、鎮結、向都、隆山、橫縣、賓陽、果德、平治等三十縣的民工建築，已出工三千二百組，共二十萬六千餘人。辦法一切和柳南段相同。

湘桂鐵路由來賓以西直至鎮南關一大段，到抗日戰爭結束後數年，仍無力恢復，結果由中共之手來完成。

黔桂線繼開、通獨山而止

　　中央因抗戰的需要，除湘桂鐵路外，又建築黔桂鐵路，自柳州經柳城、宜山、河池、南丹、獨山、都勻，貴定，龍里而到貴陽，全線長約六六〇公里，桂段約佔三〇〇公里。由交通部設黔桂鐵路工程局建築。自柳江到南黔邊的土方工程，由廣西徵工建築，省政府在宜山設黔桂鐵路桂段路工管理處，負責辦理徵調事宜，於二十八年九月一日開工。由柳江到河池屬六甲一段，長約一百八十餘公里，於二十九年底完工，計徵象縣、武宣、柳江、柳城、中渡、雒容、三江、宜山、天河、宜北、融縣、欣城、羅城、河池、都安、隆山、遷江、那馬、思恩、南丹、上林、榴江、來賓等二十三縣民工共約二千五百組，十六萬人工作。由柳江至金城江一段，於三十年一月通車。自六甲到黔邊一段，經過崇山峻嶺，工程浩大，長約一百二十公里，於三十年四月一日開工，徵調柳江、柳城、羅城、東蘭、天峨、欣城、象縣、鳳山、中渡、宜北、上林、天河、河池、武宣、思恩、南丹、遷江、來賓、貴縣、桂平、隆山、都安、那馬、賓陽、宜山、橫縣、雒容、武鳴、永淳、融縣等三十縣民工一十四萬人工作，於三十一年年底完工。徵工辦法和湘桂鐵路柳南段相同；惟因物價飛漲，土方單價，以米價若干元為標準，民工所得約合米價二斤另酌加菜資為度；米價超出規定標準底價時，即將土方單價比照米價上漲程度酌予增加。隊長和組長的津貼和徵工處經費也比價增加。民工來回旅費、雨工病工伙食、醫藥衛生設備、民工死亡撫恤等，都有明白規定，力予改善。代役金也按照工資酌予提高；並規定繳納代役金人數超過全縣願徵人數百分之二十，以為限制。三十一年春，通車到獨山。

七、民國三十年代的廣西金融

　　廣西為農業社會,與商業社會的廣東比鄰而居。以前交通未發達,貨物運輸只靠船隻和竹筏為最主要。而廣西全省的河流又幾乎盡注粵境,故所有農產品的輸出和日用品的輸入,必須經過粵商之手。粵商更沿西江及其支流深入桂境腹地各墟市設店經營,在自由競爭之下,廣西的農民自然無法和自幼即習商業的粵商相比,而一切商業遂為粵商所操縱。金融更不能例外,每逢政府機關有數目稍大的款項要匯往省外時,商人預得消息,匯水立刻便被其提高。這種情形,由歷史相沿直到抗日戰爭以前不久,並未有多大的改變。

　　在過去的地方政府,往往把精神放在政治和財政方面,不大注意經濟的事業;對經濟人才的培養和經濟計劃的樹立,能留心的更屬不多。加以連年的國內戰爭,即使有心從事,也不易得到和平安靜的機會的。

　　廣西自民國二十年起,僥幸有數年的平靜,省當局已有覺醒,努力建設,尤致力於經濟的振興。本篇只記其間的金融政策和設施概況。

(一)金融政策與其設施

　　廣西數經變亂,到二十年夏全省才復歸統一,重新成立省政府。其對於金融的措施,初時尚偏重於財政的觀點,而未能對一般金融政策作詳密的籌劃。如廿一年發行金融庫券二百萬元以濟市面籌碼的不足;廿二年省施政方針規定:充實擴大省立銀行力量,統一貨幣,活動金融;便是顯著的例子。到了二十三年三月黨政軍聯席會議制頒廣西建設綱領,才對金融政策有所規劃。建設綱領規定:「經濟建設之指導原則為民生主義;即由發展國家資本,節制私人資本,與力求生產社會化之途徑,以達到民生主義的理想。」金融政策便根據這項基本認識來擬定。故建設綱領第十二條「運用金融政策,扶植中小工商企業。」第十九條為「推行合作事業,並設立農民銀行,興辦平民借貸所及農村倉庫,嚴禁一切高利貸。」省政府因欲集中力量於農村金融的發展和農業生產的促進,在廿四年施政計劃中規定:「改善典當稅營業稅章程,使小資本亦得普遍開設,以活動農村

金融；籌備省農民銀行，使成為各縣農民借貸所及農村倉庫之金融調節機關。」

二十五年，金融政策更以發展全省經濟為宗旨，故省施政計劃規定：「一、改組廣西銀行為廣西省銀行，並將商股撥出，另加官股，新立官商全股的商業性質銀行；二、繼續管理貨幣，推廣省鈔流通區域；三、製定有獎儲蓄辦法，提倡社會儲蓄。」但第一項所定廣西省銀行雖於廿五年七月一日改組成立，而商業性質銀行卻因故未能實現。廿六年元旦復將廣西銀行改為官商合辦的股份兩合公司；同時將省銀行新設的農村經濟部劃出，另組廣西農民銀行，於是前曾計劃設立的農村金融機構乃告實現。

抗日戰爭起後，廣西的金融政策乃悉以中央的金融政策為依歸，以期集中全國的力量，故省在金融上未有新的措施，只繼續既定的計劃作不斷的推進。尤其致力於強化廣西出入口貿易處的組織，大量運銷土產出口，換取外匯，以增大國家的外匯基金。

廣西的金融政策，其主旨在以金融力量協助全省生產事業的發展，以期達到全省經濟的自給。政策的實施，在廿九年以前，由三個主要機構負責：一為廣西銀行，負責調劑全省工商金融，發行省鈔，協助產業的發達；二為廣西農民銀行，負責調劑全省農村金融，協助農業生產的發展；三為廣西省出入口貿易處，負責統制和經營全省出入口貨的貿易，藉以協助銀行的匯兌和發行業務，並扶持全省農工鑛業的發展。廿九年四月，將農民銀行和貿易處都併入廣西銀行。然不久廣西省合作金庫成立，專管農村金融的調劑。三十年八月，廣西企業公司和廣西貿易又相繼設立，發展全省企業和對外貿易，都有專管負責機構了。

（二）廣西銀行的組織

以下分述幾個金融機構的概況。先說廣西銀行。

民國初元陸榮廷秉政時期，廣西省已有省銀行的設立，惟當時規模不大，所有職員都來自山西票號，故其組織和業務，都和票號無異，實未具備新式銀行的規模。這是第一期的廣西銀行，到民十政變時，因擠兌風潮而倒閉。十四年省政復告統一，省行重新設立，這是第二期的廣西銀行，到十八年政變，也因擠兌風潮而倒閉。第三期的廣西銀行，是二十年全省再告統一後所設立的，其目的在確立幣制、溝通匯兌、調節通貨、扶助工商、促進各業發展、增加社會繁榮。於廿一年八月成立營業。額定資本毫幣一千萬元，政府佔百分之五十一，商股佔百分之四十九。先由省府撥款

三百四十萬元為該行第一次資本；商股延至廿二年七月一日才開始募集，截至廿五年七月一日並收得商股毫幣一百九十九萬四千餘元。這期的廣西銀行，較前兩期，在法制上多有改進。如：一、在條例中明白規定不代理省庫，以劃清財政和金融的界限；並限制政府透支不得超過已撥資金的百分之三十，以確定借款義務的程度；二、規定放款期限至長不過半年，使資金活潑，發鈔有伸縮餘地；三、規定官商合辦，使人民享有監督銀行的權責；四、規定發行部獨立，對鈔票的發行予以嚴格的限制等。

廣西銀行的組織，其最高權力機關為股東會，下設董事會和總管理處。董事會由無限責任股東（省府）派董事七人組成，負立法和監察的責任；每月開例會一次，審查帳目並決議各項要案，然後交總管理處執行。總管理處初時設在省會南寧，指揮全行行政，但不兼管營業；設總經理、協理，下設秘書數人和會計、發行、總務、業務等四部。在南寧、梧州、香港設分行，桂林、柳州、龍州、鬱林、八步設匯兌所，均直屬總管理處。省內設十九個辦事所，分屬於各分行或匯兌所。

其後，八年之間，四變組織。廿四年春，改各地辦事所為某地廣西銀行辦事處，直屬總管理處；又改各地匯兌所為某地廣西銀行。是年五月一日改組董事會，每三個月開會一次；會設正副董事長，在閉會期間代表董事會，常川註會辦理日常事務。又依修正行章召集第一次股東大會，由地方公股和商股股東代表選出監察人三名。於是立法、行政、司法三權分立，界限廓清。九月四日董事會決議，改總管理處為廣西銀行總行，移設梧州，於廿五年三月一日實行；梧州分行併入總行；總行增協理二人，下設業務、會計、稽核、總務、出納五部。就普通銀行說，此舉是全理的。因總管理處既不營業，對商情和金融的變遷消長自欠明徹，發號施令難期切合事實。服務總處的職員既和營業無直接關係，對訓練養成最感缺乏此項營業人員也感不便。梧州接近港粵，消息靈通，總行駐此是適直的。

改組不久，省府以普通銀行不能勝任策動經濟建設和調劑全省金融，決定將官商合辦的廣西銀行撥出商股，改為廣西省銀行，同時將廣西出入口貿易處歸併總行辦理。省銀行於廿五年七月一日成立。總行由梧遷邕。省府任命理事七人組織理事會，財政廳長為當然理事，開會時並為主席；任命監事三人組織監事會，以省府審計機關長官為當然監事。總行統轄各行處；設行長一人，副行長二人，均由省府就理事中選派；下設貿易、業務、發行、出納、計核、儲蓄、金庫代理、農村經濟等部和秘書、研究兩室。

廿六年一月，又恢復官商合辦的廣西銀行，同時恢復以前的組織，董事會董事九人由負無限責任的官股股東省政府選派，監察人三人由負有有

限責任的商股股東會選任。董監會下為總行，設行長一人，副行長二人，由省府就董事中指派兼任；下設業務、計核、信託、金庫代理、出納、儲蓄、總務、經濟調查等部（原農村經濟部劃出擴大為廣西農民銀行）。總行並隨省會由南寧遷往桂林。

廿九年四月省政府將廣西銀行擴大改組，將廣西農民銀行和廣西省出入口貿易併入，增加資本為法幣一千五百萬元。董事增為十七人，在會議外，並負管理行政事務責任。董事會內設總秘書、總稽核、總設計三室，分掌人事、會計、設計工作。總行設總經一人，副總經二人，協理若干人；下設業務、信託、生計、儲蓄、倉庫、公庫代理、總務等部；轄分行十一個，辦事處三十個。

這是廣西銀行內部組織歷次變動的概況。

（三）廣西銀行的業務

廣西銀行經營的業務，章程規定有十八項之多，現述其重要的數種如下：

發行省鈔

廣西銀行發行鈔票，由省政府給予特權負責辦理。所發鈔票分十元、五元、一元、五角、一角等五種。發行總額將近桂幣七千萬元。到廿六年十二月廣西改行法幣本位，即遵財政部令整理桂鈔，並取消廣西銀行的發行權。此後桂省通貨的調節，由中中交農四行負責統籌兼顧。日寇侵入桂南時期，省內缺乏輔幣找補，才又請准許財政部發行五角國幣輔幣券五百萬元，以應市面的需要。這是原已印就而運存於桂林中央銀行的。

溝通匯兌

抗日戰爭起後，軍運頻繁，同時省內邊遠地區，交通不便，金融阻滯，廣西銀行於是在邊遠各地增設分行或辦事處，以完成全省銀行的金融網；並和外省銀行或商業銀行互相通匯。又在金華、衡陽、曲江、香港、星加坡設立行處以溝通省際匯兌。當桂南軍事緊張時，廣西銀行對於公私欵項的匯兌運輸更為繁重，經常有汽車若干輛從事運鈔，每月在一千萬以上，運往桂南和其他各地，以供軍民給付的需要。

農村貸放

這是廣西農民銀行併入廣西銀行而來的業務。廿九年全年放出約六百萬元；其中以農業信用放款為最多，達三百七十七萬元；次為農業抵押放款約八十六萬元。當時省內辦理農貸地方只四十二個縣市，尚未普遍。農貸業務計有七種：甲、信用放款：對農民依法組織並經登記的合作社，農民借款協會等的放款；乙、不動產押款：係以農業不動產為抵押；丙、動產押款：係以各種農產品為抵押；丁、青苗放款：係以農民未收穫的農產品為抵押；戊、農林生產放款：是扶助發展本省的農林事業的；己、小本放款：為扶助農村副業的發展的；庚、專業放款：係專對本省特種產品的生產放款。此外並注重農業倉庫網的完成，舉辦農產保管、儲押、加工、運銷等業務，當時已成立倉庫三十餘處。

信託業務

自二十八年第二次全國地方金融會議後，廣西銀行即遵財政部令設立信託部，以代理財政部貿易委員會購運全省桐油外銷。廿九年將廣西出入口貿易處併入後，經營物資業務更為擴展，以溝通物資來源、供應軍民需要、協助政府平抑物價為原則。出口以桐油為大宗，配以各種土產；入口以液體燃料、食鹽為大宗，兼辦日用品和醫藥等材料，並代省內軍政機關運入存港物品和機件原料。桐油初依廣西省政府與財政部貿易委員會簽訂的收購桂省桐油修正辦法辦理，辦法要點是：「收購數量每月至少八百公噸；其先到港之四百五十公噸全部歸復興公司，不給外匯；其餘三百五十公噸售得之外匯，歸桂貿易處承受。所收數量超過八百公噸時，其超過數量售得之外匯，由復興公司與桂貿易處各承受半數。」廿九年九月又與復興公司廣西分公司訂定復興桐油交桂行代運香港辦法：「照該行應得收油成數，每日將收進之油按照五五與四五之比，就地攤交接運，貨到港後，即全數交與復興公司按香港實收數量由復興按到港時之市價代為售出，或備款在港收購，其貨款由復興依照原辦法全部解交桂行香港分行或香港分行指定之銀行。」訂後依法實行，一年間共運出二十六萬餘礶。此外茴香、八角、五榜子等也由龍州、靖西、天保等分行處儘量收購，集中梧州結匯出口。銷售桐油等所得港幣，即購液體燃料、西藥、食鹽、紗布、書紙等運存省內各處，供應社會購用。此外，政府令辦後方囤糧、桂西各縣儲糧、代辦軍穀、搶運洞庭湖濱糧食等，為數極大，對調節糧價大有裨益。

（四）廣西農民銀行

　　廣西農民銀行成立於廿六年一月廿六日。資本定為桂鈔三百萬元，由省庫先撥一百五十萬元開始營業。廿七年將法定資本增為法幣三百萬元，並由省庫增撥桂鈔五十萬元。其時桂鈔與法幣之比為二比一。廿八年五月，因須呈財政部註冊，省庫再撥給法幣五十萬元。至此，該行實收資本已達法幣一百五十萬元，純為省政府的投資。

　　組織很簡單。理事五人，監事三人，均由省府選派，建設廳長為當然理事，省府審計委員會主任委員為當然監事。理事會主立法。執行由總行負責，設行長一人，副行長一人；下設業務、計核、組織、倉務、出納五部和秘書室，分理各項事務。後以省合做事業管理處成立，廿八年十一月遂取消組織部，改設農村經濟研究室。總行設在桂林。柳州、慶遠、平樂、鹿寨、戎墟、貴縣、桂平、鬱林、南寧、龍津、平馬、靖西等處設辦事處和農倉；桂林的兩江、陽朔的興坪、草坪等處單設農倉。廿八年因向中中交農四行借得農貸資金法幣五百萬元，業務隨之擴大，更在南丹、鎮結增設辦事處，百色設分行，並將柳州、龍津兩辦事處改為分行。廿九年一月增設陽朔、興業、向都三縣辦事處，全縣的廟頭設農倉。

　　廣西農民銀行的前身原為廣西省銀行的農村經濟部，而農行復於廿九年四月併入廣西銀行，其業務經在前面廣西銀行「農村貸放」中述及，現只述其農倉業務狀況。

　　農業倉庫的功用，可使農產品迅速資金化，可保障農產品價格的提高和銷路的暢達，實為調劑農業金融、發展農村經濟最重要的機構。定有設立全省農業倉庫網的計劃，並酌擇地點建築大規模的新式倉庫。開始時財力和人力不足，只就各分行處所在地租賃房屋或利用公共建築物加以修葺設立農倉，其管理員即由分行經理或辦事處主任兼任，所有員役也多由各分行處的員役調兼。組織雖然簡單，然也有相當的成就。其業務分為保管、儲押、加工、運銷、平價等五種，各地農會僅就當地的需要辦理一種或兩三種，很少全部舉辦的。各種辦理的經過可記的如下：

保管

　　這是代理農民保管米、穀、豆、油、糖、菸葉等農產品而收取低微保管費的業務。農倉成立較久的，農民尚知利用，新的較少利用。

儲押

這是以農產品作抵押的放款業務。農民遠道肩挑農產品到城鎮極為零碎，只求速售得款，並不願抵押以等待他日的高價，故成效很微。

加工

這是把農產品加工，藉以提高品質，適合市場需要，而增加其銷路和維持其價格的業務。如將穀磨為糙米，將糙米碾成熟米發售之類。這須自有加工設備，如碾米機等，才能合算；否則委託商辦，因往來搬運，成本過高，且不能依期交貨，殊感不便。

運銷

這是為農民運銷農產品以調劑各地糧食盈虛的業務。廿八年柳州和龍州米價飛漲，於是由桂平倉運米三十四萬斤赴柳州，南寧倉運米二十萬斤和貴縣倉運米五十四萬斤赴龍州，兩地米價漸次抑平。

平價

這是調劑供求，平衡農產品價值的業務。在價格低落時大量購進，以提高其價格，免致穀賤傷農，豐收成災。價格高漲時廉價出售，以利貧民。貴縣、桂平、戎墟三處先辦，廿八年桂林也辦，成績不錯。

　　省政府和前第五路軍總部在廿五年曾購大批穀物分存各縣，以備不時之需，因無專員保管記帳，致數量不清，且有霉壞。農行農倉既在各地成立，遂將此項軍穀撥交農行代管運用。農倉將其轉貸農民，推陳入新，長久保存。政府免設人保管之煩，農行得增資運用之利，兩受其益。

　　農行貸放以農民信用貸款團體為對象，而農民是不知如何組織團體的。農行先將行員四十餘人設班派專員施以短期訓練，在正式營業前派往各鄉村宣傳指導。因農民知識低，不易接受組織繁重的合作社，故第一步指導其組織簡單的農民借款協會以為過渡。下鄉初作宣傳時，農民對組織協會的事諸多懷疑，躊躇不前，幾經解說，並引事實證明，才紛紛來行問訊。後見果有款借，利率低廉，才自動組織，來行申請承認和借款。廿六年只二一一會，二九七五六人；廿七年增至二七七五會，五八五九人；廿八年因將會員資格減低，參加的更普遍，六月底已達四○八三會，八五九七五人。合做事業的基礎由此奠定。

（五）廣西省合作金庫

廣西自廿七年三月間開始倡導合做事業以來，廣西農民銀行之外，農本局、中國銀行、中國農民銀行等相繼來省舉辦農貸業務，當時為避免工作的重複和紊亂，經省政府和各行局商洽，決定分區貸放辦法，到廿八年底，放款總額已達一千萬元。省內農村經濟得此大量資金的調劑，漸形活躍。但因各貸款機關的立場不同，其觀感和見解也自有異，以致貸款的辦法和步驟未能一致，對合作事業的推行不無困難。省政府乃於廿九年一二月間數次邀集各農貸機關商討改進辦法，意欲設立省合作金庫以負責統籌辦理全省農貸事宜；五月一日派定籌備人員後即積極進行。但其間頗多波折，遂由籌備處提前辦理農貸業務，並先籌設七縣合作金庫。十月後省政府核定資本總額，派定理監事和經副理。十一月十一日正式成立。資本五百萬元，省府和廣西銀行各認一百五十萬元，其餘二百萬元由各縣合作金庫募集。

省合作金庫貸款給農民的辦法，是通過縣合作金庫而貸給合作社，再由合作社轉到農民的。廿九年十二月，省府頒發統一貸款辦法，規定全省合作貸款均由省合作金庫統籌辦理。於是該庫即派出大批縣庫人員分往四十餘縣，以縣指導主任兼縣合作金庫籌備主任進行組織縣合作金庫籌備處。三十年一月，大致就緒，惟各金融機關請求省政府將統一合作貸款辦法展緩實施，縣合作金庫遂暫停籌設。二月省政府復商請中中交農四行聯合辦事處撥款三千四百萬元作為全省農貸之用；其中一千萬元交由省合作金庫專作桂南收復區十八縣的農貸；一千萬元指定作農田水利貸款；一千二百萬元由中國、中農、交通三行和中央信託局在劃定區域內分別貸放；餘二百萬元作為農貸推廣用途。省府重新劃定各金融機關的農貸區域，省合作金庫得桂南收復區的邕寧、賓陽、上林、扶南、上思、龍津、武鳴、永淳、憑祥、明江、綏淥、寧明、思樂、崇善、左縣、橫縣、同正、上金等十八縣和陽朔、平樂、桂平、貴縣、北流、鬱林、興業、柳江、臨桂、蒼梧、雷平、桂林、敬德、靖西、鎮邊、鎮結、向都、萬承、龍茗、隆安、果德各縣市。各縣合作金庫的舖設，即由貸款的行庫負責，到三十年，全省已成立七十四個縣庫，是年省合作金庫貸出總額達一千六百八十四萬元。

（六）貨幣管理情形

　　國民政府廿四年十一月四日實行貨幣管理，廢止現銀流通，屬行法幣政策。廣西省政府十一月九日即電令各徵收機關嚴緝白銀出口；十一月十二日即擬定管理貨幣辦法，通電各機關公布。通電中說明所以未能即以中央管理辦法實施辦理，乃因「本省為中央法幣尚未流通區域」之故。以往中、中、交、農鈔票既未在省內流通，如果即照中央辦法實施，市面何來法幣？必致造成金融上的大混亂，且恐影響到全國的金融。所以「自應暫定臨時過渡辦法，以資共同遵守。其要旨：一、實行全國一致之管理貨幣政策，救國圖存之大計；二、集中全省經濟實力；三、切合本省習慣，穩定金融物價，不使受影響而遭損失；四、極力避免政府收支及社會上之一切糾紛。」臨時辦法八條如下：

　　一、省內不論公私款項、債權債務，一切交收行使，統限用廣西銀
　　　　行省金庫所發行之鈔券，照舊十足行使。

　　二、一切銀幣生金銀，概行嚴禁在市面交易買賣，其金銀首飾需要
　　　　生金銀辦法，另行規定。

　　三、如商民存有一切銀幣及生金銀，應限定由銀行以行鈔庫券收
　　　　買之。

　　四、銀行以行鈔庫券收買一切銀幣及生金銀之比價，由銀行規定，
　　　　呈准核定公布。

　　五、行鈔庫券尚未流通地方，暫准照舊以本省通用銀幣交易繳納。
　　　　其生金銀之買賣仍行禁止。並應由銀行迅速前籌設或委託收換
　　　　機關辦理，以資利便。

　　六、一切銀幣及生金銀，非經政府許可，不准攜帶及運輸。其行鈔
　　　　庫券尚未流通之偏僻地方，暫准在當地攜帶來往。

　　七、違反一二三六各條辦法者，授受均同等懲治。其懲治辦法另定
　　　　公布。

　　八、本辦法各地方均以奉電之日起，即日公布實行。

　　這是抗戰以前的辦法。抗戰起後，財政部於廿六年十二月一日核定桂鈔與法幣的比率為二比一，於是在廣西境內，桂鈔和法幣並行流通了。一切銀幣和生金銀的收買，由中中交農四行負責辦理。

八、抗戰前後的廣西經濟建設

在上文我記述了民國三十年代的廣西金融，金融只是經濟領域中的一部分，不易由此以窺當時廣西經濟的整個面目，故補述此篇。

廣西素有貧瘠之稱，那是就自然條件說的。把自然條件和江浙川粵各省相比，廣西當然是差得遠。天賦既薄，人力又下得太少，出產無多，生活便比別省上不了。

前清時代，巡撫藩司多是外省人，考績也不注意民生方面，關心地方經濟的自少。入民國後，倒是本省人主政時期為長，對桑梓情誼較切。由民元到民十，政在陸榮廷氏，省內安謐，只無苛政擾民，卻無何種建設，其後紛亂四年，人民飽嘗痛苦。從十四年秋到十八年夏，黃紹竑氏主政，思想較新，對交通農林，都有所建樹，全省的經濟形貌才稍有改變。再遭兩年的戰禍，乃回復平靜。本篇只記我在桂服務期間即民二十年後的經濟建設概略。

（一）廣西的經濟環境

經濟建設，是就當地的自然條件和原有底子上加工的。現在應分別先說廣西的自然條件和它的經濟原狀。

所謂自然條件，是指地勢、氣候、土壤、人口、交通等項。廣西的地勢，大致是西北高而東南漸低。全省周圍都是山地；只是中部河流縱橫貫注，河與河之間多成小平原，這些地帶，農業發達，人煙稠密。地居亞熱帶，由北緯廿一度卅二分起至廿六度十四分止，氣溫頗高。全年雨量平均約一千五百公里，年中平均濕度在百分之七十五以上；但因河流傾斜度大，驟雨時容易泛濫成災；地下石灰岩裂縫又多，造成地下岩洞和暗河，以致地面的水不易儲積；故雨量雖多，若降雨時期稍欠均勻，旱象便出。土壤的母岩為砂岩、頁岩、石灰岩、花崗岩和少量沖積物質；土壤的質地有粘土、壤土、粘壤土、砂土、礫土等；滲透性、硬度、結構等還好；但含鉀不足，磷酸尤缺；高地土壤石灰缺乏，酸度也高。驟雨既多，沖刷地面，山禿地廢。土壤中的肥分被急流挾持而去，年復一年，地遂瘠而民

也貧。人口分布極不平均，每方公里的密度，鬱林縣多至一八二人，西林縣少至五人；潯江流域最密，柳江、撫河、左江各流域次之，柳江上游和紅水河流域又次之，而以右江流域為最稀；平坦地帶土肥人多，高峻地帶地瘠人少。交通要道只靠河流，計有桂江（即灕江，俗名撫河，由梧州可通湖南）、柳江（由貴州經三江至桂平）、右江（由南寧至百色）、左江（由南寧至龍州）、鬱江（由南寧經桂平至梧州，俗名大河）五大支流，而總匯於梧州，成為全省航運的樞紐；上溯各江，可貫穿省內而達湘黔滇三省和安南；東下西江；可通粵港各埠；河流雖四通八達，但灘多流急，岸狹水淺，航運諸多不便。至於公路，是民十五年才逐漸興築的。由自然條件看，廣西的天賦是很薄的。

廣西原來的經濟狀況，可分農、林、鑛、工、商五項來說明。

農業

全省農戶雖佔百分之八十以上，而耕地面積只佔總面積百分之九，主要為稻作，但生產效率遠在全國稻作生產水準之下，全省人民尚須以百分之三十的雜糧充飢，且田畝的數量和產量都有逐年減少的趨勢。雨多地瘦，不宜種棉，棉貨輸入價值年達一千萬兩以上，佔全省入口總值四分之一。荒地很多，但能作水田的卻少，多因土壤貧薄和灌溉困難，大部只可植林，小部可種不擇土性和耐旱的作物，水稻和其他較高級的作物，如果技術不改進，是難望從墾荒來增產的。

林業

林產本為出口的大宗。但杉木斫伐後無人續種，出產漸少；桐油因技術落後，品質不佳，銷路日減；茶葉製法本來不及別省，近年更隨全國茶葉的不振而陷於衰落；藍靛因人造染料出現，漸瀕消滅；桂油因代用品流行，市場日促。樟腦、松脂、五倍子等本省特產，為工業上的原料，但生產未盛。茶油和香油，由民元至二十年，出口數量不過增加一倍。

鑛業

錫和錳兩種最為豐富，在全國佔有重要位置。金、銀、銅、鐵、鎢、銻、鉛、煤、硫磺各鑛都有，而以金、銻、鎢為主要，但因小本經營，土法開採，管理不良，原料輸出，倚靠國外市場，故業務不振，產量很微。

工業

都是一些粗淺的家庭手工業，自國內外價廉物美的工業品大量輸入後，遂被逐步淘汰。剩下來的，可分為三類：一為與農業相結合的副業，如西部和西北部交通艱阻各縣的棉紡織業可為代表，隨交通的開發而漸現崩解。二為特產原料的加工製造業，如賓陽的瓷器工業，都安、隆山，那馬的紗紙工業，臨桂縣六塘的麻布工業，各地的製糖工業等，原料為當地特產，本可卓然自立，因技術墨守舊規，又受商業資本的過度榨取，故品質低劣，成本高昂，遂難與機製品競爭。三為日用消費製造業，如鬱林和桂林的土布業即其代表，產品銷行於省內和隣省的落後地區，在洋布侵略的情勢下，其存立的基礎已被搖動。民營工廠集中在南寧和梧州，只三十九家，工人共一千一百餘人，僱工在三十名以上的僅得九家；且資本額很少，梧州二十九廠，資本合計不過毫幣十五萬餘元，平均每廠還不到五千元。公營工廠僅得五所，資本總額毫幣二百萬元，工人約四百名。

商業

物產不豐，商業不振。據廿二年省政府調查各埠商店，計梧州有一、三九三家，資本並毫幣八九五、二六九元；桂林有九九七家，資本並四四〇、七三〇元；柳州有六二二家，資本共二八二、八九五元；其餘鬱林、賀縣、百色、龍州各地的商業更小。對外貿易，歷年都是入超，且逐年加甚；如以民元進口貨值一九、〇八二、六〇一元為基數，則二十年的進口指數為一七二；以民元出口貨值一一、一三二、二五九元為基數，則二十年的出口指數僅為一二四；以民元入超貨值七、九五〇、三四二為基數，則二十年入超的指數已增至二二九。輸出的幾乎全是農林礦的產品，以穀米、牲畜、桐油、柴炭、茴油、錫、礦砂、木材、牛皮為大宗，輸入的以食鹽、棉紗、棉布、液體燃料、捲煙、火柴為大宗，尤以前四種數值最大，佔總值半數以上。

總結來看，天賦條件既劣，人為根柢又差，廣西要從事經濟建設，無疑是很費力的。

（二）理想政策與計劃

廣西的經濟底子雖很壞，但我們的建設理想卻很高。當時標榜的廣西建設，以實現孫中山先生的三民主義理想為目標。從廿一年便揭櫫自衛自

治自給的三自政策，努力推行，期達理想。自給政策便是要從經濟建設以實現民生主義的；它的意義，消極方面，在遏止外來經濟勢力的侵略，消滅對外貿易的入超，使出入口貿易漸趨平衡；積極方面，在要求生產不斷增加，促進社會趨向工業化，以增進國民的富力，使其享受合理的生活。二十三年頒布廣西建設綱領，對經濟建設更具體規定了十二條項目（詳載《春秋》第一九〇期第11頁）；省政府並特設經濟委員會，網羅省內外專家以負責設計和實施全省的經濟建設。

經濟建設有了綱領，歷年也僅有各種個別的局部的計劃，至於全省整個的經濟建設計劃還是沒有。抗戰軍興，廣西愈感經濟建設的重要，因有製訂全省經濟建設五年計劃的擬議，施因桂南淪陷而停頓。廿九年冬桂境光復。三十年八月省政府頒布廣西建設計劃大綱，內容分為三部：第一部總綱，揭示建設的準據、層次（分省、縣市、基層三級）和部門（仍分經濟、政治、軍事、文化四部門），以確定建設的最高指導原則和目標；第二部列舉省、縣市和基層各級建設的要項，綱舉目張，使各級幹部知所努力；第三部為建設實施程序，務期計劃縝密，執行切實，考核認真，使這三項能緊密配合，穩健進行，以求這計劃大綱的全部實現。有了這大綱，各級的各部門便按規定的建設要項參酌實際情形各自製訂其建設計劃；把這許多計劃系統地綜合起來，全省整個的建設計劃便完成了。

大綱第四節規定省級經濟建設要項如下：一、推進土地行政，實施土地測量，完成土地陳報，舉辦地價申報，實行按價徵稅及自然增值歸公。二、公地荒地，由人民租用，停止發賣，並規定私人面積之最高額。三、私有荒地逾限不墾者歸公。四、私有土地出賣，儘先由公家承受。五、獎勵耕地之合作經營。六、重要及大規模企業，由政府及地方團體公營，但得獎勵有經營經驗之私人參加，並保障其利益，以促進公營企業之成功。七、調查全省之資源，以為工業建設之根據。八、發展機械工業、電氣事業，及礦產之探查開發，使經濟建設逐漸趨向工業化。九、發展糧食及衣用原料生產，並調整與衣食住行有關之工廠，使省內生產漸能自給，趨向生產社會化。十、確立與經濟建設相適應之財政金融政策。十一、建立全省金融網、貿易網、倉庫網、交通網、使經濟結構組織化，經濟建設計劃化。十二、建立農業工業試驗機構及其指導推廣系統，以促進生產之發展。十三、發展農田水利，改進林業行政。十四、普遍合作組織，增高人民生產力與消費力；並使分配合理化，生產社會化。十五、訓練經濟建設幹部，以充實其技術及組織智能。

（三）經濟建設入手的途徑

推行自給政策的實施辦法，從三路入手：一、獎勵私人投資以開發實業；二、政府直接經營，造成國家資本的力量；三、發動鄉村造產運動，以創造鄉村公產。

關於第一點，省內自二十後治安良好，遊資源源流入生產事業，華僑回桂投資的不少，林場鑛場，蓬勃發展。三十年八月地方人士復組織資本額一萬萬元的廣西企業公司，以為發展本省農工鑛業的基礎。關於第二點，政府直接經營的方式：甲、與中央合資；乙、與商人合資；丙、由省政府獨資經營。三種都以廣西銀行為其金融機構，儘量以地方金融的力量來扶助，期促進工業化。關於第三點，創造鄉村公產，係由鄉村自己負責。辦法有八，如下：

　　甲、公耕：利用空閒的土地和勞力，由村長監督指導全村民眾參加工作。土地用公地，不夠也可派借私地。種籽、耕牛、工具和肥料，由全村公平攤派。公耕收穫所得，除生產費用外，全歸公有，交村公所或村倉保管，以備公用。

　　乙、農村倉庫：每村設一所。積穀由本村各戶按當年收穫穀額多寡依累進率抽收。每年推陳儲新。舊穀可按當年豐歉，酌量貸與、變賣、平糶或散放。發放或動用，須經村民大會議決。收益作村經費，辦公眾事業用。

　　丙、公有林：各鄉村可向政府請領境內的荒山荒地，徵調民工營造公有林為鄉村的公有財產。

　　丁、種桐：桐油為最富有價值的特產。可照丙項辦理。

　　戊、公有塘：各鄉村利用境內合宜空地徵工挖築公有塘，可供養魚，並調劑水利。收益為鄉村公有財產。

　　己、公共牧畜：由鄉村經營，牧場由政府圈定。

　　庚、建築公共工程或房屋：在城鎮繁盛地方，可公共建造舖屋、水碾、糖榨、油榨或其他建築物出租生息。

　　辛、舉辦合作事業：合作社貸款，可以解決鄉村公共造產資金的困難，而得依照計劃推進。

（四）經濟建設的成果

經濟建設要社會安定才能進行。廣西在抗日戰爭期間，兩受日軍的侵入蹂躪，一切建設，多遭破壞或毀滅，戰後也多無力恢復。以下所記，為敵犯桂前的建設成就，分為交通、鑛業、工業、農林、貿易、合作六項述其概略。

交通

鐵路有湘桂、黔桂兩線，湘桂線由湘通車至來賓，黔桂線由柳州通車至獨山，都由交通部主辦；廣西協築路基，徵調民工近九十萬人。公路新完成的省道約二千里，較二十年時增一倍；縣道原有不及一千公里，新築成的六千餘公里，增加六倍。航運，疏浚河道三千餘公里。電訊，無線電台由三座增為四十座；有線電報線路由四千七百八十公里增為七千六百公里，且多增架雙線。市內電話，南寧、桂林兩處改磁石式為自動式；長途電話由一千六百公里增為三千二百公里；鄉村電話由不及一千公里增至六千公里。

鑛業

政府投資的有望高錫鑛、昭平金鑛、西灣煤礦、合山煤礦、茶盤源錫鑛五處；二十八年省政府與資源委員會合資五百萬成立平桂鑛務局，省政府即以望高錫鑛、西灣煤礦、八步電力廠併入該局；總計省政府投資鑛業為四百七十餘萬元。民營公司，民二十年領照的大礦區僅十五家，開採面積六萬八千餘公畝，資本共二十八萬七千元；三十年增至四百七十八家，開採面積二百七十九萬餘公畝，資本二千一百餘萬元。至於小礦區，民二十年為二十家，三十年增至五百一十七家，開採面積十二萬餘公畝，資本五十四萬餘元。鑛產以廿六、七年為最盛，後因戰事影響，運輸困難，收價太低，遂日趨衰落。

工業

省營自來水廠，原只梧州一處，新增南寧、桂林、柳州三廠。省營電力廠，原有梧州一廠，新增桂林、柳州、貴縣、桂平、龍州、八步、南寧七廠。其他工廠，從前並無省營，現有二十餘廠，投資約一千萬元；其中獨資經營的有硫酸、酒精、製糖、製革、機械、陶瓷、印刷、紡織、

造紙、玻璃、土敏土等廠；與中央合辦的有紡織機械廠、麵粉廠；與商人合辦的有鐵工、捲煙、火柴等廠。民營工廠，民二十年以前很少，僅林鬱林、容縣、北流、百色、平樂、田東六個電力公司和梧州、南寧、桂林有幾家小碾米廠之類的小廠。抗戰以後，桂柳驟然成為工業區，桂林新辦和內遷的新式工廠約近百家，柳州和梧州也有數十家。手工業也因戰時日用品缺乏，來源短絀、價格飛漲、利益優厚，而迅速發展。

農林

水利、農貸、墾荒、林產四項已有成效。水利工程貸款共達六百餘萬元，完成大小灌溉工程四十餘處，灌溉面積五十餘萬畝。農貸由廣西省合作金庫、中國銀行、交通銀行、中國農民銀行、中央信託局等機構分區貸放，三十年的數額共達五千五百餘萬元。發放荒地，在二十一年為七萬七千餘畝，到三十年共增至九十餘萬畝。林產在二十年時，桐油僅二十二萬市擔，茶油十六萬市擔，茴油一千五百市擔；二十六年，桐油增至三十六萬市擔，茶油二十三萬市擔，茴油六千六百市擔。但從廿七年起，因桐油出口困難，收購價格太低，產量年趨下降；茴油也無起色；只茶油內銷尚暢，產量略有增加。

貿易

對外貿易向來入超很大，乃於廿四年底設廣西出入口貿易處統制油礦各大宗出口貨，從取締攙雜以提高品質，直接外銷以避免中間的剝削壟斷，保持貨價堅挺，出口量值因而增加。二十一年對外貿易總值為七千六百萬元，其中入口值為四千七百萬元，出口值為二千九百萬元，入超達一千八百萬元；二十六年對外貿易總值增至八千八百萬元，而入口值反減至四千四百萬元，出口值卻增至四千三百萬元，入超值只三十萬元。自二十七年起，因主要出口貨桐油、礦產受結售外匯和統制收購的影響而猛跌，入口貨物因物資多改由本省轉輸而激增，故入超又復增漲。

合作

為復興農村和建設基層經濟，於是推行合作事業。自二十七年起，逐步擴大合作行政機構，分期訓練合作指導人員，力求發展。又得各金融機構的協助，到三十年，合作組織已普及全省。對於農村金融的調劑，農工生產的增加，日用物品的調節，農業倉庫的舉辦，都收到相當的效果。

以上這些成就，並未能都照計劃去實現，距自給的目標還遠得很，只是努力並不白費而已。

（五）經濟建設的缺點

最後檢討一下經濟建設的缺點。

農林

省級行政技術機構都欠充實，無適當人員以解決急需的重要問題；供給農村的材料太少。省縣經費都是僅足維持機構，對實驗、推廣、獎勵、補助等項，多因無錢而不能舉辦。各級各種人才都感不走，有待訓練選拔來增加。業務有計劃不合實際待矯正的，有力量不集中和推行不澈底致收效不大而須改正的。肥料和農具的製造供應缺乏。榨油、製糖、農產加工等工業太幼稚，不能和農業生產相適應，致農產出路受影響。

工業

最初改良手工業，頗有效果。繼舉辦輕工業，意在提倡示範，且因財力人力都有不足，規模不大，餘利很微，且有虧本的；後把省營各工廠讓售給廣西企業公司。抗戰前新式工業盡屬省營，未能推及地方公營和人民私營，使得普遍擴展。重工業曾計劃很久，終因資金缺乏，人力不足，環境變遷，未能實現。

商業

政府向來不加管理，二十年後才舉辦商業登記，便於取締。為統制貿易，減少入超而辦的廣西出入口貿易處，雖有成效，但僅對大宗出口貨而有國際貿易性的如桐油、苗油、鎢、錫、銻、錳等專營，而於入口貨物未能顧及，自非圓滿。

礦業

政府向採開放、獎勵扶植的措施，使錫、鎢、銻、錳、煤都已增產，但還未能使各地鑛產盡量開發。煉錫已達標準，最為成功，惜設廠精煉的僅為錫的大部和鐵的小部，其餘銻、銅等鑛未能顧及，故改良品質還沒充分。錫、鎢、銻、錳自中央接辦統制運銷後，所定收買價格往往過低、鑛公司有因此而倒閉的，鑛產將會退減。地質調查尚未普遍完成，影響探鑛和開發。

交通

公路建築為求省費和速成，往往路基厚度、橋樑載量、路面寬度都不夠標準，使後來修改困難。鄉村道路工程更多因陋就簡，初成時行車已感困難，後來又未能修養，能繼續通車的實在不多。鐵路和公路平行，致公路運輸一落千丈；交通部架設的長途電話線和省架設的平行，致省營的無業可營；這因中央系統和地方系統不明白劃分，事前計劃有欠週詳所致。鄉村電話線延長數千里，能通話暢達的不到一半，減低標準，只求線多，以致如此。

金融

建立全省金融網的計劃雖已早定，然進行遲緩，完成無期。各縣市銀行的籌設雖認為重要，然推行殊欠積極，未見各縣市有所舉動。

合作事業

辦理合作業務人員，因合作講習會經費支絀不能續辦，以致多無受訓機會，處理社務有誤，推行受到困難。合作社組織，有因急需，草率發展，重量不重質，發生內部散漫，性質變化，或畸形發展等現象，雖非普遍，實一缺憾。過去辦理，指導的只知指導，貸款的只知貸款，技術的只知技術，彼此不相聯繫，各自為政，想效果良好，自屬困難。

此外，政府以前只著眼於省的事業，對縣市和鄉村的事業未免忽略，何能收到經濟平衡發展的效果？影響所及，政治和文化的事業，也因各地經濟發展的情形不一，而成效互異。這個嚴重的缺點，幸已發覺，而在廣西建設計劃大綱中詳密規定，從事補救。

九、記廣西的猺山（上）

　　從前的廣西省地圖，在中部略偏東南處有一大塊空白，那便是一般人所稱的猺山。地域很廣，內部情形少人明悉，於是成為神祕的地方。

　　廣西省政府從民國二十年起，根據民族平等的原則，對蟄居深山大谷中的苗、猺、侗、僮等民族，努力作政教的設施。目的在使種族的感情，由隔膜而趨於融洽，由誤解而達到諒解，由乖離而進於和諧，祈求這些少數民族達到中華民族化。

　　省政府為使一切政教設施都能和實際適合，經常派員到那些民族地區考察和調查，以了解其社會組織和生活習實。因猺山區域遼闊，交通艱阻，猺族眾多，了解困難，考察調查須不斷去做。唐兆民君任此工作，從二十三年到二十八年，每年都有好些時間在猺山逗留，所知最深，後來著有《猺山散記》印行。本文資料，主要採自唐君的報告。

（一）猺山與大藤峽

　　猺山是五嶺山派中越城嶺的一支，由興安縣迤邐南下，經龍勝、義寧、臨桂、永福、陽朔等縣的邊境，到修仁縣城附近，山勢突然擴大起來，高峰羅列，盤迴鬱結於荔浦、修仁、象縣、武宣、桂平、平南、蒙山七縣包圍中的一個大山。南北約三百餘里，東西約一百七八十里。山內峰巒起伏，巍峨崢峻，林箐茂密，夐寫荒蕪，是一個險峻深奧的區域。

　　歷史上有名的大藤峽，便在猺山的西端。在過去許多文獻中所記載大藤峽的境域非常遼闊，不僅指柳江流域自武宣縣紅石磯以下至桂平縣弩灘以上一段兩山夾水的所在，而是指盤迴於前述七縣間的猺山境域。從前所謂藤峽，實即現在的整個猺山。

（二）五種猺人及其人口

　　居住在猺山的人雖然只有猺族一種，但在這些猺族中，因血統、語言、習俗和社會關係的不同，而有較詳細的五種分稱，就是茶山猺、花藍

傜、坳傜、板傜和山子傜。前三種的男子，都蓄長髮結椎髻在頭頂上，故又總稱為長毛傜；後兩種都是租佃長毛傜的山地來耕種，地力消失，旋即他徙，故又總稱過山傜。這些是最普通的稱呼。

其次，有一部分傜民早就歸化了政府，編有戶籍，並納賦稅，俗稱納賦為「上糧」或「完糧」，故稱為糧傜；另一部分不籍不賦，在政治上也自為風氣，橫蠻梗化，故又稱為蠻傜。再次，有人把傜民所居的地來分類：住區和漢人接近的，稱為外傜；住在傜山深處的，稱為內傜。不過這幾種稱呼並不普遍。

以上便是近來漢人對山內傜族一般的稱呼。以下再把各種稱呼的命名意義加以解釋。

甲　茶山傜

茶山傜又稱寨山傜，因為這種傜人多依山結寨，往往集合數十戶定居一處，永不遷徙。查荔浦縣志中載有「寨語」一種，說是「青山五寨之土音」，其語音大致和現在的茶山傜語相近似，疑即寨山傜語的縮寫。但書中「寨語」兩字下又註「即交州語」。據調查所得，認為稱這種傜民為茶山傜比較妥當，根據的理由是：

一、茶寨兩字不過是漢人對傜語譯音的不同。因茶寨兩字聲母相同，譯時容易混淆，所以為茶為寨當無差異。

二、在金秀村全勝社所藏的巫師用祭神的經典中，載有：「廣西道桂林府修仁縣西鄉淳化里茶山洞上秀村」等字句（上秀村即金秀村，該地傜語呼為羅秀），推敲它的意義，便是上秀村所在的地點為茶山洞。但現在調查員遍詢金秀傜民：此地是否又名茶山洞？都說不知。不過就此可以判斷茶山洞是個地名，也許這是舊名，現已不用。

三、桂平縣志引粵西叢載云：「自紫荊折而稍東為茶山。」永安州志引方輿紀要和一統志云：「茶山，州西四十里，綿延深遠，林箐叢鬱，迤西，皆猺人盤據。」查這些書所指的位置，正是現在的傜山境域，是茶山係傜山中一個地名，當無可疑。

根據二三兩項，茶山傜是以其所居的地點而得名的。

乙　花藍傜

花藍傜，在國立中山大學傜山採集隊的報告和中華書局出版的龐新民兩廣傜山調查關於廣西隊份所述，都誤作「花籃傜」。推究誤會的原因，

由於「花藍」兩字相聯著，在漢人語文中是不可理解的。且藍籃兩字，寫法差別不多，讀音更無分別。殊不知在傜語中，形容詞都是倒裝，例如呼「酒杯」為「杯酒」，呼「煙筒」為「筒煙」，「割禾刀」為「刀禾割」。明白了這一點，對「花藍」兩字的解釋就容易了；倒轉來便是「藍花」。象縣六巷村傜民領袖藍扶霄曾告訴省府調查員：「花藍傜姓藍的很多，所以叫做花藍傜，因為『藍』是一種『花』呢。」照此解釋，花藍傜的命名，也許還含有圖騰的意義。

丙　坳傜

坳傜，也有人稱其為正傜，在國立中山大學廣西傜山採集隊的報告中便用這個名稱。正傜這名稱有兩種解釋：第一種是坳傜用來誇張己族的；這意思就是說，我們是正的，其他的傜族都是偏的；這和學術界爭論誰是正統派具有相同的意義。但正傜的稱呼並不普遍，只限於平南的羅香幾個村間或一用；此外，連和他們同族的平南的羅運、象縣的古陳等處的傜人，也只老實自稱坳傜而不稱正傜。由此足證正傜這名稱是羅香一帶坳傜用以誇耀本族的。第二種、說正傜的正字是指他們男子頭上的髻結在腦頂正中而言。長毛傜無論男女都蓄髮結髻於頂，但各族的頭髻式樣和位置卻不一致，就男子說，茶山傜的偏於前腦，花藍傜的稍偏於後腦，坳傜的不偏不倚，結在腦的正中。故坳傜又名正傜。

至於坳傜的坳字，並不能作漢文山坳的坳來解釋，坳字是傜語的譯音，讀如Yiu，是指頭髻聳聳的樣子。由此可知坳族命名的意義是和他們的裝束有關的。

丁　板傜

板傜，為頂板傜的簡稱，又名盤傜。粵西諸蠻圖記云：「板列攢珠，纍若綴旒，名頂板傜。」這板便是指本板，即他們頭頂木板，故名板傜。但據板傜人自己說，他們婦女所戴的帽子，傜語叫做Pu-Bian。Bian和板字音很相近，也許漢人把它譯成板字，後來一般人望文生義，便誤譯音的板是木板，這是很可能的事。至於Pu-Bian的意義是防身，和木板無關。現在板傜婦女結婚時所戴的Pu-Bian，是用蜂蠟膠著青布作成，並非木板。平時改用錦帶纏頭。

盤傜這名稱，在板傜的過山榜（又名過山牒）中屢次見過，據榜中所載，盤傜的祖先便是槃瓠（文中作盤護），或稱狗王，所以他們自己以為盤王的子孫便是盤傜。又盤、板兩字發音相近，也是容易混淆的。

戊　山子傜

　　山子傜，又名穇子傜。山子和漢人佃子（或稱佃戶）的意義相同。因山子為過山傜的一種，過山傜多是自己沒有土地，依靠佃耕長毛傜的山地過活，傜俗稱佃人土地的為山丁，山丁稱地主為山主，山主對山丁，不論其年齡大小，一概稱他們為Zui，和廣西俗稱子為仔的「仔」字音近而義也同，故山子即佃子。這是從階級分劃而得的族名。

　　山子傜多耕山種黍，廣俗稱黍為穇子，故稱穇子傜。山、穇兩字發音相近，也易混淆。

　　上述五種傜民的人口數目，據唐兆民君自二十三年至二十七年歷次入山調查的結果：板傜最多，約七千五百人；茶山傜次之，約六千六百人；花藍傜和坳傜又次之，各約八百八十人；山子傜最好，僅六百六十人。五種合計，約一萬六千五百人。若把山主和山丁分開來計算，山主約八千三百六十人，山丁約八千一百六十人；兩方在人口上雖然相差無幾，但在經濟地位上卻有霄壤之別了。

（三）歷史上的漢傜戰爭

　　廣西這個地方是在秦始皇時代才開拓的。在此之前，居住在這片土地上的人，一種是當地的土著，另一種是由長江一帶給漢族戰敗而南撤的部族。這些土著和這些部族，當然就是歷代一般人所稱的南蠻，其中包括有苗傜侗僮各族。由於漢族的勢力在中國廣大地域不斷地由北向南去伸展，漢傜間的衝突也就不斷地發生，傜族屬於戰財者，就迭次南逃，最後避到廣西的深山大谷中，成為現在廣西省西北各縣山地裡和中部大傜山裡的傜族。他們是經過無數次漢蠻戰爭中所留下的「孑遺」，再經過四五百年生殖繁衍的結果。

　　我們翻看歷史，遠的且不說，僅就明代而論，大藤峽確是變亂相尋，刻無寧晷的。從明太祖洪武八年（公元一三七五）到明英宗天順六年（一四六三年），在這不到一百年中，就發生過「大藤峽猺賊」或是「大藤峽蠻賊」的亂事計十四次，都派兵剿平。但在這崇山峻嶺蠻煙瘴雨中，確是易守難攻，當時以武力征服傜僮的政策顯然失敗，愈用兵而患愈熾，使統治者非常頭痛。故征蠻問題，在其後七十年中依然存在，還演了三次比前更慘烈的漢蠻戰爭，才把這些所謂桀驁不馴的部族征服，其經過概略如下：

　　明憲宗成化七年（一四六五），傜酋侯大狗把傜山周圍鬧得天翻地

覆，乃以韓雍為左僉都御史，督理戎務，調集兩京江湖漢連等處大兵十六萬，大張撻伐。由十月開始，到十二月結束，官軍大獲全勝，俘獲侯大狗，破傜僮村寨三百二十四所，斬首三千二百零七級，生擒七百八十二人，獲傜僮婦女二千七百一十八人，戰死和溺死的不可勝數。見明史土司傳載。據當地人傳說，自明初以來，征蠻多次，從無此次的厲害和澈底。韓雍並把橫亙山峽中傜僮用為聯絡柳江兩岸交通的一條幹老中空的大藤斬斷了，並改大藤峽為斷藤峽。

過了六十三年，雙方又有一次血戰。嘉靖七年（一五二八），明世宗命總督王守仁平定了思恩、田州兩處亂事，班師時大藤峽附近一帶的父老向王守仁陳訴傜僮猖獗，人民受害的情形，請他移兵去攻大藤峽。他即上奏得了世宗的許可，便趁回師之便，出其不意，迅速偷襲，連續獲勝。費時三個月，所得戰果：在大藤峽方面，一共生擒和斬獲首從賊徒賊級一千一百零四名顆，俘獲賊屬五百六十八名口；在八寨方面，一共生擒和斬獲首從賊徒賊級一千九百零一名顆，俘獲賊屬五百八十七名口，在橫水江溺死的不少；戰後派隊入山重搜，發見岩洞中和林木下男婦老少堆疊而死的約有四千餘人，臭氣薰蒸，令人不敢走近，揣想為墮崖、飢餓、疾病致死的。事載王陽明全集卷十五「八寨斷藤峽捷音疏」。

又過十年，即嘉靖十七年（一五三八）而有侯公丁亂事，明世宗命蔡經往討。蔡先誘擒侯公丁正法，使其群龍無首，然後於翌年二月進兵，費時兩月，用兵六萬，斬殺二千餘級，三月班師。

大藤峽山中的傜僮部族，受了這三次慘烈的征剿，死亡過重，遺存的入山更深，不敢抬頭；有些逃往府江（即撫河）西岸山中，和僮族相合。

府江兩岸傜僮的變亂，而且是互為表裡的。大藤峽平定在前，府江延到明末萬曆年間才告結束。兩處的流血同樣驚人。府江的傜僮最後被剿殺幾乎達到肅清的程度。

（四）先有傜後有朝

假如你是個外山人，走到傜山裡去，只要跟三個傜人談了話，在傜人的口裡，會很自然地流露出「先有傜，後有朝」這句口頭禪。傜人用漢字記載的「石牌法律」敘言中也有這句話。這是傜人們最有力的一個口號。它有兩個含義：一是歷史的，表示傜人先在世界上出現，而由漢人組織的朝廷（現是政府），原是後來的事；一是政治的，既因傜人先漢人所組織的政府而出現於世界，故漢人的政府是管不了傜人的。它強調著先後關

係，把傜人和政府或傜人和漢族分開起來、對立起來，起著離間的作用。就歷史來說，自屬事實。就政治說，傜人因歷來為漢人所壓迫而企圖反抗，故很早以前便提出這口號來運用號招。現在由於政府對傜民的生活不斷地注意和改善，許多地方傜漢的感情已逐漸融洽，但在傜山某些地區，這口號依然流行著。漢傜間的隔閡必須消釋，以免妨害中華民族的團結。但傜人對漢族的成見已深，空言解釋無用，須有事實使其受惠才能心服。《廣西各縣苗傜傜民戶編制通則》，是優待傜民的法令；設立「特種教育師資訓練所」，選拔特族子弟完全免費入校求學，劃定特種教育區域，特別補助經費以促其發展；這些設施，便是化隔閡為團頂的媒介。

（五）傜還傜朝還朝

把傜民和政府分開起來，或者說，把傜漢兩族分開起來，對立起來，傜民們提出了「傜還傜，朝還朝」這一口號，比之「先有傜，後有朝」的意義和作用更明朗化、更尖銳化了。在漢傜戰爭的階級，傜人對漢當然採取仇視態度；到傜被漢戰敗的階段，傜人對漢遂變而為畏懼態度；後來的專制政府間有對傜民施行羈縻或懷柔政策的，然這點小惠並不能掃淨傜人心理上的陰霾，到此階段，傜人對漢便存著懷疑態度，一直到現代。懷疑就會妨害民族團結的。傜山裡有一部分傜民運用這個口號，堅持著現時的政府還管不了他們，不願接受政府的政令以受管治。如修仁縣所屬的金秀，象縣所屬的滴水和蠻頭等處，與其勢力所及的地方，在二十九年七月以前還是頑強地抱著這種成見，其後政府費了較大的力量，他們才把戶籍和鄉村編好。

他們這個口號既被政治所打破，再加上經濟的自足自給基礎已受破壞，山內傜民一部分日常生活必需品已要仰給於山外，傜民的農產品也要推銷到出外去，因此便不能完全拒絕漢人來往山內經營商業，不少的小商就山內寄居下來，似乎漢傜的界限已漸漸地打破。但寄居的漢人很受限制，傜人的石牌法律規定土地不能賣給漢人，漢人想建造一間小屋或使用一段耕地，只有向傜民租用土地；有連租地建屋也不許可的，只有向傜民租用現成屋子了。既成為傜人的佃戶或租客，就必須照傜山成例必恭必敬地對待地主或屋主，否則會被地主或屋主趕出山外的。所以這樣的漢傜雜居，雖然暫時打破地的隔閡，卻又馬上掘成階級間的鴻溝，無論在意識或情感上，都沒有做到漢傜融洽的地步，「傜還傜，朝還朝」這個口號，仍值得注意。

（六）鴨不配雞

　　傜人禁止和漢人結婚，在山主的長毛傜便有「鴨不配雞」的口號，在山丁的過山傜也有嚴禁通婚的公約。

　　唐兆民君在素為全傜山所崇仰的金秀地方考察時，曾問及為什麼傜女不肯嫁給漢男的理由，無論男女老少，都用鴨不配雞這句話來答覆，說是傜不能配漢，如鴨不能配雞。一次，唐和一位傜頭全某年輕聰明活的表妹閒談說，傜漢同是人，傜漢通婚，在人情和道理上都沒有說不過去的地方吧！她道：「傜人漢人雖然都是人，但傜人終究是傜人，漢人終究是漢人；伏羲姊妹造人民，既然造成傜和漢，正如造成雞和鴨一樣。假如你把雞鴨關在一籠，牠們能配作夫妻的話，那麼，我們傜女嫁給你們漢人，也就無話可說了。」由此可知鴨不配雞的口號嵌入每個傜人腦中是怎樣深了！但金秀地方的傜女卻有招漢男入贅的事：從前六拉村陶家招象縣大樂墟的漢化僮人劉公才入贅，新近羅夢村蘇家也招大樂墟姓覃的漢化僮男入贅；但贅陶家的不改從女姓而仍姓劉，贅蘇家的須隨女姓蘇。這因大樂僮語和金秀傜語略同。

　　唐君又在桂平板傜住區橫沖李榮保家看到一張用漢字記載已經殘破的過山榜，內有一段記石牌法律，法律中有一條嚴格限制傜漢通婚，違者依律究治。但到了現在，過山傜尤其是板傜，事實上需要大量招入漢人為贅婿，傜女卻未有嫁出山外為漢婦的。限制條件已經放寬，連入贅後改從女姓一事，如果漢男入贅時不受女家的身價銀，反把一些身價錢送給女家，也不定須照辦。大量吸收漢人入傜的結果，板傜傾向漢化的程度，也較傜山中任何一種傜族為高。可見想填平傜漢間的鴻溝，縮小傜漢間的距離，以鞏固民族間的團結，打破傜漢互不通婚這一著絕對必要。

（七）傜向漢化路上走

　　住在傜山的傜人，因他們的社會經濟已不能自成體系，儘管還在喊「傜還傜，朝還朝」，「鴨不配雞」那些古老口號，也不能不隨著圍繞傜山的另一進步的經濟體系的人群所同化。他們正在同化的路上前進，其事實如下：

　　　　一、修仁縣屬金秀一帶的茶山傜，是一般人認為最固蔽的，然而原住古泥、長灘的蘇姓，在民國初年因該地被股匪佔據，傜人也和匪

合作，後來那股土匪被招撫出山了，那裡的傜人也遷出修仁縣城料子行居住，已完全漢化了。

二、蒙山縣屬嶺祖、巴勒的茶山傜全是姓蘭的。據他們自己的傳說，其先人原住廣東洗港巷，在不復記憶的年代遷來蒙山大蘭村。嗣後一支仍留在大蘭；另一支由金雞扚入傜山，先住金泗，再遷白笋，由白笋到嶺祖定居；再一支由大蘭遷到巴勒，有些復由巴勒遷回大蘭。現在居大蘭的，服裝語言已完全漢化；居巴勒的，漢人裝束而保存傜族的語言和風習；居嶺祖的，仍然傜裝傜語，風習非常固蔽。而三處地方的距離，還不到二十里呢！

三、現居平南縣平竹鄉平林、六竹兩地的茶山傜多為蘇姓，原由距離不到三十里的馬練鄉利兩村遷來，他們自認和利兩村蘇姓原為同族。但利兩村的蘇姓已全部漢化，平竹鄉的茶山傜仍保持著傜裝和傜語。

四、象縣東北鄉南洲地方的藍姓花藍傜，傳說來自貴州，有一支遷到平南縣馬練鄉大同居住，現已完全漢化。

五、桂平縣紫荊鄉茶洞村那興屯有幾家盤姓，他們能操粵語、客家語和僮語，生活完全漢化了；可是他們還傳說著祖先確是傜人，但何時和漢族同化的卻不復記憶。

六、照坳傜的祖先傳說，所謂「三盤」的三位遠祖，即盤道一、盤道二、盤道三。道一先到黃鈴，後入古陳；道二入白牛、羅運，其子孫除居這兩處外，還分居寨村、六俄、橫村等處；現居象縣大樟鄉附近的黃田、羅田、花成、花鹿、高秀、奔騰、冬溫等處的盤姓，便是他的後裔。這些地方姓盤的，雖然也承認這個血緣關係，但他們已經漢化，語言風習和附近的漢化僮人相同。

七、歷代征討大藤峽傜賊所獲的俘虜，男的當然有一部分被殺，其餘只有被迫充當公私賤役，或被脅改悔充當編戶；婦女或是充下級官員的妾媵，或被賣作漢族平民的妻妾和賤婢；總之，這些俘虜必然被漢化的。

以上所述是由傜變漢的同化。再說漢變傜的同化：

一、板傜和山子傜招贅漢人為婿的所在皆是。無子女的往往收養附近漢人的女嬰為義女，長大後又贅漢人為婿。這樣地吸引漢人到傜山去，雖然承傜姓、服傜裝，說傜話，在血統上那裡還有一點傜氣呢？

二、平南縣羅香一帶的坳傜，不僅許多傜女都贅漢人為婿，且有少數
　　漢女也嫁傜人為妻。

三、明被清滅，其忠臣義士不甘臣服的，有些隱入傜山，有兩事隱約
　　可證：一是金秀一帶的茶山傜，有一種每隔二十年舉行一次盛大
　　的祭典，名叫「做洪門」。說是祭家先，故祭主常為一族的同
　　姓。遠近傜族都來參加，祭主大排筵席，盡情款待，耗費很大。
　　查「洪門」原為明朝遺老所組織的一種祕密會社，而茶山傜祭家
　　先的典禮，恰和此名相同，這當然不是偶然的巧合。一是象縣東
　　南鄉一帶花藍傜的傳說，說他們的祖先原和漢人與板傜都住在平
　　地，不知什麼朝代，皇帝下令要他們剃髮，漢人和板傜都剃了，
　　唯獨長毛傜不肯剃，就和皇帝差來的官兵打起來，結果長毛傜大
　　敗，逃入山內。這種傳說，指出了明代遺民對清廷的反抗。這裡
　　所謂長毛傜，當然是這些遺民入山後傜人的結果。現在的長毛傜
　　終生蓄髮作髻，仍著明裝，連同傳說推斷，長毛傜中必有傜化的
　　明朝遺民參雜在內。

十、記廣西的傜山（中）

（八）太平軍與傜山

傜山這個落後的地區，出人意外地中國歷史上第一次的革命卻由此爆發，那便是距離現在一百一十五年前洪秀全的太平軍在金田起義。

大家都知道太平軍起義於金田村，但在起義前的祕密活動地區為傜山南端的一角，即現在桂平縣屬的紫荊山和鵬隘山（現叫十八山），卻很少人知道。

鵬隘山在紫荊山的西南，兩山彼此毗連，兩個地區都是漢傜雜居的所在。北為傜山隩區，南為大藤峽，西為武宣屬東鄉和桂平屬羅淥洞，東與桂平的新墟相接。金田村就在新墟附近，距離紫荊和鵬隘不過十餘里。紫荊、鵬隘兩山，在明代都是傜僮的巢穴，大藤峽亂時的傜僮，曾經藉此負固據守，以抗拒官軍。因為四面高山環繞，懸崖峭壁，不易攀登，成為天險；中間地較平坦，良田沃壤，又大可耕種。山內和山外交通，僅有由金田村偏西行經風門坳而入的一條狹谷較為平坦。在風門坳附近，從前名為「北定關」，大概是為防禦傜僮而設的。這條狹谷長十多里，為入山的唯一門戶。有了這樣的好地勢，故明代的大藤峽傜亂，經數百年而後息。有了這樣的好環境，故太平天國的革命，便在此孕育而滋長。

洪黨最初踏入傜山的，據許多記載和當地父老的傳說，都說是馮雲山。說馮初來，只孑然一身，在紫荊山拾糞度日。後來結識了當地大沖村曾玉珩、玉鏘兄弟，才當了塾師，在曾家教書。馮有了立足點，然後藉拜上帝教，招人入會，祕密活動，先後結識了楊秀清、蕭朝貴、韋昌輝各人，徐圖起事。楊和蕭都是附近山中的燒炭佬。

紫荊、鵬荊兩山，險峻靜僻，洪秀全和馮雲山不特利用以拜會聚眾，且利用以製造火鎗土砲。據說，鎗砲在鵬隘造成後，祕密運到金田村一個魚塘裡，到起義拜台（誓師儀式）時，洪秀全才詭稱上帝賜夢給他，已經賜送一些軍火放在某魚塘內，助他們興師滅滿；叫人戽乾塘水，果得許多鎗砲。因此黨徒信念更堅，從的更多。兩山地僻，地方大小官吏對洪等拜

會造械情事全然不知。甚至在金田起義後，其官方往來奏諭尚有誤「拜上帝會」為「尚弟會」、誤金田賊首為韋政、誤洪大泉為洪秀全的。不知彼，故敗。

紫荆、鵬隘兩山，不僅做了起義前的祕密活動基地，而且做了起義初期進攻退守的根據地。考太平軍於道光三十年（公元一八五〇）十二月初十日在金田起義，大軍即駐金田村和新墟。次年即咸豐元年正月，因給養缺乏，接濟困難，即自焚大營，率師東出佔領大湟江口，且置重兵於牛排嶺。清軍提督向榮大軍到來，進攻江口；正月十八日雙方接觸，向軍先小勝而後大敗。後來水賊大頭羊張釗受潯州府知府招撫，倒弋轉攻太平軍，官軍也加緊圍攻，太平軍不支，二月初六日再焚江口大營，初八日全軍退守新墟和紫荆鄉一帶。到了清軍佔領牛排嶺再攻新墟，太平軍以三面受圍，乃以退為進，由紫荆山西越雙髻山而出武宣的東鄉，企圖乘虛經武宣、象縣北上，直取桂林，故立大營於東鄉的莫村，派先遣隊進至三里墟，而根據地紫荆山並無後隊駐守。但清軍不知或不敢乘虛跟蹤入佔紫荆。太平軍在東鄉、武宣一帶被清欽差大臣李星沅率兵阻截，三四月間復派兵一部折回紫荆駐守。四月十二日李星沅因內外情勢交相逼迫，死於武宣；太平軍乘機於十四日突破重圍，沿著傜山邊境廟王北入象州境，因州城已有廣西巡撫周天爵事先派往的楚勇、傜勇駐防，便將主力駐中平墟，並在百丈墟一帶築營佈陣，與中平成為犄角之勢。這時候清軍又四面趕來包圍，在羅秀、寺村、大樟等處都駐有重兵，步步緊迫。延至六月初，太平軍以彈藥缺乏，便向清軍中較弱的一處：即由象州舉人韋仁元率領傜勇所守的大樟南路，拚力衝出，從山間小路退回紫荆。這條山間小路，途程不過七八十里，自大樟南行約十里，便是甕口，自此入山的一道狹谷，其形勢比之風門坳或雙髻山更險十倍。因為這樣，清軍不敢啣尾急追，而入紫荆另一後戶紅水界（從大樟以南便是黃田，由黃田南越紅水界便是紫荆）又無清軍駐守，故撤退極為順利，回駐山內伺機再舉。

傜人當時也有去做「長毛」（太平軍都是蓄髮的，當時一般人都叫太平軍為長毛）的，故傜山內流傳太平軍的故事很不少。

（九）滿清對傜山的設施

傜山內的傜民和政府發生關係，開始於滿清嘉慶年間，據平南屬羅香的坳傜說，他們那時已向官廳納糧；所以他們又叫做糧傜。到了清末，便進一步，把整個傜山劃界分團，各轄所屬，以防股匪竄入盤據，坐大滋

蔓。據搖民傳說，光緒三十四年（一九〇八），匪首郭三、陳阿狂六、歐少韓、溫良才等率股匪千人在修仁起事，後入象縣屬黃田，被官兵打敗，又竄入黃鈴盤據。右江鎮台李國治、潯州知府彭言孝等帶兵進剿；附近傜民也集眾幫助官兵，出力很大；終將匪首擒獲，股匪剿平李鎮台於亂平後在羅運召集七十二個傜村開全傜大會，劃整個傜山為四個團：即金秀團、羅香團、滴水團和六巷（或稱羅昂）團。並委劉公良為金秀團總，歸修仁縣管治；趙朝堂為羅香團總，歸平南縣管治；全公群為滴水團總，藍扶宵為六巷團總，歸象縣管治。為著鼓勵這些出力傜頭使能繼續效忠起見，還發給了一些傜頭的「功牌」，如六巷團總藍扶宵就得了廣西巡撫張鳴岐賞了個「五品頂戴」，功牌是宣統元年閏二月十三日發的。從地理上或族別上看，這次分團很能顧到傜民的習慣；定羅運為各團總集會的所在，地點也還適中。各團所轄的村落和戶數如下：

甲　金秀團轄三十八村

> （1）、茶山傜村計三十五：金秀五七（註：村名下的數字為戶數，下同），白沙二四，六拉（又名古羅）四八，昔地三一，田村二八，劉村五一，金村三六，社村二八，孟村（又名望村）三二，美村（或作尾村）二二，長二（或作成二）五〇，古泥一一，長灘二八，寨堡（或作太保）四〇，六定三五，土縣二一，低水（原名滴水）九，莫村（包括坪亞）五，宛顯（或作宛軒）九，上卜泉一二，下卜泉一四，立龍一三，古卜二四，定浦（包括田廠）一四，羅夢四一，上盤王一三，下盤王一二，倒江一八，南洲五，嶺祖三六，巴勒六五。

> （2）、僮化的茶山傜村計三：金茶一一，花相一三，江燕三二。

乙　羅香團轄十五村

> （1）、坳傜村計十二：羅香二九，龍軍（或作龍筠）一〇，瓊五（包括長田）一四，公雅（或作公也，又名六合）三，羅洲五，平貢七，那瀝（或作那力）九，白牛九，羅運四六，寨村五，六俄三，橫村七。

> （2）、茶山傜村計二：平竹二八，六竹一四。

> （3）、花藍傜村計一：羅丹二六。

丙　滴水團轄十一村

（1）、茶山傜村計五：滴水二八，容洞一七，上長洞一五，中長洞（包括新長洞）三〇，六力（或作六利）八。

（2）、花藍傜村計三：初二（或作丈二）一三，六團一二，龍華二〇。

（3）、茶山傜化的花藍傜村計一：大進九。

（4）、茶山傜化的僮村計二：下長洞一六，大平三〇。

丁　六巷團轄八村

（1）、花藍傜村計六：六巷（或作羅昂）三四，古蒲（又名羅丹）一一，蠻頭（或作門頭）三一，王桑一八，大欖一九，新村一四。

（2）、坳傜村計二：上古陳二八，下古陳二〇。

傜民口邊常掛著的「七十二傜」，就是指上列的七十二個長毛傜村落。全傜山分團會議的召集，板傜和山子傜都無機會參加，因為他們是山丁，其地位有如長毛傜山主的農奴，他們對於由鎮台召集的分團重要會議，自然沒發言的份了。這四個團，金秀團轄境最廣，村落數量或土地面積，它都佔了半數以上，其勢力素來都是極其雄厚的。

滿清政府想以教育手段來開化傜民，分團之後便設學校。在金秀有化傜小學一所，校舍建於金秀、六拉兩村之間，由平樂知府歐陽中鵠撥庫銀一千兩交修仁縣署生息，以其利息收入作為校中經費。到了民國十年，那一千兩基金被沈鴻英所部攫去，校費無著，只好停辦。在羅香方面，也由平南縣署每年撥銀四百兩，在羅香、羅蓮、平林、六竹等四個村各設私塾一所，教導傜民。到宣統三年，羅香附近數村並且已將私塾改為學校兩所。這些私塾和學校，大概在民元以後政府不再照舊撥款，才停辦的。

滿清政府分團設校開化傜民的措施，可惜入民國後反沉寂下來，直到民國二十年以後才又從頭做起，因此，整個傜山傜民戶籍的編組，到二十九年才辦完。

（十）傜山的政治組織

傜山在民國二十二年以前還沒遵照政府法令編組鄉村甲戶的時期，存在著一種原始政治組織「石牌」。石牌就是立石為牌、共同立約、共同遵

守的意思。他們的規約叫做「石牌法律」。最原始的，除了用口頭議定規約當眾宣布外，只在這石牌上面用斧頭砍了三個缺口，表示誓守勿渝的決心，如象縣東南鄉六巷村的舊石牌，便是一例。最進步的，已經能用漢字寫成具體條文十幾條鐫在石牌上面，粗具了成文法的規模，如修仁屬金秀區田村村旁所竪立的，即其一例。

一村有一村的石牌，傜民稱之為「小石牌」；數村聯合起來也有石牌，稱為「幾百幾十石牌」，這幾百幾十的數字，是根據竪立石牌當時參加各戶的人口數目而定的；全山聯絡的石牌，名為「總石牌」或「大石牌」，這個可說是傜民的最高行政機構。傜民發生糾紛，先訴之於小石牌；小石牌不能解決的，便訴之於數村聯合的石牌；倘若再不能解決，那就只有訴之於大石牌了。

管理石牌的領袖，傜民稱他為「石牌頭」，一般民眾為「石牌丁」。石牌頭的產生，既不由於世襲，也不由於選舉，他們取得領袖資格的過程，倒是頗為有趣的。假如村中有這麼一個石牌丁：他比較聰明，會說話，而且平日待人接物比較公正；這優良的品性被村人認識了，一遇糾紛發生時，當事人的某一方便來投訴他，請他去裁判；假若他的裁判能使兩造悅服，又能使大多數人認為合理，下次別人會再來請他。這樣一樁兩樁的判下去，久而久之，不期然而然的便成為石牌頭了。這是一種。

另外一種，帶有學徒制的意味。如果某個老石牌頭感覺精力不能應付多方的請求時，便選定一個他所認為可以造就的青年，常帶著他去判事。經過相當的時日，如遇有小的糾紛，老石牌頭就不必親自出馬，而派遣這個「徒弟」去試辦；如果辦得妥當，久而久之，這個學徒便可單獨行事；在一般人都認為他可靠時，便直接來請他判事，因此，他就成為一個新領袖了。

要做石牌頭，除了上述幾種修件外，還有兩個必須具備的條件：一要懂得唱石牌（這是石牌頭召集糾紛的兩造一齊到自己跟前來聽裁判的一種儀式。在裁判的開始，必對眾高唱著一套公式似的歌詞，繼以說白，其內容大半是述說先人的來歷）；二要家裡有相當的財產。

由於石牌頭是在這種方式之下所產生的，所以實際上並無絕對的權威，假如他處理事件失當，石牌丁不但可以隨時把他拋棄，如果因重大的過失以致觸起石牌丁的公憤，他們還可以糾眾把他處死，或者湊一筆錢買人把他暗殺。這就說明了傜山的統治者並不是至高無上大權獨攬的傜王（民國二十四年三月六日，象縣縣長秦獻玉率領傜民藍扶宵等八人來省見我，當時南寧的報紙稱藍為傜王，那是錯誤的），其政制還充分地遺留著

原始民主制度的殘餘。

　　大石牌或總石牌設立在佔地最廣出產最富的茶山傜族住區金秀地方。金秀素有「小桂林」之稱，唐兆民君曾問過當地幾個老者：這有趣的外號是什麼意義？他們答說：「你們漢人的大衙門設在桂林，管得全廣西；我們傜人的大石牌設在金秀，管得全傜山；所以我們稱金秀為小桂林。」這確實足以反映著大石牌所在地的重要性。而事實上，只有金秀的大石牌才確是整個傜山的傜民所崇仰的最高「政府」，直到完全受地方政府管治後，這樣的觀念，在大多數傜民的腦中還是留存著。

（十一）金秀富甲全傜山

　　傜山裡面，以金秀區域最為富裕，其財富來源有三：

第一、有豐富的土產：最重要的有三種：一是芩香草，這是金秀相鄰四村（金秀、白沙、六拉、昔地）的特產，年產乾貨約四萬至十萬斤，每斤值銀幣一角至五角。如以平均年產七萬斤，每斤值二角計，年收已達一萬四千元。二是乾筍，即竹筍用火烘乾，可供食用。年產數目無法統計，但據傜民報告，每年乾筍的收入，至少可以換取食鹽和布疋與及傜民視為上味的腐竹、粉絲之類的佐膳品。三是香蕈，每年產量雖然只有一兩千斤，但價錢很高，每斤可值銀幣一元至三元，如平均年產一千五百斤，每斤值二元計，年可收入三千元。這三種土產收入，總計每年可得銀幣二萬五千元左右，在生活簡單的傜民社會裡是不少了。

第二、有較多可種水稻的肥田：沿金秀河（山溪）的兩岸，山谷比較開豁，地面比較平坦，故水田也較他處為多。溪水既便灌溉，土壤也很肥沃，收穫相當豐富。據當地老人說，在十足豐收的年頭，糧食是可自給自足的；普通情形，只差兩個月的糧食；這個差額，是近二十年來漢人行腳小商入山的日多，他們不帶糧來，需要消耗山內一部分糧食而出現的。

第三、有大量的山租：傜民在山內佔地最廣的為茶山族，而茶山族中又推金秀相鄰四村為首。他們的土地，有遠在六七十里以外的，可見其多了。有大量的土地租給山丁，坐收山租，個人的財富便增殖起來了。

　　金秀的對外貿易出超，也是它富裕的重要因素。它位於傜山內比較適

中的地點，雖然稍偏在北，但交通相當便利，因為幾條較大的道路都輻輳在這裡。第一條由金秀東南出，經羅夢、六竹、平林、公雅、古滈、小坳出山而達平南縣屬的思旺墟；第二條由金秀西出，經田村、社村、美村、古堡界出山而達修仁縣屬的桐木墟；第三條由金秀南出，經花洲、貴田、初二、六團、羅運、扒沙界出山而達平南縣屬的鵬化，再由鵬化東南出可通思旺墟，西南出可通桂平縣屬的大湟江口；第四條由金秀北出，經長二、寨堡、六段、六定或蟆蜞塘出山而達修仁縣城；第五條由金秀東出，經畲步坳、定浦、屯橫、古朵出山，可達蒙山縣屬的新墟。這五條路線的經濟價值，第四、五兩條最小，第一、二兩條較大，因為第一條是金融吸入口，第二條是金融吐出口。現把其作用加以說明：

第一條路線，由金秀到思旺墟路程一百七十里，普通要走三天。金秀地區的苓香草、乾筍、香蕈、藥材等，百分之九十以上都靠那些專門鑽山的行腳小商人一擔一擔地從這條路運出，售給那些專收山貨的商店；再由思旺用小隻的篷船經小河順流運到大湟江口；再靠鬱江的交通分銷各地。金秀傜民以土產換金錢，幾乎全靠這條路吸進來。行腳小商也不斷地由這條路挑入食鹽、布疋、生油、腐竹、粉絲等。但吸入的多而吐出的少，兩相比較，這條路總是出超的。

第二條路線，由金秀西出桐木墟，路程八十里。行商往來雖說是朝發夕至，但因古堡界一段道路崎嶇陡斜，行走艱辛，動身要在天亮前，而到達卻在入黑後，兩頭不見光。這條路線是金秀區的金錢吐出口，而且有出無入，情形恰和第一條路線相反。其原因有三：

一是山中傜民迷信鬼神的程度，以金秀為第一。也許因為生活舒適而錢又多，所以格外害怕死神的光臨。有病不去求醫藥，或不能求醫藥，唯一只向神鬼禱祝。故金秀相鄰四村，幾乎每村每日沒有不在送鬼送神的。送神所需的祭品，用得最多的便是雞、鴨、豬、牛，每次三五隻不等。這些東西，除牛以外，必須仰給於山外，所以這條路線的小商，大半是挑著雞鴨或小豬進來的。一年中，他們把這些東西一擔一擔地運進來，銀錢成千成百地帶出去，數目龐大可想而知。一位青年傜頭曾對唐兆民君說過：「如果我們相鄰四村，只要三年不喃神喃鬼，恐怕每家都要用大秤來秤銀子了！」

二是平常年歲，金秀地方要缺乏兩個月的糧食，平均每人兩個月食用白米八十斤計，四村共一百六十戶，每戶又平均以四人計，四百六十人就須買入白米五百石左右。如白米每石價銀八元計，那每年至少又有銀幣四千元以上要從這個吐出口流出山外。這個漏洞並不小。

三是傜民種菜的技術太拙，加以傜婦工作太忙，又因山內土壤和氣候的關係，金秀地方所種的蔬菜，數量既少，成長也不良好，所以他們所需的菜蔬，十分之七八是由桐木墟方面運入的。這筆錢的數目雖不很大，卻是不斷地向山外流出。

不過，總合來說，金秀區的整個對外貿易，還是出超。因此，金秀始終不失為一富甲全山的所在。同時又是傜山「總石牌」設立的所在，政權也落在他們的手中。因此，金秀為群傜所宗仰，所豔羨，所畏懾。

（十二）山丁被壓迫的慘狀

傜山的傜民共有兩個階級：一是佔有山地的長毛傜，為山主階級；一是租種山地的過山傜，為山丁階級。

山丁受著山主的壓迫，無論在經濟上或在政治上都沒有他們的地位，過著痛苦的生活。一般的山租，以農產計租的，最多繳納三分之一；以戶口計租的，每戶只年納銀幣一元幾角；以人口計租的，婦女、未滿十六歲的兒童、已過六十歲的老翁都不須繳租，壯年男子每丁只繳銀幣八角；看來並不算苛。然而，山丁的痛苦，卻在山主的額外榨取，如下：

一、交送租物時，要另備豬肉和燒酒各三五斤，肥雞一隻，去孝敬山王。

二、山主每到山丁家裡，山丁尊敬不能稍有怠慢，當然殺雞置酒招待。山丁如說錯了話，會遭毒打，甚至罰錢。

三、農忙時，山主的田工例須召集山丁去幫忙，山丁自己的農作，往往因此失時而蒙受巨大的損失。

四、山丁娶妻或招贅，有些也須奉送豬肉三五十斤給山主，名為敬客禮儀，實是強制進貢。

五、山丁租用山地多係墾荒成熟的，但只許種植淺耕作物的雜糧，不許栽種價值較高的杉木或桐樹。等過了三五年地力消失後，雜糧已不能再種，便要替山主栽種杉木，待成長後交還山主，叫做「種木還山」。山丁受了種木還山的限制，便永遠無法增加生產擺脫半飢餓的命運。

六、山主對山丁有無上權威，講罰就罰，說殺便殺，即使山丁並無罪過，也根本沒法反抗。倘有山丁因勤耕苦作節衣縮食的結果，使得生活稍稍舒適，一些無賴的山主看了眼熱，便會想盡方法嫁禍給他，大罰其款，直弄到這個山丁人窮財盡為止。如有山丁聰明

能幹且孚眾望的，山主便十分嫉視，深恐他會領導山丁起來反抗，因此，必須設法把他殺害，斬草除根。

此外，過山還受山外無賴漢人的軟騙硬敲的痛苦。

（十三）兩種相反的人口策

長毛傜嚴格限制後裔的繁衍，採用「一苗單傳」的方法，只留一男一女來承宗接祀。如為事實所限，也有留兩男或兩女的。超過兩個的，便用墮胎或溺嬰來限制他。這兩個子嗣，把一留在家裡娶妻招婿，把一嫁給別家做媳婦或當贅婿，各家保持著一苗單傳，以免這狹窄的傜山有人滿之患；而那祖遺的家產，總是一兒獨佔，既無兄弟姐妹來分割，便可免同胞手足爭產的糾紛。他們覺得真是法良意美，再好不過的；卻沒想到這方法的缺點。譬如有人生了兩個子女，以後就不讓其再生，做母親的經過數度墮胎之後，常不能受孕，而在這不能再受孕的時候，以前留下來的子女偏偏短命死去，這所遺的缺額，便無法彌補了。

倘若兩子只剩其一，他們便選同病相憐的人家，用「合家」的辦法來解決後嗣的承繼問題。譬如某甲剩有一子，某乙剩有一女，甲乙兩家便來聯婚，財產也實行合併。到了甲子乙女生育子女，便以其後嗣承頂甲乙兩戶的宗支。在理論上，如甲子乙女的結合能留下四子女，婚後又將原產分割，自然又可恢復原有的家口狀態；但事實上，他們常因同姓婚的遺傳條件和嬰孩保育不良，能養育四個子女達到成長的實在太少。因此，長毛傜的人口只有愈來愈少，例如六巷村原來六十戶，經過六十年來只剩下三十四戶了。

長毛傜對這種自取滅亡的生育限制，不但毫不反省，反以此自豪。許多傜頭都這樣說：「我們傜山田地少，人多了穀米就不夠吃。你看，我們長毛傜沒有做叫化子或強盜的，也沒有兄弟爭奪家產的，這就全靠不許多留兒女的賜予。如果我們多留兒女，那就會像板傜佬，只耕山，沒田種；沒有米煮，只吃包穀了！」

過山傜剛和長毛傜相反，他們不管怎樣窮困，所生育的兒女，有一個養一個，並且希望愈多愈好。不僅如此，他們除養育自己所生的兒女外，還常常設法吸收漢人到家庭中來。有的把自己的女兒招漢人為婿；有的竟向漢人接養女孩，又留在家內招婿。這樣一來，過山傜不但人口不斷地增加，而且文化上也不斷地進步。長毛傜憂慮過山傜佔有他們的山場，不肯納租給山主，把天然大森林的老山通通砍敗，使他們無處可種苓香草和香

葷，常用種種極其殘酷的方法來壓迫山丁。然而山丁的人數已經和山主相平衡，各為八千左右，而山丁接受漢化的程度卻高出山主們若干倍。長毛傜如果還是限制人口，不獨消滅不了過山傜，恐怕結果會適得其反呢！

十一、記廣西的傜山（下）

（十四）傜人的優良特性

傜人雖是落後的部族，卻有好些優良性格值得表揚。

第一、忍苦耐勞。從他們的衣食住行來看，其忍苦的程度，實令人驚異。許多傜人一生都未著過棉衣或布衣，寒冬季節，也只著單衣兩三件，腰紮布帶一條而已；卻能夠在冰天雪地中工作如常，不為寒威所怯。食的方面，除少收握有經濟和政治特權的山主平日能食稻外，一般傜人經常都吃木薯、番薯和芋頭來充飢；營養缺乏似乎對他們並無損害，身體多是健壯堅實的。住的房屋，多是湫隘污穢，真能做到可避風吹雨打雲侵霧襲的很少；然而他們一生卻和這些風雨雲霧奮鬥，安然度過。至於行，傜山既是崇山峻嶺，道路盡是崎嶇斜陡十步九折的羊腸，他們卻赤著腳像坦途一樣地走過。這種種的艱苦生活，在山外人受不了的，他們卻能安之若素。

第二、重信約。事不論大小，只要他和你約定，即使進行困難，甚至性命危險，也絕不翻悔，必遵約履行。初或起於迷信神權，懼怕性背約會受天神無形懲罰；久之漸成風氣，有人行為越軌，便為社會力量所制裁。有兩件具體的表現於日常生活中：一是道不拾遺：當出外工作或去看親戚時，常把工作器具或衣服雨具各物隨放路旁，有時經過幾天才去收回，別人由此經過，誰也不敢拾取的。二是夜不閉戶：穀倉、禾棚、猪圈、牛欄等多設在屋外，這些糧食牲畜固然無人敢去偷盜，連屋子的大門夜間也經常不關，並未發生過失竊的事。這雖因有石牌公約做約束，實守信不渝美德的表現。

第三、堅強的團結。傜人各族間甚至本族內有時也不免衝突鬥毆，但外侮一來，他們即馬上團結，共同抵禦。例如清末和民初，傜山內黃鈐、小江、羅香等地曾被股匪侵入，他們立刻召集大石

牌會議，商討抵禦辦法，各地傜人都能萬眾一心協力進剿。他們的武器雖拙劣，卻能堅壁清野，把股匪困在深山大谷，使其無食無住，加以殲滅。又在民初，軍官莫榮新藉勢在金秀一帶採購杉木，以不公平手段交易，引起傜人的公憤，聚眾抗拒駐在山內保護杉商公司的一連步兵，結果這一連兵大部分被傜人消滅，榮新公司也被焚毀。莫榮新雖大權在握，事後也莫可如何。

第四、勇敢善戰。這從傜民能殲滅股匪和對抗軍隊兩事已可看見。在舊籍記載中有「傜俗輕死」，「能忍飢行鬥」，「上下山險如飛」的話，這些，他們現仍保持著。

這些民族優良的特性，是應該加以發揚的。

（十五）疾病與醫藥

山內傜人常患的疾病，以腸胃病為最多，因好飲酒和嗜食生冷所致。次為瘧疾，山內的蚊，十分之七八都是尖頭翹尾花翅的瘧蚊，傜人又絕少有蚊帳的原故。再次為天花，從前兒童患此而死的，數目驚人；近年傜人對種痘已有信仰，每個小孩必種一次，天花傳染便減少了。眼病在長二、長灘、土縣三村的成年人，不分男女，幾乎全患此病。其附近各村也間有傳染。他們說是三村地高風大，吹久眼壞。其實，傜人房屋不知開窗，更不知開煙囪，屋內終年燒柴生火，煙薰滿屋，令眼難開，眼受刺激當然生病。

傜人不懂醫藥，但對幾種傳染病卻知用隔離以防傳染。

第一是天花。村中有患天花的，村人就強迫病人家屬把病人移住到人跡罕到的山裡去。並將病人住處通知附近各村，使別人不至誤入。在一百二十日內，只許家人去照料他，日期未滿是絕對不許回村的。

第二是痢疾。假如村中發生痢疾，又已有人因患痢疾而死，全村男女老幼便要離村而遠遠地遷到森林裡的山寮去暫住，以免傳染。如果家中已有人傳染此病，也只留一兩人在家料理，其餘的還是搬走。這樣的隔離，直到痢疾的傳染停止為止。

第三是肺病。傜人判斷患肺病的方法是多咳嗽，誰多咳嗽，誰便有肺病。時常咳嗽的人，在家必須特備一套食具自用，不能和別人用的混淆。出門作客或因眾事和村人聚餐時也是如此。如。用竹籜做碗。席上的菜，不能自己用筷子去夾取，要由別人分給他。

用隔離方法以減少傳染,這是很好的。

一般傜人認為疾病是神對人的責罰、鬼的作祟、命運的不昌順。患病只有請巫師來送神送鬼,希望由虔誠的祈禳,使神鬼得了血食會饒恕他們。假如祈禳仍然不愈,他們只怪自己命運註定,得罪了神鬼過大,以至罪無可赦而死。但近來漸對醫藥發生信仰,唐兆民君每到山內工作,自備幾種常用藥品,常被傜人懇求而送個精光。

(十六)鮓肉

在食品中,傜人認為最美味的為鮓肉。把它看得非常寶貴,不是節日或宴客,平日是不輕易取來自食的。

鮓是用肉類拌米粉和鹽盛入甕中醃成。肉呢,大的如家畜野獸,便切成小塊,小的如魚蛙小鳥,只整個宰淨;米粉係以稻米炒焦磨碎而成;鹽是用來和味並防腐的。先將肉類稍稍曬乾或風乾,使減少水分,乃可入甕;甕底撒布米粉一層,粉的上面置肉一層,肉上撒鹽一層,鹽上再加米粉,如此層層相間,把甕盛滿,再用手按貼實,以減少肉粉間的空氣;然後用碗形的蓋子覆住甕口。甕口週圍特製緣邊一層,深約寸許,用以盛水;就是用水來密封甕口,使其不能透入空氣;水如消減,須隨時加添,勿使枯乾。這樣封存三個月以上,鮓已醃熟,便可隨時取出,不再加烹調,就這樣地用以佐餐。

鮓肉中最佳的首推鳥鮓。而金秀的鳥鮓,在傜山特別著名,因其做法講究,數量特多,有積存六十年以上的。

吃鮓的忌諱:孕婦是不許去揭甕取鮓的;鮓肉不許再用火來煮炒;他們相信如果這樣,甕中的鮓會全腐敗的。他們在甕中取出就嚼,在我們覺得腥臭撲鼻,頗難下咽,尤其是魚鮓或蛙鮓。且製時放鹽過多,就鹹得不能進口;過少,又酸得不易入口。但傜人視為名貴的佳肴,他高興地拿來款待你,勸你下箸,或竟放進你的碗裡,常常把客人弄得吞吐兩難,啼笑皆非。

(十七)傜人與酒

傜人一般的嗜好只有兩種:在物質方面便是酒,在精神方面便是歌。

傜人真是嗜酒若命,男子到了十四歲以上,幾乎百中有九十九是嗜酒的。富的早晚兩餐都要飲酒,貧的晚間那餐酒也少不得。遇有客來,略略

備辦一點下酒的菜,說不定要從早喝到午,或從午喝到晚,或從晚喝到夜盡更闌。逢著婚喪神會,更是痛飲的絕好機會,不醉不休。推究他們嗜酒的成因,大概有二:一為山中別無其他娛樂,只有飲酒可以刺激生快,終於成為社會風氣;二為酒由自釀,不假外求,得來既易,飲便不難,故能成為普遍的嗜好。

他們釀酒的原料,少數用米,大多數用玉蜀黍,最劣的用木薯,或玉蜀黍參雜木薯。把原料煮熟後,加入酒餅藥(即酵母,傜人採一種藤葉自製),待發酵後,便成酒糟。如製燒酒,把酒糟加水置鐵鑊中,上置圓筒形木蓋,蓋側開一圓孔嵌竹管一段,蓋上端置一較小的鑊以盛冷水,然後生火來煮,使糟受熱化汽,渝升上蓋中遇冷,復成液體從管中流出,用罐盛著,便成為燒酒。如製水酒,把甕中發酵過的糟飯掏一把出來,放在鈍圓錐形的竹筐內,一面沖些冷水,一面用手使勁捏榨糟飯,濾汁棄渣,便成水酒,盛在陶器中煮熟,即可舉杯痛飲了。

傜人聚飲,助興的玩藝有三:一為交換乾杯:甲乙兩人各把自己的杯斟滿,甲捧杯送上乙的口邊,乙也同樣捧杯送上甲的口邊,彼此把酒一飲而盡,這是感情交流和互相尊敬的表示,要到酒已半酣,大家興高采烈時才舉行的。二是搖鴨頭:把席上肴中的鴨頭用大碗盛著,另用一較小的碗覆住,由一人執碗狂搖一陣,然後把碗放在席中,再揭開來看,鴨嘴的方向正對著誰,誰就該飲一杯,同席都鼓掌歡呼,表示勝利。三是猜拳賭勝:規則和我們漢人並沒兩樣,不須贅述。

傜人飲酒又有兩個奇特的習慣:一是入席開始飲時,必須先飲三杯,然後舉箸用菜。不懂傜山這種規矩的漢人,在傜友席上是常會失儀的。二是在開飲前必須以酒灌地祝神。特別是在家用膳而無客人在座時,他們必把自己祖先的名字,從所記憶的開始,依輩分次序,一直念到最近去世的祖或父為止。說是不忘本源;無族譜,故靠此以記憶。

(十八)傜人與歌

唱歌是傜人唯一的娛樂,幾乎和吃飯一樣地重要。當天作時在山巔水湄,在宴會場中,在祭神會上,在春秋佳節,都會使你次次聽到美妙的歌聲。傜山社會是那麼簡單,生活是那麼孤寂,假如沒有歌唱來發抒他們胸中的積蘊,給精神上有個調劑,也許現在再見不到傜人的蹤影了。

先從社交說起。傜民的男女社交是極其公開而大方的,有客到家,通常是男的女的作陪,女的男作陪;這種現象,在未婚男女間為最顯著。

男女交際時的娛樂便是唱歌。傜人謀生艱苦，日間難得餘暇來陪客，入夜了，假如來客是男性，主家的婦女必邀鄰舍一些婦女來跟客人唱歌，非酬答到半夜不散；如兩情融洽，會有唱到天亮的。倘在唱和中某女子對客人發生了愛慕，到次日客人告別時，她還要相送一程呢！如果客人是女的，主家邀請村中男子陪伴唱歌，也跟女子陪男客沒有兩樣。

其次，在工作時也憑唱歌以忘去疲勞而鼓起力量。山丁向山主租到荒山深林，要費大量人力去開墾才能種植雜糧，這大量人力無法出資雇用，全靠鄰里互助。無論誰家，到需要時，只要通知，遠親近鄰，都來相助。這種互助，名叫「換工」。故山丁個的農事，多尚集體勞動，人數常由三五十乃至一兩百。男女聚集，鋤鍬飛舞，笑語喧闐，已夠使人興奮了；假如再來唱唱歌，發抒久藏心底的情意，工作效率會不期然而增的。午餐和休息時唱得最起勁。

再次，婚姻喜慶和酬神集會，也是唱歌的好機會。婚筵中有祝賀新婚男女的頌歌；親迎時在女家常有接親的和新娘親朋的對唱；送親時在男家常有送親的和新郎親友的酬答。此外，其他男女親朋，也有邀約在村頭巷口去盡情歡唱的，歌聲日夜激盪著這山村的每個角落。至於神會，除那祀神歌由巫師不斷地在唱外，青年男女都三三五五聚在禾棚、公屋，情歌互唱，響徹雲霄，夜以繼日。

復次，傜人終年辛勤，很少休息，但每逢佳節，如新春（從元旦到元宵）、清明、端午、中元、中秋、春社、秋社、冬至等，他們也必休息，必須娛樂。甚麼娛樂呢？老年人便是大嚼大飲，青年人除吃喝外，還要唱歌哩！

春節的時間較長，又值農閒時候，青年們盡量活躍，盡情歌唱。在各傜族的新春唱中，以㘵傜的賀春歌舞和「做浪」、茶山傜和花藍傜的盛大歌會為值得介紹。賀春歌舞，從元旦起一連三幾日內，男女老少齊集村中廣場，一面打鼓鳴鐲，一面此唱彼和，有時且作簡單的舞踊；歌詞內容不外祝賀新年、祈禱豐熟和一些與農事有關的技術或經驗。做浪大概在正月初六七左右，全村男女都去參加；屆時列隊魚貫出村，擊鼓鳴鑼，放炮歡呼，到離村不遠的預定地點坐下，先在長老輩中推出一人宣講祖宗遷徙故事和石牌法律後，隊即解散，任青年男女三五成群散在林邊谷裡，高唱戀歌，追逐所慕，盡情狂歡，入暮乃止。在傜山東南角的平林、六竹、羅丹、羅夢、立龍、古卜等村，每屆新春，不僅同村青年男女聚會，日夜都沉溺在迷人的歌聲裡，有時甲村的人還集隊到乙村去賽歌；在這種盛大的歌會中，兩性追逐事屬公開，如果以歌的魔力攫得了所歡，不拘男女，都

可攜帶情人回家伴宿，父母不禁。

其他傜族雖不如上述幾種的有組織地歌唱，得意忘形，但每屆新春，唱歌的高潮總要達到頂點。至於此外佳節，時間只一日或三數日，雖也以美妙歌聲來點綴消遣，然比之新春，真不可同日而語了。

唱歌又是傜人求婚的不二手段。

（十九）款客的別趣

如果你有機會去傜山旅行，那裡既無旅館，更無食堂，逼著你會去找那湫隘污穢的傜人住家來解決你的一宿兩餐。你是個陌生的，傜人一見你異言異服，會馬上不睬你，甚至還享你以閉門羹。但你可不必性急或慌張，須得慢慢說明來意，把一些傜山的名人數幾位給他聽，表示你對傜山並非懵懂無知。這樣，他們不會固執初見你時那種意見，會漸漸跟你談話，引你進門。進了門，假如他跟你談，你就不妨把話匣子打開來，儘量地酬答一番；並可把食宿問題擱著不理。如果你性急；入了門就馬上布置你的食事，儘管你有黃金白銀，保你買不到米和菜。為什麼？因為有些傜人認為有客來家不能量力招待，而把自食的米和菜賣給客人，這是極其可恥的事。這是傜山的風俗。因有這種風俗，挑日用品入山售賣的行腳小商，便可不費一文，到處有人為他安排食住，便利非常。一些熟悉傜情的，並可揀選富裕的傜戶去住，得到較好的款待，痛飲大嚼。

這樣地待客，長毛傜富裕，當然滿不在乎；過山傜終年勤苦尚難一飽，為何也不拒絕客人呢？這除為風裕所束縛外，還被一個可怕的傳說所威脅。那傳說是這樣的：「板傜的祖先，因搬家渡過一海，船行海中遇著大風，快要覆沒。船上的板傜想起自己原是盤王的後人，乃在船中許願：如盤王在天保佑後人渡過此海，當永遠虔心奉祀盤王，酬還大願。盤王果然大顯聖靈，暗中給了助力。且在渡海船上又得漢人的指點和幫助，才得化險為夷，登了彼岸。板傜心中感激盤王聖靈和漢人恩德，所以一則虔心敬奉盤王，再則每逢漢人到家，必須好好款待；否則漢人喊著盤王咒罵，盤王一定要責板傜忘恩負義，就要使那不招待漢人的家，人畜不安。」

板傜十分敬畏盤王，心理上既受那傳說所威脅，怎樣困難也只好忍痛待客了。無賴漢人卻利用此以入山白吃。

上述是私人待客的情形。如果客人必須公共招待的，他住宿當然是在傜頭家中，用大的或小的公宴來招待，卻由傜頭們斟酌決定後，馬上用「叫村」來傳知各戶。大的公宴，是由全村各戶齊來招待；小的公宴，是

把全村分為幾組，每組輪流招待一餐。叫村是由一個聲音洪亮的頭目或村民，跑到村中一個適當的高處，拉著長音高叫，用「喂——」的一長聲開頭，也用「喂——」一長聲結尾，中間述說所要傳達給眾人的命令，或召集的緣由。眾人對叫村一定靜心諦聽，聽後立刻遵照傜頭的吩咐去行動。大的公宴，每戶一人；小的公宴，由按次輪到的一組攜帶一定數量的酒米魚肉……等物趕快送到傜頭家中，等到全村都送齊了，傜頭便指定善於做菜的人去烹調，到飯菜做好，再來一次集合的叫村，傜眾就會立即趕來聚餐。客人一席，例須設在廳的正中；陪客的，第一是傜頭，第二是公推村中老者和有聲望的來充任；其餘各席，散設客席的兩側，人員是隨便組合的。這種辦法，名為公宴貴賓，實同湊份聚餐，公平、經濟而又有娛樂的意味。如果貴賓有話要向全村傜眾發表，可就此開口，不必費事另行召集了。

　　但是，你若是一個傜山旅行家或一個傜山工作者，你準不會貪便宜去白吃傜友一餐的。然而，事前既不能拿錢去買，事後又不忍空言感謝，此時，如在私人家裡，你可斟酌他所費多少，酌量把些錢給他的小孩或老人，說是送給他們買糖菓吃的；如果你受了全村的大小公宴，也得酌送他們一點費用，說是送給他們辦公事的。只有這種方式給錢，他們客氣地推辭幾次後，終會在許多感激的辭令說完了而收受的。這樣，賓主既盡歡而散，你那良好的印象，永遠會留在傜友的腦中。

（二十）猛獸橫行

　　傜山內對人有損害的野獸，是虎、豹和山豬。

　　虎、豹的生殖不繁，雖在林深箐密的傜山，也並不多見，且未聞有虎豹傷人的事。惟家畜喪在虎豹口中的，數目卻是很大。在民國二十三年一年中，只金秀附近二十多個村共約三百戶，他們的耕牛被虎豹咬死的共八十三頭之多。各家的牛，除耕作時期留存家中外，終年成群放牧山上，使其易於發育健壯，每隔十天八天，才使一人去看一次，好知牛群現在什麼地方，其餘一切都不過問了。牛群在山中，偷牛賊是沒有的，卻給虎豹以擇肥而噬的方便了。但養牛的都是有水田較為富裕的山主，損失家畜似乎不甚介意。但他們補殺虎豹的事也無所聞。

　　山豬比之虎豹，傜民更感頭痛。牠雖不會傷人害畜，但損害農作物是很可驚的。主要的雜糧如玉蜀、番薯、芋頭、高粱、黃粟、糠子等，最合山豬的胃口，只要給牠發現了，遲早總要吃個精光。傜人一年辛苦耕種出

來的一點糧食，等不到自己來收穫，就被成群結隊的山豬吃了，真使他們欲哭無淚。山豬繁殖很快母豬每年產子兩次，每產動輒十子左右，子豬長到一歲又可產子，生生不已。能吃山豬的野獸，雖有虎、豹、豺、狼、黃腰狸幾種；但豺和狼在傜山內簡直沒有；虎和豹的生殖不強，為數不多；黃腰狸身體太小，食量不大，且只能靠撒毒尿在草木上去傷害山豬的眼，等牠盲了才有辦法擒殺，食其血肉；因此，野獸對山豬的損害都是很小的。傜人對付山豬的手段有三：一是圍獵，發現山豬蹤跡時，便發動全村或相鄰數村的人去圍捕；但因山多、林密、地廣，費了九牛二虎的氣力，充其量只獵得一頭兩頭，其餘的都突圍而出，過些時日再行光臨。二是守望，在農作物旁邊搭棚守夜；但地散人少，顧此失彼，防不勝防。三為偽裝的恐嚇，在水田和旱地中，紮著草人，披簑戴笠，手持竹竿，真像個農夫在驅逐什麼似的；但日子多了，天天見慣，山豬也就不再畏怯。其次，利用水力以裝置自動敲打的梆子在田地附近，使山豬聞聲不敢到田地來；但山豬聽多了慣了，也不復怕。再次，用一條條的竹篾，把它彎成弓形，兩端插在泥裡，將整塊畬地都圍起來，或連畬地中也插起，如果山豬來吃作物，觸動弓形的竹篾，它會突然彈起來，山豬因而驚走的；但微弱的動彈，效果並不大。總說一句，他們種種防禦的對策，實在都是無濟於事，只有埋怨自己命苦而已。

（二一）吃蛇滅蛇

生活在傜山，既患猛獸，又苦毒蛇。因為天然森林，面積廣大，樹高葉茂，藤蘿蔓結，陰森寒鬱，晴不見日，正是毒蛇生長的窟穴。據一位久居傜山南端紫荊山的六十老人對唐兆民說：「在我兒童時期，從家裡走出三江墟，路程約十里，當時路旁長漢著荊棘藤蔓，一到氣候和暖的季節，特別是那晴雨不時的黃梅天氣，沿途的荊棘叢中，便是蛇的樂土，大蛇小蛇，觸目都是，有時竟嚇得不敢走路。」可知傜山的蛇是多到怎樣了。

可是，到了現在，傜山裡毒蛇的勢焰，已不同想像的那樣可怕。這是提倡吃蛇的結果，使得蛇已越來越少了。

南方人對於蛇肉，不僅當作可口的佳肴，而且視為滋補的藥品，說是有袪風去濕益血健氣的功能，而這些功能，卻以蛇愈毒而效愈大。因此，在市場上也就蛇愈毒而價格愈高。毒蛇的價愈高，捉毒蛇的也就愈多。捉的愈多，毒蛇因而逐年銳減。這是無可疑的。

傜人對吃蛇並不感到十分興趣，但捕蛇的興趣卻特別高。因為他們

並不需要蛇來滋補身體，而是需要蛇的價錢來換取日用必需品。因毒蛇價高，他們即使在工作中遇見了牠，也要放下工作，趕著捉蛇，曠時費力也在所不惜，為的是一條毒蛇至少可值他兩三日工作的代價。在這種重利引誘下，人人都願捕蛇，連傜婦也有捕蛇的技術。特別是那些接近漢人墟市的傜境，得蛇易於運出，毒蛇更要遭逢厄運，只要牠被傜人看見，什九是有命難逃的。他們捕蛇的方法也很簡單，只要一根長兩三尺的竹竿或木棍，一條手巾，見了蛇，追踪出去，把竹竿或木棍按住了牠的頸部，一手包著手巾把牠的頸部捻著，塞進竹籠或布袋中，牠就無法掙脫；如果牠進洞去，馬上用鋤鍬來挖，也逃不了。凡是毒蛇，行動多是遲鈍的；也許因為牠們行動遲頓，自然才賦予牠們一副毒牙來自衛；或者正因有了毒牙，有恃而無恐，對於外敵的來襲，才漫不經意；不論如何，行動遲鈍，便給捕蛇者以便利的機會了。

蛇，將來會在被人認為美味和滋補之下而絕種！

（二二）鱷蜥

近在港報讀到蘇長仙先生的〈我國動物中的「活古董」廣西瑤山鱷蜥〉一文，頗饒奇趣，轉錄於此，以資共賞。

「廣西瑤山地區有一種鱷蜥。」

「它是兩億年前遺留下來的『活古董』，兼有鱷魚和蜥蜴的體態，因而得名。令人奇怪的是它長有三隻眼睛，一隻長在頂上，稱為『頭頂眼』。這隻『頭頂眼』同樣有視網膜、晶狀體和角膜等，能看見東西。只是到老年時才逐漸退化成『近視眼』，以至失明。在廣西發現的這隻鱷蜥，已經衰老，它的『頭頂眼』已不起作用了。

鱷蜥身披棕色甲，長一米多，背上長著尖利的硬毛，看來非常兇惡。其實不然。它喜歡把自己的『家』搬到鳥獸活動最多的地方去。甚至有時乾脆和一些獸類同穴。但它的生活習性卻與眾不同。白天大睡一覺之後，就到水裡去『泡涼』，靜靜地躺著，一動也不動。到了夜裡，便悄悄地攀登樹上或潛入水中去找尋食物。保持了剛向陸地進發的古代爬行類動物的生活習性。」

「這種生活在三疊紀的古生物，目前世界上除在新西蘭和我國廣西外，其他地區只能找到它們的化石了。鱷蜥是卵生的。它那白色堅硬的卵要經一年多少能孵化。雌鱷蜥不善做『母親』，常把生下來的卵埋在地裡便走，這樣，往往成活率不高，這可能就是它瀕於絕種的原因。」

十二、辛亥光復時期的廣西臨時約法

　　辛亥革命八月十九日在武昌發動，廣西響應而於九月十七日宣布獨立。十一月二十三日即陽曆一月一日，也就是中華民國元年元旦，孫中山先生就臨時大總統職；一月三日中華民國臨時政府成立。國體是改變了，一切政制法令，舊的已經失效，新的卻尚未產生；廣西諮議局乃約請諳習法律的人士十多位草擬「廣西臨時約法」，經省議院（諮議局改稱）議員開會通過後，由廣西軍政府於元年二月二十五日以第一號命令公布。當時其他各省也有自定臨時約法的，如江西便是其中之一，其內容也和廣西的大致相同。但公布後還不到一個月，中華民國臨時政府於三月十一日頒布《中華民國臨時約法》。既有全國性的約法可資遵循，廣西一省的當然已無需要而廢止了。現把它的全部條文轉錄，以供史家參考。

第一章　總綱

第一條　本約法在中華民國憲法未施行以前，為廣西根本法，都督及全體官民共守之。

第二條　廣西依舊有土地為其境域，統屬於中華民國，組織廣西政府統治之。

第三條　廣西政府，以都督及其任命之政務司與議會、法院構成之。

第二章　人民

第四條　凡本國人住居於廣西境內者，皆為廣西人民。

第五條　人民一律平等。

第六條　人民於法律範圍內得自由住居遷徙。

第七條　人民於法律範圍內得自由言論、著作、刊行及集會結社。

第八條　人民得自由保有身體，非依法不得逮捕、審問、監禁、處罰。

第九條　人民得自由保有家宅，非依法律所定，不得侵入搜索。

第十條　人民於法律範圍內得自由營業。

第十一條　人民得自由保有財產。

第十二條　人民得自由信教，但以不害安寧秩序、不背人民之義務為限。

第十三條　人民得自由通信，非依法律所定，不得侵其祕密。

第十四條　人民得依法律提起訴訟、請求審判。

第十五條　人民得請願於議會。

第十六條　人民得訴願於行政官廳。

第十七條　人民具有法律所定資格，得任文武官吏及就其他公務。

第十八條　人民依法律有選舉權及被選舉權。

第十九條　人民依法律有納稅之義務。

第二十條　人民依法律有當兵之義務。

第廿一條　本章所定人民之權利，如有認為增進公益、維持公安之必要，或非常緊急必要時，得依法律限制之。

第三章　都督

第廿二條　都督由人民公舉，任期三年，續舉得連任，但連任以一次為限。

第廿三條　都督代表廣西政府，總攬政務。

第廿四條　都督有提出法律案於議會及公布法律並執行之權。但對於議會議決之法律及其他事件不以為然時，須與政務司各司長連署，於定期內提出理由書付議會再議，以一次為限。

第廿五條　都督為保持公共安全及避其災厄、視為緊急必要、且在議會閉會中，得與政務司各司長全體連署、發布可代法律之制令。但事後須提出於議會，若議會不承諾時，當公布以後此制令失其效力。

第廿六條　都督於法定議會開閉時期外，遇有必要時，得召集臨時會議。

第廿七條　都督於議會開會時，得蒞會或命委員到會發言，但不得加入議決之數。

第廿八條　都督統帥全省水陸軍隊。

第廿九條　都督制定文武官制、官規、官俸，但須得議會之同意。

第三十條　都督依法律任免官吏。但任命政務司各司長及高等法院、典試院、法官懲戒院、審計院、行政審判院院長，須得議會之同意。

以上各長，若在議會閉會期中任命時，至下期開會應求其承諾。

第卅一條　都督依法律給與獎章及其他榮典。

第卅二條　都督依法律宣告戒嚴。

第卅三條　都督得宣告大赦、特赦、減刑、復權。

第四章　政務司

第卅四條　政務司各司長，依都督之任命，執行政務，發布命令，負其責任。

第卅五條　政務司於其主管範圍內與都督連署得提出法律案於議會；並得到會或派員到會發言，但不得列入議決之數。

第卅六條　政務司編制預算、募集公債及締結與本省公庫有負擔之契約時，須彙呈都督提出議會經其議決。

第卅七條　政務司於都督公布法律及其他有關政務之制令時，就其主管事務須自署名。

第五章　議會

第卅八條　議會由人民選出之議員組織之。

第卅九條　議會議決法律案及預算、募集公債、與本省公庫有負擔之契約。

第四十條　議會審核預算外之支出，如認為不適當時，得否認。

第四一條　議會議定典試院、法院、法官懲戒院、審計院、行政審判院之官制、官規及考試、懲戒事項。

第四二條　議會得質問都督及政務司，求其答辯。

第四三條　議會得受理人民之請願，並公斷、和解地方自治團體之爭議。

第四四條　議會得彈劾一切官吏公務員之失職違法。

第四五條　議會得與都督及政務司共同協議答覆中央臨時政府之諮詢或提議事件。

第四六條　議會答覆本省及政務司之諮詢事件。

第四七條　議會於每年法定時期自行集合開會。其有必須延長會期及臨時會議，另以法律定之。

第四八條　議員須有總員過半數之出席方得開議。有出席員過半數之可決始得議決。可否同數時，議長決定之。

第四九條　議會議事須公開之。但有都督之要求及出席議員過半數

之議決，得祕密會議。

第五十條　議會議員以十人以上之連署，得提出議案。

第五一條　議會議員在會內之發言、表決、提議，在會外不負責
　　　　　任。但用其他方法發表於會外者，不在此限。

第五二條　議會議員除關於內亂外患之犯罪及現行犯外，在會期
　　　　　中，非得議會許諾，不得逮捕。

第六章　法院

第五三條　法院以廣西政府之名依法律審判民刑訴訟，獨立不羈。

第五四條　法院以都督任命之法官組織之。但最高法院院長之任
　　　　　命，須得議會之同意。

第五五條　法官除受刑法宣告及懲戒處分外，不得免職。

第五六條　法院之審判，須公開之。

但有認為妨害安寧秩序、善良風俗者，得祕密審判。

第七章　附則

第五七條　本約法有議會總員四分之三以上之同意，得提議修改，
　　　　　須另組織約法改正會改正之。其組織方法，另以法律定
　　　　　之。

第五八條　本約法自公布日施行。

十三、記桂籍的參議員與眾議員

　　中華民國國會，到民國二年四月才正式成立。但在未有國會以前，民國將出世時的各省都督府代表會和民國初成立時的參議院，都具有國會一樣的權力。所以都督府代表和參議員的地位和權力，也和國會議員無大差別。為明白國家議員的由來，特從都督府代表和參議員說起。

（一）都督府代表

　　辛亥革命在武昌爆發後，各省相繼響應。九月十九日湖北都督府通電各省請派全權委員赴鄂組織臨時政府。但革命同志當時聚集上海的為多。九月廿一日江蘇都督程德全、浙江都督湯壽潛聯名電請各省由舊諮議局舉一人、現時都督派一人為代表，來滬設立臨時會議機關，磋商對內對外妥善方法；兩省以上代表到會即行開議，續到的隨即參加；提議大綱三條：一、公認外交代表，二、對軍事進行的聯絡方法，三、對漢清皇室的處置。翌日，又以蘇浙兩省代表名義以同樣旨趣通電各省請派代表來滬；並請公認伍廷芳、溫宗堯二人為臨時外交代表。九月廿五日蘇浙兩省代表在上海開第二次會議，議決定名為「各省都督府代表聯合會」。代表會此後數日間商議對武昌通電的處置，決定會所設在上海，電請湖北即派代表與會；承認武昌為民國中央軍政府，以鄂軍都督執行中央政務；請以中央軍政府名義委任各代表所推定的伍廷芳、溫宗堯為臨時外交代表。十月初三日鄂都督府代表居正、陶鳳集到滬與會，表示鄂都督希望各省派全權委員赴鄂組織臨時政府的意思。在滬代表會於是決定同往武昌。次日議決：各省代表以一人留滬為通信機關，以聯絡聲勢，其餘赴鄂會議組織臨時政府。廣西都督府代表為張其煌、章勤士二人。各代表到鄂時，漢陽已為清軍奪去，武昌也受敵砲轟擊，十月初十日假漢口英租界順昌洋行為會場，開第一次會議，推譚人鳳為議長。十二日選舉雷奮、馬君武、王正廷為「臨時政府組織大綱」起草員；又議決：如袁世凱反正，當舉為大總統。十三日議決臨時政府組織大綱二十一條，即行宣布，到會簽名的代表計有湘、鄂、桂、蘇、浙、閩、皖、冀、魯、豫十省。十四日代表會得南京光

復的消息，議決以南京為臨時政府所在地，各代表定於七日內齊集南京，待有十省以上的代表到後即開臨時大總統選舉會。留滬那一組代表見武漢危急，赴鄂代表會未必能達到組府目的，十四、十五兩日也在滬開會，鄂滬兩方因此發生歧見。十月二十日各代表都到了南京，但到十一月初，組府進行尚如在五里霧中。直到初六日孫中山先生由歐到滬，各代表才擱置其他爭論，決定初十日開選舉臨時大總統會。屆期，到會代表計有奉、冀、魯、晉、豫、陝、蘇、皖、贛、閩、浙、粵、桂、湘、鄂、川、滇十七省，每省一票，孫中山得十六票，當選為臨時大總統。十一月十三日為陽曆一月一日，代表會即議決中華民國紀元改用陽曆，派人赴滬歡迎孫大總統於民國紀元日在南京就職。一月二日代表會修正臨時政府組織大綱，其要點為增設副總統、改行政五個部為不規定部數。次日，代表會選舉副總統，黎元洪當選；同日通過孫大總統所提國務員（即行政各部部長）名單，於是中華民國第一次臨時政府在南京成立。一月下旬，參議院既成立，都督府代表會即結束。

（二）參議院參議員

　　民國初建時的參議院，屬臨時性質，為期僅一年又三個月。可分為兩個階段。

　　最初階段是依據臨時政府組織大綱的規定，由每省都督派參議員三人組織而成的。元年一月二十八日已有十七省所派的參議員陸續到達南京，未到的即以各該省的都督府代表代理，參議院遂正式成立。廣西都督陸榮廷派鄧家彥（桂林）、曾彥（靖西）、劉崛（容縣）三人為參議員。

　　參議院二月七日起草臨時約法。十二日清帝溥儀宣布退位，袁世凱組織北京臨時政府。十三日孫中山向參議院辭臨時大總統職，並薦袁世凱自代。十五日參議院選舉袁世凱為臨時大總統；二十日推選黎元洪繼任副總統。三月八日臨時約法完成，即由參議院宣布，內容將臨時政府組織大綱大加改變而成，重要一點為將總統制變為責任內閣制。十日袁世凱在北京就臨時大總統職；參議院同意袁以唐紹儀為國務總理。十一日孫大總統公布中華民國臨時約法。廿九日唐紹儀出席參議院發表政見，並提出各部總長名單請求同意。四月一日孫中山解臨時大總統任。二日參議院議決政府遷往北京。五日參議院議決：本院移往北京開會。

　　次一階段的參議院是依據臨時約法組織的。規定中華民國的立法權尤其行使。每省應派參議員五人，廣西除原有鄧家彥、曾彥、劉崛三人外，

都督陸榮廷補派黃宏憲（容縣）、郭椿森（武宣）二人。四月廿九日參議院在北京行開會式；五月一日改選吳景濂為議長，湯化龍為副議長。五月七日參議院議決國會採兩院制。其後更將國會組織法、參眾兩院議員選舉法等陸續議決。二年四月六日參議院解散，因國會已經召集，即將成立。

（三）國會議員

袁世凱大總統實行臨時約法第五十三條：「本約法施行後，限十個月內由臨時大總統召集國會」的規定，元年八月九日公布中華民國國會組織法；翌日，公布參議院、眾議院議員選舉法；十三日公布眾議院議員覆選區表，十九日再公布更正；九月二十日公布眾議院議員選舉法施行細則；十二月八日公布參議院議員選舉施行細則。參議院議員每省十名，由省議會選出，任期六年，每二年改選三分之一。眾議院議員名額，每人口八十萬選出一名，但在人口總數調查未完以前，規定廣西為十九名；任期三年，期滿重選。兩院議員被選的資格相同，只最低的年齡有別，滿二十五歲以上的得被選為眾議院議員，滿三十歲以上的才得被選為參議院議員。廣西選出的國會議員如下：

參議院議員：馬君武（桂林）、曾彥（靖西）、盧天游（桂平）、梁士模（北流）、梁培（扶南）、黃宏憲（容縣）、黃紹侃（容縣）、嚴恭（昭平）、郭椿森（武宣）、易文藻（柳州）。

眾議院議員：蔣可成（南寧府）、黃寶銘（南寧府）、馬如危（南寧府）、蒙經（藤縣）、程修魯（桂平）、龔政（貴縣）、鍾業官（貴縣）、程大璋（桂平）、陳繩虬（梧州府）、陳太龍（梧州府）、趙柄麟（全州）、梁昌誥（臨桂）、王永錫（平樂府）、王乃昌（臨桂）、蕭晉榮（富川）、翟富文（柳州府）、覃超（柳州府）、羅增麟（泗城府）、凌發彬（太平府）。此十九名中，只程大璋、陳繩虬、陳太龍、王乃昌、蕭晉榮五名屬共和黨，其餘十四名俱屬國民黨。

袁世凱大總統於二年一月十日發布國會召集令。四月八日國會開幕；二十六日參議院選舉張繼為正議長，王正廷為副議長；二十八日眾議院選舉湯化龍為正議長，三十日選舉陳國材為副議長。

國民黨代理理事長宋教仁被袁世凱所嫉，袁授意內務總長趙秉鈞派人於三月二十日刺宋於上海，宋因傷不治而死，國民黨人遂被迫討袁，發生二次革命，結果失敗。七月廿七日袁令軍警監視國會，名為保護。八月八日國會延長會期。九月十二日參眾兩院第一次開合議會。十月六日袁世

凱威迫國會選其為大總統；七日國會選舉黎元洪為副總統；十日袁、黎就職。十一月四日袁下令解散國民黨，取銷國民黨籍的國會議員，追繳其議員證書和徽章，計共四百三十人，從此兩院不足法定人數而停頓。三年一月十日袁下令停止參眾兩院議院職務，實行解散國會，是為國會的第一次解散。

五年六月六日袁因帝制失敗而死，黎元洪繼任大總統，廿九日下令續行召集國會。是為國會的第一次恢復。八月一日國會開會。十月三十日國會補選馮國璋為副總統。十二月八日兩院憲法會議，因省制加入憲法問題，研究派議員和益友派議員爭執鬥毆。十二月十八日各省選舉第一班改選參議院議員。歐戰發生，六年三月十日國會表決與德國絕交。五月十九日北洋督軍團呈請總統解散國會，改制憲法。六月十三日北洋派首領段祺瑞假手張勳壓迫黎元洪總統下令解散國會。是為國會的第二次解散。七月一日張勳擁護溥儀復辟，黎總統電令各省出師討賊。二日黎避居日本使館，電請馮國璋副總統代行總統職務。三日段祺瑞舉兵馬廠，申討張勳。六日馮國璋通告就代理總統職。十二日段祺瑞收復北京。十四日黎元洪通電去職。

馮國璋代理總統後，並不恢復舊國會而另選新國會，世人稱為安福國會。廣西不理會新國會選舉而參加護法。

在此期間，孫中山先生號召護法，電促舊國會議員到粵集會，因不足法定人數，只開非常會議。六年八月二十五日非常會議在廣州舉行；三十日通過中華民國軍政府組織大綱；九月一日選舉孫中山為中華民國軍政府海陸軍大元帥，翌日又選唐繼堯、陸榮廷為元帥。九月十日孫就大元帥職，組織軍政府，宣言戡定內亂，恢復約法；但唐、陸均未就元帥職，不願和孫合作，內部屢起變故，以至護法事業終無所成。非常國會七年六月決定繼續第二屆常會的期間，開正式會議，硬用「開會一月不到，即將不到者除名，以候補議員遞補」的方法，到九月湊足了法定人數，遂開憲法審議會。八年在南北和議期間，議員多赴滬，憲法會議停頓，和議無結果，大家又回粵。十一月八日復開憲法會議，到九年一月廿四日而宣告停止議憲；因幾個問題爭議激烈，政學系議員不出席，會開不成。夏間一部分議員遷昆明，又遷重慶。秋間粵桂戰起，陸榮廷系勢力敗退離粵，孫中山十一月重建軍政府，流離轉徙的非常國會仍回廣州，政學系和吳景濂系的中間派議員多已散去，只剩下二百二十餘人，以民國八年新遞補的為多。

十年十二月廿三日旅居北京的舊國會議員忽發宣言，主張仍由舊國會完成憲法，促進自治。此舉不久便為曹錕、吳佩孚所注意，以為正可利用

恢復舊國會以推倒南方孫中山和北方徐世昌兩總統，遂加意策動。十一年四月初旬，舊國會議員在北京連日集議，並發布繼續行使職權的宣言；通電贊成恢復舊國會的有十餘省。五月二十四日舊國會議員在天津開籌備處成立會，議定進行方法，發出通電，主張依法自行集會。六月一日舊國會參眾兩院議長王家襄、吳景濂和議員一百五十餘人在天津開會，宣言行使職權，取消南北兩政府。二日徐世昌通電辭職；曹錕、吳佩孚等立即通電請黎元洪復職，同時電勸孫中山取消非常總統。十二日黎元洪由津入京復任總統；舊國會同日由天津移北京。八月一日舊國會以舊議員已有過半數到京，正式開會，宣布此次係繼續六年第二期常會，專意制憲。是為國會的第二次恢復。這時期的廣西國會議員已略有變更，如下：

參議院議員：林炳華、劉景雲、郭椿森、黃紹侃、嚴恭、馬君武、林繹、雷殷、雷哲明、潘乃德。

眾議院議員：黃寶銘、詹永祺、陳繩虬、程大璋、程修魯、龔政、陳太龍、蒙經、王永錫、梁昌誥、趙炳麟、王乃昌、覃超、翟富文、羅增麟、凌發彬。

此時國會發生了民八和民六的正統鬥爭。在廣州集會的，初因不足法定人數，故稱非常國會，到民國八年才用非常手段補完。但到九年桂軍敗退軍政府瓦解後，又復只剩少數，其中成分以民八新埔的為多，所以稱為民八國會。在北京恢復的舊國會，是由未赴廣州的王家襄派和由廣州退出的吳景濂派勾結直系軍閥所發動，以恢復六年解散的原狀為目的，以稱為民六國會。民六國會的恢復，就是要拆民八國會的台。民八的議員大起恐慌，六月三日在粵通電否認王家襄等在天津籌備的民六國會。但否認不生效力，他們湊足了法定人數，八月一日在北京開會了。民八議員爭之不勝，紛紛北上，八月三十日闖入眾議院議場索打議長，演出「雙包案」的活劇。彼此相持，兩旬開不成會，民六國會乃於九月十八日舉行第二屆常會閉會式來避開。後來政府設置一個什麼討論會來安插民八的失業者，大部分漸漸軟化了，才得到一個不解決的解決。

民六國會十月十一日舉行第三屆會議開幕式。以後開過幾次憲法審議會。十二年一月底眾議院決議延會六月。六月八日參議院決定延會至十月十日。六月十三日北京發生政變，直系威迫黎元洪總統退職，由國務院攝政。十月五日民六國會開總統選舉會，曹錕以重賄當選總統；桂籍議員只有王乃昌一人參加，被人詆為猪仔議員；國會議員從此被人鄙視。十月八日國會憲法會議開三讀會，通過憲法十三章、一百四十一條，制憲事業糊塗了結。十月十日賄選總統曹錕就職；賄選議員吳景濂等在北京公布其所

制的憲法。

孫中山以大元帥名義駐在廣州，極力改組中國國民黨，不再利用國會了。

十四、國民參政會和國民大會

　　國民政府統治中國以來，有過兩個民意機關出現，先是國民參政會，次是國民大會。

　　國民政府自民國十四年七月一日在廣州成立，到北伐勝利，定都南京，統一全國，都由中國國民黨一黨專政，不再恢復從前的國會，國事一切取決於黨議，遵照孫中山先生手定建國大綱的軍政、訓政、憲政三個時期，循序進行建設。更因國內的不斷發生內戰，誘發強鄰的侵凌，軍政時期既無法結束，訓政時期更不著實際，憲政時期遂因之遷延。七七變起，全國一致共禦外侮，乃有臨時性的民意機關國民參政會的設立，但其決議案對政府並無約束力，比不上議會。抗戰勝利，民主政治的要求，內外交迫，乃有國民大會的召開，先為制憲，繼為行憲，這才是正式的民意機關。中國國民黨在形式上算是還政與民了。

　　此篇只記國民參政會、國民大會兩者和廣西有關的情事。

（一）國民參政會

　　抗日戰爭既全國發動，政府原定民國二十六年十一月十二日召開的國民大會，宣告延期。二十七年三月廿九日國民黨在武昌召開臨時全國代表大會，四月一日大會決議：為團結全國力量，集中全國意志，以利抗戰，結束國防參議會，成立國民參政會為戰時最高民意機關。四月七日國民黨五屆四中全會通過「國民參政會組織條例」，四月十二日國民政府將其明令公布。

　　國民參政會的職權有四：一、審議權：審議政府對內對外施政方針；二、建議權：向政府提出建議案；三、聽取報告與諮問權：聽取政府施政報告，並向政府提出詢問；四、調查權：國民參政會得組織調查委員調查政府委託事項。

　　參政員的來源有四：甲、由各省市選任；乙、由蒙古、西藏地方選任；丙、由海外華僑選任；丁、由經濟團體、文化團體選任。

　　參政員的人數：甲項八八人（各省市名額不盡同，廣西省為三人），

乙項六人，丙項六人，丁項一○○人，共二○○人。這是初定，後有更動。

參政員選任的程序：首先是參政員候選人的推薦，甲項由各省市政府、各省市國民黨黨部聯席會議按該省市應出參政員人數加倍提出，乙項由蒙藏委員會加倍提出，丙項由僑務委員會加倍提出，丁項由國防最高會議加倍提出。其次是資格審查，甲乙丙丁四項候選人名冊，一概由國民最高會議彙送國民黨中央執行委員會、提付國民參政會參政員資格審查會議審查。最後，中央執行委員會根據審查結果的報告，按照各項應出的名額，開會決定選任的人。然後送請國民政府公布。

國民參政會設議長、副議長，均由國民黨中央執行委員會選定。最初的議長為汪兆銘，副議長為張伯苓。

國民參政會連續四屆，歷時十一年，現分述其概況。

第一屆

國民黨廣西省黨部廣西省政府於二十七年五月一日舉行聯席會議，推薦黃同仇、林虎、麥煥章、郭椿森、王季文、陳錫珖等六名為參政員候選人。

六月二十一日國民政府明令：定於本年七月一日召開第一屆國民參政會第一次大會。同日公布第一屆參政員名單。其中廣西共五名，黃同仇、林虎、陳錫珖等三名由區域提出，馬君武、梁漱溟第二名由文化團體遴選。

第一次大會：七月六日在漢口揭幕。十二日決議：擁護「抗戰建國綱領」。十五日休會時，代表國民作嚴正宣布：一、決定對侵略者作長期抗戰；二、擁護國際正義和平，三；指責傀儡組織係日寇玩物。

第二次大會：十月二十八日在重慶開幕。十一月一日決議：擁護蔣委員長領導全國堅決抗戰。六日閉幕。

因汪兆銘於十二月十八日潛離重慶，主張中止抗戰，對日求和，國民黨中央常務委員會於二十八年一月二十日決議：推軍事委員會委員長蔣中正兼任國民參政會議長。

第三次大會：二月十二日在重慶開幕。十九日通過擁護國民政府抗戰國策，並以蔣委員長駁斥近衛宣言為今後抗戰建國唯一準則。二十一日閉幕。

國民參政會組織西康視察團，林虎參加。

四月二十六日國民黨中央常務委員會決議：第一屆參政委員任期延長一年。

第四次大會：九月九日在重慶開幕。十八日閉幕。

第五次大會：二十九年四月一日在重慶開幕。五日討論「五五憲草」。六日蔣委員長出席闡明五權憲法與國會不同之點。十日決議：將修正的「五五憲草」提交國民大會。即舉行閉幕。

　　林虎參政員隨團視察西康，九月六日歸抵桂林，據談：雅安和成都昌言對中央不滿，有西南幾省結合的謠言，故雲南的態度，極可注意，如滇照常，則川康不敢異動云。

第二屆

　　二十九年九月二十六日國民黨中央常務委員會臨時會議，修正國民參政會組織條例幾點：一、廢議長、副議長，改設主席團；二、設駐會委員會，在休會期間聽取政府報告和決議案實施的經過；三、設秘書處，置正副秘書各一人；四、甲項參政員，改由各省市臨時參議會用無記名連記投票法選舉之，以得票較多者為當選；五、參議員名額，甲項新增重慶市二人，丁項改為一一八人（同年十二月二十三日再改為一三八人）；六、國民黨中央執行委員設國民參政會參政員資格審查委員會。

　　十一月五日第一屆廣西省臨時參議會第四次大會選出蒙民偉、陽叔葆、蔣繼伊等三人為第二屆國民參政會參政員。

　　十二月二十三日國民政府公布第二屆參政員名單，屬廣西的除由區域選出的三名外，尚有由文化團體遴選梁漱溟一名。

第一次大會：三十年三月一日在重慶開幕，共產黨籍參政員毛澤東、董必武等七人均不出席。三日決議：通電擁護蔣委員長在開幕時「抗戰必須爭取最後勝利，建國必須達到國防安全」的指示。六日蔣委員長對中共參政員不出席問題到會說明政府的態度後，大會決議：切盼共黨參政員深體本會團體全國抗戰的使命，並堅守共黨二十九年九月擁護統一的宣言，出席本會，俾一切政府問題得循正當途徑而解決。十日閉幕。

第二次大會：十一月十七日在重慶開幕。二十六日一致通過蔣委員長「九一八」十週年告國民書所示，決心收復東北失地，不達目的抗戰決不停止。二十七日閉幕。

第三屆

三十一年三月十六日國民政府公布修正國民參政會組織條例，參政員名額，甲項一六四人（其中廣西省為六人），乙項八人，丙項八人，丁項六〇人，共二四〇人。

第一屆廣西省臨時參議會五月二十日召開臨時會議，選舉第三屆參政員六人，結果，陽叔葆二十六票，黃同仇二十四票，雷沛鴻二十二票，黃鍾岳二十票，四人均已當選；蔣繼伊、林虎、盤珠祁三人同為十六票，須呈候中央圈定二人，結果，中央圈定蔣繼伊、林虎二人。

七月二十七日國民政府公布第三屆參政員名單。

第一次大會：十月二十二日在重慶開幕，二十九日通過「加強管制物價方案」。三十一日閉幕。

國民參政會組織「經濟動員策進會」以策動各省經濟動員工作，派參政員林虎駐衡陽，負責粵桂湘贛四省的工作。三十二年初林氏由渝到桂，須會見當地與經濟動員有關各人談話，邀我聯名於一月三日請桂林各銀行、各工廠、各運輸機關、各管理糧鹽機關主管人共二十六位午餐，交換意見。林氏十一日晚搭火車赴衡陽，我託其就湘省米棉輸桂事代向湘省當局致意。

第二次大會：九月十八日在重慶開幕。二十六日決議：組織「憲政實施協進會」及「經濟建設協進會」。廿七日決議：擁護國民黨五屆十一中全會對中共問題的決議（希望中共能幡然自反，切實遵守二十六年九月二十二日所宣布之四項謊言）；即閉幕。

九月二十日國民政府令第三屆參政員任期延長一年。

第三次大會：三十三年九月五日在重慶開幕。十五日聽取張治中、林祖涵分別對於中共問題的報告，並決議：組織延安視察團（以冷遹、胡霖霖、王雲五、傅斯年、陶孟和五人組成）。十八日閉幕。

第四屆

本屆甲項國民參政員廣西被分配八名，第二屆廣西省臨時參議會於三十四年一月十八日召集臨時會進行選舉，結果，黃鍾岳、林虎、雷沛鴻、廖競天、陽叔葆、蘇希洵、蔣培英、程思遠等八人當選。

國民政府四月廿三日公布第四屆國民參政員名單，其中屬廣西的除上

述甲項八人外，當有丁項梁漱溟一人。

　　　　第一次大會：七月七日在重開幕。十六日決議：電退休離華之陳納德
　　　　　　　　　　將軍表示慰問，並致謝其七年來協助我國抗戰之熱忱。
　　　　　　　　　　二十日閉幕。
　　　　第二次大會：三十五年三月二十日在重開幕。三十一日決議：請政府
　　　　　　　　　　採取有效措施，以保國權，而維民命。四月二日對於
　　　　　　　　　　「政治協商會議報告」，通過決議四點，包括國家法統
　　　　　　　　　　不容中斷，整軍方案盼速實施等。三日閉幕。

　　三十六年一月四日國防最高委員會決議：第四屆國民參政員任期延至
年底，名額增加四十四名。三月一日國民政府公布新增國民參政員名單。

　　國民參政會駐會委員會一月六日審查國家總預算完畢。四月十一日提
議收回澳門。

　　　　第三次大會：五月二十日在南京開幕。二十二日民社黨張君勱向大會
　　　　　　　　　　提出「和平方案」，建議邀請中共代表重開和談；二十
　　　　　　　　　　六日通過「和平方案」，電促中共籍參政員來京出席
　　　　　　　　　　參政會，共策國是，以蘇民困。二十八日蔣主席招待
　　　　　　　　　　國民參政員，申明政府和平統一的方針，中共倘具絲毫
　　　　　　　　　　誠意，政府願以政治方式解決。六月二日閉幕。過了兩
　　　　　　　　　　天，六月五日中共廣播，拒絕國民參政會和平提議。

　　十二月十二日國民政府國務會議決定：第四屆國民參政員任期，延至國
民大會開會日為止。到了三十七年三月二十八日國民參政會便宣告結束。

（二）國民大會

　　國民大會，曾經國民政府在大陸召集過兩次。最初那次只稱國民大
會，任務專為制定憲法。第二次是依據憲法而召集的，稱為第一屆國民大
會，主要任務為選舉總統、副總統。制憲國民大會因中共不參加，國共談
判從此破裂。以下分別略述兩次大會的經過。

制憲的國民大會

　　制憲的國民大會，早在二十二年十月六日國民政府便令行政、立法兩
院去籌備了。立法院二十三年九月二十一日開始討論憲法草案，十月十六
日憲法草案一讀通過；二十四年十月二十五日憲法草案修正案二讀通過。
十二月四日國民黨五屆一中全會決定「明年五月五日頒布憲法草案，十一

月十二日召開國民大會。」二十五年五月一日立法院三讀通過憲法草案；五月五日國民政府將其明令公布，時人稱為五五憲章。國民大會組織法和國民大會代表選舉法已先由立法院通過，國民政府並予公布。各省市即進行國民大會代表的選舉。

二十五年廣西發生六一抗日運動，和中央形成對峙，到九月中旬恢復和平後，下旬才著手國民大會代表的選舉。國民黨中央黨部派吳保豐來桂視察選舉情形，表示滿意，十月十二日事畢回京。十月十五日廣西省政府派民政廳科員覃振武將國民大會代表廣西區域選舉和職業選舉候選人名冊飛送中央，聽候圈定。但在同日，國民黨中央常務委員會決議，國民大會延期舉行。覃科員後來回報，京中對廣西此次辦理選舉的迅速和認真負責，頗感驚異。

南京方案的情形，據黃同仇同志二十六年六月中旬由京回桂談：國民黨中央黨部對於國民大會有不能掌握的感覺。國民黨黨員當選代表數僅佔百分之四十二，現在已經發現幾種爭端：一為地方與中央之爭，如湖南、廣東；二為政學系與國民黨之爭，如湖北、河南；三為黃埔系與CC系之爭云。

抗日戰爭起後，在長期戰火中，制憲問題欻然擱置。到三十二年九月十二日國民黨五屆十一中全會才有「戰爭結束一年內召開國民大會，制頒憲法，並由國民大會決定憲法施行日期」的決議。三十四年五月十四日國民黨第六次全國代表大會雖然決議：「本年十一月十二日召開國民大會」，但到八月，日本投降，復員事忙，故十一月十二日國民政府明令：定於三十五年五月五日召開國民大會。

國民黨六屆二中全會三十五年三月在渝舉行。決定由中央執監委員互選本黨出席國民大會代表一百五十人；十六日一致先選舉總裁蔣中正為出席國民大會代表之一，使其以元首身分召集國民大會之外，並可以代表身分出席國民大會發言；其餘一百四十九人，實行互選，桂籍當選的為白崇禧、李宗仁、鄧家彥、甘乃光、李濟深、程思遠等六人。

國民政府四月二十二日公布國民大會代表名單，但剛過三天，二十四日又宣布：「原定本年五月五日召開之國民大會，著延期舉行，延展日期另定。」因中共爆發東北戰爭，長春已被其攻佔。廣西的代表到京後回桂報告說：蔣主席在召待會上宣稱，將於收復東北後再行召開國民大會。

五月五日國民政府由重慶還都南京。七月三日國防最高委員會決議：本年十一月十二日召開國民大會；四日再由國民政府公布。十月十一日國民政府頒布國民大會召集令，規定代表十一月二日開始報到，十二日大會

開幕:十一月三日公布遴選國民大會代表名單;十一月九日公布國民大會社會賢達代表名單。

　　一切都準備就緒了,但大會沒如期開幕,原因為中共發生問題。國共兩黨在抗戰中始終彼此不能互信。戰後美國極力希望中國和平與民主,乃促成三十五年一月在重慶召開的政府協商會議。參加會議的,國民黨八人,中國共產黨七人,青年黨四人,民主社會黨、民主同盟、救國會、職業教育社各二人,共三十八人,都是各政黨領袖和社會賢達。協商範圍是要討論出一個和平建國的方案,這個工作分為政府組織、和平建國的行政方案、起草憲法、召開國民大會等四個課題。關於憲法,政協建議了十二點原則將五五憲草從新修改,成立了一個委員會負責;孫科、吳鐵城、王寵惠、王世杰、周恩來、秦邦憲、張君勱、羅隆基、章伯鈞、曾琦、陳啟天為委員,孫科為主席;以張君勱起草的憲法為藍本,由三月到四月每晚討論,逐條通過,以至完成。關於國民大會,決議有七點:一、國民大會定於三十五年五月五日召開;二、國民大會通過憲法;三、憲法的通過,是由出席代表的四分之三的多數;四、一千二百名的地區國職業代表,曾經或將按照國民大會選舉法選出的,應序保持;五、東北和台灣的地區和職業代表,應增加為一百五十名;六、應增加七百名代表分配給各政黨和社會賢達;七、國民大會代表的總數為二千零五十名。因中共在四月發動東北戰事,政府乃將原定五月五日召開的國民大會延期,已如前述。此次中共藉口召開之前未與其商量而片面行動,故不肯參加;且要求先組成各黨派的聯合政府,再召集國民大會。糾紛經第三方面多次奔走調停,且將國民大會開幕日期延緩三天以待。但中共堅決反對,國共談判從此破裂。其他各小黨隨中共一致行動,只青年黨和民社黨提出國民大會代表名單前來參加。

　　國民大會十一月十五日在南京揭幕;青年黨國大代表名單也同日由政府公布。十九日政治協商會議憲法草案審議會王寵惠、陳啟天、張君勱、王雲五等審議憲草完畢;二十日國民黨中央常務委員會臨時會議,接受憲法草案提交立法院完成立法程序;二十二日立法院通過憲法草案修正案。二十三日國民政府公布民主社會黨國大代表名單。二十五日國大才舉行第一次大會。二十八日蔣主席代表政府向國民大會提出憲法草案,並說明憲草制定的經過。十二月五日大會分組討論憲草,並決定延期至本月二十五日前後結束。大會討論憲法草案的進行是:二十一日完成一讀,下午進行二讀;二十二日二讀,將第一章第七條「國都地址」一條刪除,南北爭論才告平息;二十三日二讀完成,二十四日通過「憲法實施程序」,並進行

三讀；二十五日三讀通過，下午由代表吳敬恒主持閉幕，蔣主席代表國民政府接受憲法，制憲工作乃告完成。

在大會期間，廣西有一位國大代表十二月一日因公由京抵桂；據談：「這次的國民大會，國民黨內部的爭吵也異常激烈，失意在野的，叫囂活動尤為厲害。蔣主席對他們說明，費盡了唇舌。」

第一屆國民大會

國民政府於三十六年元旦將中華民國憲法和憲法實施準備程序公布了；三月三十一日又公布國民大會組織法、國民大會代表選舉罷免法、總統副總統選舉罷免法、立法委員選舉罷免法、監察委員選舉罷免法、五院組織法；其後還陸續把有關各種法規公布，表示行憲。國大代表、監委、立委三種選舉，時間相距不多，所以三種選舉事務，合併一個機構去辦，這機構，在中央為選舉總事業所，在各省為選舉委員會。民主社會黨和青年黨都已參加四月間改組的國民政府，此次三種選舉，國民、民社、青年三個黨都可公開競選，各選舉機構也由三黨共同參預。

國民政府派我為立法委員國民大會代表廣西省選舉委員會主席委員，民政廳長張威遐、中國國民黨陳錫珖、民主社會黨廖葛民、青年黨王世昭等四人為委員。八月二十一日我召集廣西省選舉委員會第一次會議，陳錫珖因欲競選立法委員，辭職，未到；王世昭在南京，未到；只得三人開會。決議：一、擬定區選舉委員和縣選舉委員名單；二、選民公告，以鄉鎮為單位，在鄉鎮公所行之；三、擬定全省選舉經費預算。

國民當中央為統制選舉，特派執行委員吳忠信於九月二十一日到桂指導。他主張稍微容納反對派，將有利於團結；黨欲支持的人，宜表決定之，以示公平。我表示同意。二十九日吳召集中國國民黨廣西省選舉指導會報第一次會議，吳為主席，出席者：省黨部主任委員省政府主席黃旭初、省參議會議長蔣繼伊和副議長岑永杰、三民主義青年團廣西支團幹事長韋贄唐和支團書記覃澤漢、省政府民政廳張威遐和社會處長尹治、廣西省選舉委員孫仁林（補陳錫珖缺）。吳指派四位委員組成小組，對國大代表、立委、監委候選人作初步審查。又決議：各縣國大代表候選人，不得已時可增加一名；區域立委候選人，不得已時可增加一至兩名。十月四日吳忠信召開第二次指導會報，他將小組所擬國大代表、立委、監委三種候選人名單付表決，均無異議，通過。吳感覺此來一切順利，頗為滿意，十月七日飛返南京。

各黨國大代表候選人名單，由選舉總事務所公布，國民、青年兩黨

的，十一月十日發表；民主社會黨的，十一月十四日發表。十一月二十一日全國各地同時舉行國民大會代表選舉，二十三日完成。但廣西的興安、資源、灌陽三縣的各黨提名候選人中央發下太遲，轉發到縣時投票日期已過，惹起爭執，因再定期公告，由未經投票的公民投票。廣西選舉國大代表的結果，大致尚如理想。

民青兩黨，既無地盤，又無力量，國大代表選舉所得離預算太大，這是必然的。國民黨為彌縫裂痕起見，中央常務委員會十二月二十九日決定由本黨當選的代表退讓給友黨的辦法；並於三十七年二月十四日派中委程思遠抵桂。勸導本黨黨員未被本黨提名而當選的退讓於友黨。二月十七日廣西省選舉指導會報決定轉飭縣指導會報勸導讓給民社黨和青年黨各四人，又勸讓給二陳派和朱家驊派各一人。

國民政府明令三十七年三月二十九日召開國民大會，但到三月二十日，中央公布各省國大代表姓名只得一部分，廣西的尚有半數左右未見發表，此時已有各省當選代表被迫退讓的七百餘人到南京，團結簽署力爭不讓，糾紛不能解決。廣西對已公布的即發當選證書和旅費，對未公布的來請發給當選證明書和借旅費，一概照辦，由他們到京陳訴；三月二十四日得證明書的第一批一同離桂入京。

國民大會於三月二十九日如期在南京開幕了。無人懷疑總統一席必屬蔣先生。到四月十九日選舉，蔣果以二四三〇票當選總統，經過極為簡單平淡。到副總統選舉，卻波濤洶湧了。國民黨內競選的有孫科、李宗仁、于右任、程潛等四人，黨外的有莫德惠、徐傅霖二人。代表擁李的很多，但蔣先生卻屬意孫氏。蔣面勸李放棄競選，李謂半年前曾兩函請示，迄未得覆，以為已蒙默許，現已勢難中止。蔣旋欲由當提名，但為眾所反對而止，於是只好任各人自由競選。四月二十三日，副總統選舉開始，結果無人得票超過代表總額半數的，名次為李、孫、程、于、莫、徐，依法將前三名再選。二十四日第二次選舉結果，名次依然為李、孫、程不變，依法須再選。蔣見黨的控制失效，竟令程放棄競選，要其將選票全部投孫。但程一概拒絕，並即發表放棄競選的聲明。國民黨、青年團等人員亦奉命全部出動，對擁李擁程的代表用盡了各種方法，勸他們改投孫的票。李看到這樣選法，尚復何意義！也於半夜後二時繼程之後發表聲明放棄競選。程李都表明因有某種壓力存在，致各代表不能本其自由意志以投票。這種情形使得孫氏處境尷尬，也唯有聲明放棄競選。一夜之間，變化若此，情勢嚴重，當局憂惶，勸導使者四出，大會停頓三天，才勸得三位回心轉意，取消放棄。二十八日第三次選舉，仍然無人得足法定票數，李、孫、

程的名次也不變。二十九日第四次選舉，只李孫兩位參加，依法以比較的多數當選，結果，李得一四三八票，孫得一二九五票，李宗仁當選副總統。五月一日國民大會閉幕。

十五、廣西的省級民意機關

　　廣西省民意機關的設立，由清末的省諮議局開始。清廷於光緒三十四年六月公布各省諮議局章程，廣西巡撫張鳴岐即進行諮議局籌辦處，檄委藩、學、臬三司為總辦，遴派在籍陸軍部主事唐鍾元、在籍四川候補道陳智偉、奏調編修唐尚光、編修陳樹勳、揀選知縣蔣繼伊等回籍先後派充參議，於是年九月初八日開辦。議員由人民選舉，只男子有選舉權和被選舉權，任期三人，規定廣西為五十七名。諮議局有審議權、建議權、詢問權、糾彈權等。第一屆會議於宣統元年九月初一日開幕；議長為陳樹勳，副議長為唐尚光、甘德蕃；提案十三件，通過要案有修築桂邕鐵路、建議遷省南寧兩案。第二屆會議於宣統二年九月初十日開幕，十月二十一日閉會；提案三十九件，通過要案有建議即開國會、整頓全省學務、倡辦製革公司等；十月十一日互選六人由廣西巡撫核定其中黃晒昌、唐鍾元、馮汝海三人為資政院議員；議長陳樹勳、副議長唐尚光均因回京供職於十月十八日提出辭職，遂由副議長甘德蕃晉任議長，互選泰步衢、黃宏憲補副議長。

　　本篇專述民國以來省級民意機關演變的情形。

（一）省議院

　　辛亥九月十七日，廣西獨立後，將「諮議局」改為「省議院」，以示除舊布新。仍以原有的議員組成。內容並無若何更張。議員為唐尚光、廖濟斌、蘇繼軾、徐新偉、何俊、秦步衢、黃永詳、蔣庚藩、姚克讓、吳壽崧、梁培煐、莫文奎、邱建中、黃晉蒲、鍾建雋、毛源濟、盧瑞春、林錫疇、黃宏憲、梁廷棟、李識韓、陳太龍、陳樹勳、朱景輝、蘇樹翰、植自森、莫汝龐、蒙經、吳賜齡、熊德望、韋尚志、王鍾驥、覃祖烈、盧樹芳、韋先登、夏運開、梁啟彭、羅藹吉、黎賡堯、甘德蕃、周維宗、梁佐清、梁書雲、古濟勳、陸杏林、陸步雲、岑潤傳、陳國麟、林舒陞、黨遠昉、宋學鴻、曾文鴻、許修恭、孫丕顯等。

　　省議院最顯著的表現，為通過《廣西臨時約法》。

（二）臨時省議會

袁世凱於元年三月十日就任臨時大總統後，三月十八日即通令各省組織臨時省議會。廣西遂於四月改「省議院」為「廣西臨時省議會」；其議員一部分為舊諮議局議員，一部分由各區新補的。廣西省會於八月二十八日由桂林遷至南寧，臨時省議會也於八月在南寧集會，林繹為議長，楊暄、雷愷澤為副議長。

（三）省議會

中央政府元年九月四日公布《省議員選舉法》，九月二十五日公布「各省第一屆省議會議員名額表」，廣西為七十六人；十月一日公布「各省省議會議員覆選舉區表」；十月二日公布《各省省議會議員選舉法施行細則》。廣西於是依據以進行省議會議員的選舉。二年一月十日中央令各省長官定期召集省議會；四月二日又公布《省議會暫行法》。廣西省議會遂正式成立，姚健生為議長，何英彥、張一氣為副議長。袁世凱蓄意排斥革命黨勢力，陰使人刺殺國民黨代理理事長宋教仁於上海，於是引起二次革命，但結果是國民黨失敗，袁遂於十一月十二日下令取消各省省議會的國民黨籍議員；三年一月解散國會後，二月二十八日又下令解散各省省議會，廣西省議會被迫關門。

五年六月六日袁世凱因稱帝失敗氣死，黎元洪繼任總統，八月十四日通令各省行政長官重新召集省議會。廣西省議會依期於十月一日再告成立，自此延續到十四年終。此數年間，省議會外受環境的陳制，內因意見的不齊，表現很少。

十五年一月中國國民黨廣西省第一次全省代表大會決議：撤銷省議會和縣議會，以省黨部和縣黨部代行其職權。議會的經費和會址都轉到黨部去了，省縣議會從此中斷。

（四）省臨時參議會

中國國民黨部代替了省議會整整十四年。抗日戰爭起後，為團結人心，合力禦侮，於是在中央設立國民參政會，在地方令設省臨時參議會。

第一屆

　　國民政府二十七年九月二十六日公布《省臨時參議會組織條例》，十二月二十二日又公布《省臨時參議會秘書處組織規則》和《省臨時參議會議事規則》，限令各省成立省臨時參議會。廣西省政府奉令後，即轉飭各縣依照條例規定每縣遴選省臨時參議會參議員候選人二人，並由省政府中國國民黨廣西省黨部聯席會議就曾在省內重要文化團體或經濟團體服務人員中遴選合格的二十八人（即臨時參議會參議員全額三十五人中十分之四的倍數），連同各縣遴選的，於二十八年二月間呈送行政院轉呈國防最高委員會決定。三月十三日國民政府簡派區文雄為廣西省臨時參議會秘書長。四月中旬省政府奉行政院電，轉奉國民政府令：選定李任仁為省臨時參議會議長，陳樹勳為副議長，白鵬飛、陽叔葆、蔣培英、唐現之、雷震、蔣繼伊、易敦吾、黃立生、張駿、廖競天、李運華、姚健生、韋冠英、陳紹虞、施政甫、何予淑（女）、黃紹蘇、蘇毅、呂一夔、羅廣福、梁士模、黃維、張一氣、高雁秋、羅世澤、農樹棻、杜肅、黃奕勳、歐月樵、蒙民偉、葉光華、劉介、鍾震等三十三人為參議員，覃竹饒、唐文佐、覃采如、蘇壽松、黃光京、蔣敦世、甘洪澤、趙可任、伍展明、李濟汝、梁史、蒙起鵬、蘇誠、龍家驥、陽明炤、許熾、韋增祥、李潤霖等十八人為候補參議員。省政府即電告各參議員以第一次大會開幕日期，許預早到桂林集合。參議員張駿因現任行政官吏請辭，當經省政府呈准以覃竹饒遞補。秘書處於五月一日成立。會址在桂林中山公園美術學院舊址。

第一次大會：二十八年五月二十一日開幕，至六月七日休會。二十一日我向大會報告自二十年七月省政府成立後七年來的施政概況，以供各參議員檢討建議時的參考。那時廣西處在抗戰後方，所感軍事威脅不大，建設可以如常進行。大會決議八十七案，重要的有「改善徵兵抽籤辦法及其待遇」、「廢除副縣長制」、「改進縣以下地方組織」、「平均人民負擔嚴懲營私舞弊」等案。

第二次大會：二十八年十二月五日舉行，十二月十八日休會。當時日寇已由欽縣、防城登登，邕龍相繼淪陷，桂南已成戰區。大會決議五十四案，重要的為「陳期實施縣各級組織綱要」、「實行民選自治職員加緊肅奸防匪工作」、「蠲免本省淪陷區糧賦」、「裁併駢枝機關停辦不急政務酌裁閒員以裕戰費」等案。

第三次大會：本屆參議員任期，按照條例規定至二十九年五月二十日本已期滿，因少數縣區淪陷，改選困難，經省政府呈泰行政院核准延長一年。乃於六月六日舉行第三次大會，至六月十九日休會。其時日寇尚盤踞桂南。大會提案共五十五件。決議通過最重要的有「扶植地方自治促進憲政實施」、「嚴懲貪污包運私貨」、「設立縣合作金庫」、「切實救濟戰時失業失學青年」等案。

參議員白鵬飛因已赴渝就監察院監察委員請辭，遺缺以候補參議員唐文佐遞補。

第四次大會：因奉令選舉國民參政會參政員，遂提前於二十九年十一月五日舉行，十一月二十五日休會。當時桂南日寇已全部退走，淪陷的十八縣完全光復。大會提案七十四件，經通過的共六十七案，最重要的有「修正五五憲法草案意見」、「建議修正省臨時參議會組織條例」、「限期完成鄉鎮村街長民選」、「提高鎢錫收價」、「增加桐油買價」、「本省淪陷區收復善後事宜」等案。

大會第一日投票選舉國民參政員三人，結果蒙民偉、陽叔葆、蔣繼伊等三人得票最多，當選。

第五次大會：本屆參議員第一次延長的任期，到三十年五月二十日又滿，經奉行政院電再行延長一年。遂於六月十五日舉行第五次大會，至六月二十九日休會。其時抗戰將滿四年，德蘇戰爭爆發，預料戰局，時間當愈長，規模將愈大，民生將愈艱。大會提案九十四件，通過的七十五案，重要的為「省政府交議的廣西建設計劃大綱」、「請減廣西田賦」、「廣西企業公司組織章程」、「請核減本省徵兵名額」、「請注意糧食調整與補充」等案。

參議員蒙民偉、陽叔葆、蔣繼伊三人因當選國民參政員均已辭職，參政員梁士模已在籍病故，其遺缺經國民政府以候補參議員覃采如、黃光京、甘洪澤、蔣敦世遞補。

第六次大會：三十一年一月十日舉行，一月二十五日休會。參議員唐文佐因任行政官吏，辭辭，遺缺國民政府以趙可任依次遞補。其時長沙連捷。中美英蘇形成反侵略陣線，抗戰形勢日佳。惟財政日艱，田賦實行徵實。大會提案一百零九件，經通過的八十九案，較重要的有「糧食處理規

則」、「整頓倉儲」、「請教育部撥款救濟在省內各校僑生」等案。

每次大會，省政府主席和各廳處局長例必出席報告施政情形，其重要的，更備書面報告。

第二屆

三十一年十月八日行政院公布廣西省臨時參議會第二屆參議員名單：議長李任仁，副議長楊暄，參議員區文雄、唐民亞、鍾震、曾翼之、農樹棻、施正甫、羅廣福、何予淑（女）、李運華、黃立生、羅世澤、黃維、唐現之、趙佩瑩、黃廷英、張先辰、李濟汶、謝祖莘、何海籌、曾作忠、黃樸心、梁權、伍展民、粟國寶、關桂榮、李先華、古村型、翟念劬、雷震、黃奕勳、易敦吾、歐月樵、蔣敦世等三十三人，候補參議員廖競天、劉英熊、范中柱、盧永鑫、岑家文、趙可任、蘇康甲、馮異材、蔣炳璠、伍游、龍家驥、楊世賢、魏繼昌、梁史、莫長嘯、黎庶、關秉璵、□□□等十八人。又簡派黃崑山為秘書長。

參議員關桂榮於第一次大會前病故，照章由廖競天依次遞補。

第一次大會：三十一年十二月一日開幕，十二月十六日休會。提案六十七件，通過五十六案，重要的有「扶植自耕農實驗辦法」、「優待出征抗敵軍人家屬施行細則」、「縣市與鄉鎮財政劃分標準」、「健全合作組織調整金融機構配合基層經濟建設」、「改善食鹽運銷及人民購買手續」、「統籌安置入境難民」等案。

十二月十二日晚間，全體參議員和省政府委員廳處局長在省政府舉行談話會，各參議員先後提出十九個問題，省府方面逐一詳細地解答。

第二次大會：三十二年六月二十八日舉行，七月十一日休會。提案五十四件，經大會通過五十案，較重要的有「請中央核減本省三十二年度徵實徵購總額」、「請省府利用徵實徵購存糧以救飢荒」、「請政府及時提供蠶業」、「覆議扶植自耕農實驗辦法」等案。

我因巡視桂西各縣政治，在休會前一天才趕歸向大會報告省政概況。議會和政府聯席談話會，休會當晚才得舉行，省府答覆了議會方面提出的十四個問題。

臨時大會：抗戰進到了三十三年，日軍發動打通中國大陸的最大規模攻勢，於是春間有豫中會戰，夏間有長衡會戰，秋冬間有

桂柳會戰。廣西縣分淪陷了四分之三，省會播遷到桂西的百色。省臨時參議會移駐田西縣的樂里，交通梗阻，是年未能召開大會。國民參政會第四屆參政員，規定由省臨時參議會選舉，乃於三十四年一月十八日舉行臨時大會進行選舉，投票結果，黃鍾岳、林虎、雷沛鴻、陽淑葆、蘇希洵、蔣培英、程思遠、廖競天等八人當選，即行閉會。

第三屆

三十四年一月行政院公布廣西省臨時參議會第三屆參議員名單：議長李任仁，副議長陳錫珖，參議員陳雄、李運華、李濟汶、黃維、黃立生、謝祖莘、張先辰、周公謀、黎庶、李智、白懷是、范中柱、林智華、雷震、覃采如、黃研真、翟念劬、黃朝瑄、何予淑（女）、岑永杰、施正甫、周亞洲、盧永銓、曾植鈺、楊暄、覃克勤、黃奕勳、曾翼之、盧崇年、區文雄、馬保之、蔣培英、蒙方侯等三十三人，候補參議員黃嶸芳、曾作忠、張駿、蔣炳璠、劉運楨、王煥、梁史、伍游、黃廷英、易敦吾、呂一夔、廖境天、粟寄滄、鍾震、高雁秋、梁士梓、李質、謝康等十八人。

本屆第一次大會，原應於三十四年二月召開，但因省境大部尚在淪陷，往來受阻，無法召集。到了日本投降，省臨時參議會九月十五日乃由樂里遷回桂林。在疏散期間本屆參議員區文雄病故，蔣培英已任國民參政會參政員，馬保之、蒙方侯均任行政官吏，四人遺缺，按規定由候補參議員黃嶸芳、曾作忠、張駿、蔣炳璠依次遞補。省政府十月十二日分電各參議員：定於十一月十二日在桂林舉行第一次大會。屆期，何予淑、楊暄因病，張先辰、白懷民、李濟汶、黃立生、黃奕勳因事，請假，出席參議員二十八人。提案八十四件，大會通過六十一案，較重要的為「預防糧荒以救民食」、「請中央將田賦撥歸各縣以利自治進行」、「請省府切實整飭吏治」、「請交通部迅速修復湘桂、黔桂鐵路以利復員」、「請經濟部提案興辦柳州水電」、「請救濟本省難胞」等案。我出席粵桂綏靖會議，由廣州返桂途中患病，十六日才向大會報告省府施政概況；十八議會和省府聯席談話會，我復病竟未能參加。十一月二十五日休會。

（五）省參議會

三十五年一月中央令各省成立正式省參議會，廣西即於三月進行省參議員的選舉。五月二十八日行政院任命孫仁林為廣西省參議會秘書長，準

備召開大會事宜。

第一次大會

　　廣西首屆省參議會成立和省參議員宣誓典禮，三十五年六月十日上午八時在桂林麗君路舉行，由我以省參員會召集人主持儀式，廣西高等法院院長申守真監誓。禮成後，由參議員公推年齡最長的參議員蔣繼伊為臨時主席，進行議長、副議長的選舉。出席參議員八十四人。議長投票的結果，陳錫珖、李任仁各得四十票，另三票陳錫珖的錫字寫成「鍚」字，一票陳錫珖的錫字缺寫最末兩筆，大家對這四票爭辯不決，遂致議長流產。副議長投票結果，無人得過半數票，也不能產生。下午繼續開會，討論「鍚」字成問題的四票是否有效？決議：呈報內政部請為解釋。十一日上下午大會都是爭論呈報內政部的電文，最後決定連同選舉票四張一併郵呈，聽候解決。

　　李任仁、陳錫珖原任省臨時參議會正副議長，兩人都是中國國民黨廣西省執行委員，這次的議長只有他們兩人競選，都早已活動。在成立典禮前四天，有三位黨省執委向我要求召開執委會議來決定應以何人競選省議會議長。我說：「我是省當部主任委員，對這種重大事件，本應召開會議討論決定；但因為我同時又是省政府主席，在省府主席身分，卻絕對不能干預省參議會長的選舉的，故執委員不便召開」他們又要求我可不出席執委會議，而由黨部書記長代為主持。我說：「這樣，人將說我是反對執委會議而加以攻擊。所以無論如何，我對議長選舉問題，決不能參預。」不料，十日投票，竟會發生問題。

　　時間過了一週，內政部尚無電覆，省參議會於是按每一行政督察區推出一位參議員輪值擔任臨時主席，以便續開大會，免得荒廢時間。六月十七日推出了胡天樂、謝康、廖百芳、楊世賢、李憲章、朱天琛、杜光華、尹治等八人；並決定從明天起開正式大會。

　　內政部到七月三十一日才電覆省參議會，但對於成問題的四票，並不作明確的決定，等於不覆，問題依然不決。在此前後，曾經第三次多次調停，建議辦法數種，都因此迎彼拒，難得雙方同意，終於毫無結果。

　　把持中央黨務的人，故意不使問題解決，廣西內部鬧得愈大，對他們的方便愈多。國防部長白崇禧在南京對中央的情形是很清楚的，八月二十七日他上牯嶺將此事向蔣主席陳述。蔣表示，陳錫珖的選票字畫既有錯誤，依法自應重選，以息爭端。白返京將情形函告內政部長張厲生，張函覆說：主席既有指示，自當遵辦。白即於二十九日飛桂，到後先約晤李陳

二人，告知中央已指示重選；三十日上午又約擁陳擁李兩方的主要參議員晤談，將中央處理意見明告；下午在青年館茶會招待全體參議員，他致詞後，陳李兩人便先後起立聲明放棄競選，最後，他請省參議會務於明日開會選舉議長、副議長。三十一日晨間，白接蔣主席自牯嶺來電，囑其對省參議會糾紛，妥為調處。白託韋雲淞轉達兩方的參議員：應先選議長、副議長；至於駐會委員問題，待議長、副議長選出後，再由雙方洽商；並應以副議長給予三南方面擁陳的人。三十一日下午省參議會開第二十九次大會，由臨時主席尹治主席，出席參員會六十九人。議長選舉，蔣繼伊得四十四票，當選；副議長選舉，岑永杰得五十九票，當選。蔣，全縣人，處省的極東，年最長；岑，西林縣人，處省的極西，年又最少。趣甚！

省參議會六月二十三日推臨時主席到省政府面治，二十五日再來公函，請省政府定期出席報告施政，省府以省參議會的法定組織尚未完成，未允定期。到議長、副議長產出後，九月一日下午一時開第三十次大會，我乃出席報告本省光復以來的行政措施和今後建設的動向。出席參議員只五十二人，擁陳的多缺席。接著選舉駐會委員，多為擁李的所得。即舉行休會式，結束了八十四天的大會。

第二次大會

三十六年四月一日舉行第二次大會。二日我出席報告九個月來省政府的施政情形。六日上午在省參議會開議會省府聯席談話會，由參議員提出詢問，省府主管者詳細答覆。省府六日晚宴全體參議員，我致詞：「今日的談話會時間短促，恐未能盡各人之所欲言，我想請各位參議員分組每日惠臨省府和我們共進午餐或晚餐，好利用那個時間交談。」大家同意，次日即開始照行，每次約參議員十二至十四位，到四月十日完畢，對彼此了解頗有補益。四月十日上午大會辯論土地問題，情緒的熱烈為歷次大會所未有，參議員侯佩尹以地主身分替農民說話，尤為大家所歡迎。十八日選舉駐會委員，羅世澤、方繼麟、廖百芳、韋祖福、韋必忠、曾其相、杜光華、陳學澧、梁澤昌等九人當選。即舉行休會式，我致詞時，對此次大會討論時態度的民主和通過限制土地和有最高額的關心民生，深表欽佩！

第三次大會

第三次大會和監察院監察委員選舉會共同舉行，我被中央派為選舉監督，故此次大會由我和蔣繼伊議長共同召集。三十六年十二月五日開始。八日我報告施政概況，對明年的施政方針為加強自衛鞏固治安。十日再報

告省保安工作，對省內的匪，省的力量可以對付；如省外有大股來擾，便須請廣州行轅和中央相助了。十日晚間開議會省府聯席談話會，交換治安問題意見。十二日晚晚再開第二次談話會，聽取參議員的詢問，由省府主管者予以答覆。

省參議會因中央遴派民主社會黨、青年黨的參議員各十人參加，十二月二十日選舉駐會議會，特增加兩個名額，連同原有九日共為十一名。大會情形和兩黨未參加以前不同之處是：兩黨中的一黨有所動作時，其他一黨也必定跟著有動作，以求平衡。

十二月二十一日舉行休會式。過了五天，二十六日才開監察委員選舉會，出席參議員一〇八人，投票結果，李宗仁、王贊斌、張駿、廖葛民、何予淑五人當選。

第四次大會

三十七年七月十六日第四次大會開始。十七日我對大會作省施政報告；二十二日又報告保安二作。二一三日在省參議會開議會省府聯席談話會商談治安和財政問題。其時中央剛在七月十八日宣布發行二十五萬關金（等於法幣五百萬元）的大鈔，幣值大跌，物價猛漲。二十七日晚間在省府開第二次聯席談話會，續談財政、糧政、土地等問題。

監察院監察委員李宗仁因已當選副總統而辭職，省參議會七月二十九日舉行補選，我奉派為辭舉監督，投票結果，陳恩元當選。即行休會式。

第五次大會

這是省參議會最後一次大會，三十八年四月十一日在桂林舉行。十二日我依向例向大會作省施政、保安、兵役工作報告。二十一日晚間舉行府會聯席談話會，各省議員對時局、治安、生活、金融、財政各項詢問為多。國共和談已告破裂，中央正下令全線進攻長江。二十三日府會第二次聯席談話會，各參議員聽取省府有關經濟事業的報告。中央今晨已放棄南京，李代總統傍晚飛抵桂林。二十四日大會舉行休會式。省政府晚宴全體參議員，並請李代總統參加，他在席上發表演說，闡述時局演變的真相。

十六、記廣西的地方自治

　　廣西的地方自治，在清末預備立憲時期，官方便已提倡，曾設立「廣西全省自治籌辦處」以進行各府廳州縣城鎮鄉自治的籌設。後來任省參議會第一屆議長的蔣繼伊，便是當年全省自治籌辦處參議之一。宣統元年梧州曾開辦自治講習所，由留學日本法科者任教，參加講習的多為中午士子。宣統二年九月，廣西巡撫曾將全省自治籌辦處所擬的「府廳州縣地方自治章程施行細則」交廣西諮議局討論通過；諮議局又通過議員提議的兩案：一為「革除陋規歸為地方自治經費案」，二為「就地養練應歸自治團體辦理案」。自是以後，地方自治會紛紛籌設，但實際上均未能有何工作。

　　這是民國成立前的情形。本篇記述民國成立以來廣西的地方自治演變概況。

（一）地方自治演進的歷程

　　清末廣西各地所辦的地方自治會，民國建立以後，自然沿襲下來。但總統袁世凱厭惡民主，醉心專制，三年一月十日令解散國會，二月二日令停辦各地方自治，二月二十八日令解散省議會，一時全國上下的民意機關全歸消滅。五月六月六日袁恐，黎元洪繼任總統，各級民意機關才得恢復。其後，南北紛爭，地方又多故，無論中央或省，對地方自治都無暇顧及。

　　廣西在民十以前，省內幸無戰禍，地方無事，本來是地方自治發展的良好時間。但那時間的政治，一切多沿前清舊習，無所改進。就縣級說，省對縣署的經費採包辦制，縣署用人多少，經費如何開支，概由縣知事的自由。省對縣的要求，唯一是徵收糧賦和維持治安，其他多不過問。在這種消極政治作風之下，縣知事也就不想多所舉動。縣議會雖然成立，也不過多一個機構安插了若干人而已，對地方事不見得有何補益。縣及如此，縣鎮縱然設立自治會，其不易發生很大的作用是可想像得到的。

　　由十年到十四年，省內戰事連年不息，地方自治無從說起。全省統一後歸依國民政府，十五年一月中國國民黨廣西第一次全省代表大會決議：

「撤銷省議會和縣議會，以省黨部和縣黨部代替其職務」，於是各級民意機關，在國民政府統治下，直到抗日戰爭的初期，完全為中國國民黨取而代之了。

廣西因十八年武漢事變的牽累，動亂了兩年到一十年夏才恢復常態。七月一日重組省政府，決心奉行孫中山先生的三民主義，推行自衛、自治、自給的三自政策以期其實現，其中的自治政策便是要完成地方自治的。在動亂期間，廣西受湘、滇、粵三省重兵的合擊，兵力深感不敷，乃將地方原有的民團，加以新的組織和訓練，使之協助正規部隊對敵，竟著成效。時局既復和平，為謀地方自衛，更將民團辦法從根本大加改進，如編制戶籍、組織鄉村、訓練幹部等項。而這些措施，剛好也就是地方自治的基本工作，辦民團無異乎為地方自治打好了基礎。省政府先後制頒地方自治有關的法令，逐步進行：二十二年各縣組織村街公所和鄉鎮公所；二十三年設立村街務會議和縣鎮務會議；二十五年冬村街民大會開始；二十七年冬鄉鎮民代表會開始；二十八年各縣臨時參議會成立；三十一年村街長民選開始；三十四年鄉鎮長民選開始。三十五年二月六日省政府委員會決定本年內選自治成績較好各縣實行縣長民選，後來因故未能實現。所以地方自治在廣西終未完成。

以下將縣、鄉鎮、村街的民意機關和鄉鎮長、村街長民選的概況，分別略述。

（二）縣臨時參議會

廣西各縣依照二十二年八月省頒行政會議章程，有行政會議的組織，這種會議雖有地方職業團體代表和地方紳士參加，但不能算是正式民意機關。抗日戰爭第二年，中央已有國民參政會的民意機關設立，廣西省政府委員會二十七年六月十八日決定草擬地方自治實施方案公布，使全省公務員和民眾周知，以促進自治；八月二十七日地方自治實施方案通過公布；八月三十一日議決縣地方自治籌備委員會組織規程公布；九月二十二日縣地方自治籌備委員會開始準備工作；十月三十一日公布縣臨時參議會章程，同時廢止縣行政會議；十一月二日公布縣臨時參議會參議員選舉章程；十一月十六日縣地方自治籌備委員會各委員由省會分赴各行政督察區指導各縣成立縣臨時參議會；這是省政府對於此事進行的次序。到了二十八年二月一日以前，各縣都依限一律成立縣臨時參議會了。三十四年抗戰勝利後，更改為正式縣參議會。以下分項說明其內容。

參議員的資格和任期

各縣臨時參議會參議員的資格，在其選舉章程第三條規定：「凡本縣之男子和女子，年滿二十五歲以上，具有左列資格之一者，得被選或被推為縣臨時參議會參議員：一、曾在中等以上學校畢業者；二、曾經政府訓練合格者；三、曾任地方法團職員一年以上。」

縣臨時參議員的任期，縣臨時參議會章程第四條規定為一年。第一屆縣臨時參議員在二十九年任期滿後本應改選，因桂南各縣淪陷於日，辦理選舉困難，由省命令延長一年。故第二屆縣臨時參議員的選舉，三十年一月才辦完。

縣臨時參議員名額的分配

縣臨時參議會章程第二條規定：「縣臨時參議會由左列參議員組織之：一、每縣鎮之臨時鄉鎮民代表會選出一人；二、縣地方依法成立之職業團體代表，每團體選舉代表一人，但不得超過縣參議員總額十分之三。」

其第二項，為提倡女子參政起見，各縣婦女會均被認為依法成立的職業團體。

縣臨時參議會的職權

縣臨時參議會的職權規定為：

一、議決縣收支預算事項。

二、議決縣警衛治安事項。

三、議決縣民生計及救濟事項。

四、議決縣醫藥衛生事項。

五、議決縣糧食事項。

六、議決募集縣公債及其他增加縣民負擔事項。

七、議決促進縣教育及其他文化事項。

八、議決縣單行規則。

九、議決縣長提交事項。

十、答覆縣長諮詢事項。

十一、議決縣內公民創制事項。

十二、建議關於動員事項。

十三、協助政府宣傳政令事項。

十四、受理人民請願事項。

十五、建議其他應興革事項。

縣臨時參議會的議決案咨送縣長分別執行。如縣長延不執行或執行不當時，縣臨時參議會得提出詢問，縣長應依期答覆。如答覆不得要領時，縣臨時參議會得呈請省政府核辦。縣長認縣臨時參議會的議決案不當時，應於接到議決案三日內詳具理由呈請省政府核定。

縣臨時參議會每四個月開會一次。

決議案的內容

根據民政廳的統計，全省各縣第一屆臨時參議會（二十八年至二十九年）決議案合計四二七九件，其中屬於民政的一四八六件，財政一〇六一件，建議六一六件，教育五九八件，團務四四五件，其他七三件。以百分比計：民政三四點七四。財政二四點八。建設一四點三九。教育一三點九七。團務一〇點四。其他一點七。

廣西地方自治研究會

本省當政軍高級幹部一致認為：如想各縣臨時參議會能達成其任務，收良好的效果，就必須給與它們一個機會，使能明瞭議會的使命、政府施政的方針和各項重要的政令。二十八年七月九日我特為這個問題召集省政府各廳長、省黨部委員、並邀請省臨時參議會駐會委員討論，結果決定設立「廣西地方自治研究會」，分期召集各縣臨時參議會的議長、副議長等入會研討。七月十二日省政府委員會通過「廣西地方自治研究會簡章」，規定會長由省政府主席兼任。八月一日由省府聘請省臨時參議會議長李任仁為副會長，派民政廳長邱昌渭兼研究組主任。八月九日我召集研究組指導員討論指導的方法和態度，並擬定第一、第二次小組討論的題目。八月十一日邀請研究會主講人和指導員說明研究的計劃。研究會第一期召集各縣臨時參議會的議長為會員；借用桂林良豐廣西大學為會所，因西大正在暑假，校舍空閒，設備現成，無須另籌。八月十二日上午八時開幕，會員到的有八十七縣，年紀最高的為七十六歲的蒙山縣議長范雲梯。我對會員先後講過四個問題：八月十三日講廣西建設成就的由來；二十一日主持總理紀念週，報告時事並檢討一週的生活，共得缺點十一項；八月二十四日講集團生活的改進；九月七日講廣西建設計劃。九月九日研究會第一期圓滿結束。本擬續調各縣臨時參議會副議長集會研究，因桂南戰事發生而停頓。

三十六年春末，廣西地方自治研究會再行召集，我仍兼會長，但副

會長改聘了省參議會議長蔣繼伊。會員為各縣參議會議長、副議長、參議員，共二百八十餘人。四月十七日開始。研究內容，以切合縣市參議員的身分，對現行法令應如何協助推行為原則。由四月二十二日起，邀請各議長、副議長分組和省政府各廳處局長共進午餐或晚餐，以便互談地方政情。四月三十日研究結束。

特殊事件

各縣參議會的會議錄都呈送到省政府，我曾命民政廳將其彙集研究，選摘其中優的、劣的宣示各縣，這是省監督自治的最重要工作。一般來說，各縣參議會的表現，大致尚合常軌。但也有特殊的，摘記如下：

一、二十八年七月二十一日我視察田陽縣，據縣人談：臨時參議會陳議長的人望和學識都很差，開大會時參議員缺席的很多，用警兵去催，才勉強湊足過半數。

二、三十一年六月臨桂縣臨時參議會開會，一部分參議員受前屆議長的煽惑，對現任議長不滿，不肯出席。

三、三十一年六月二十二日中渡縣長莫光庭報告：縣臨時參議會意氣用事，請求調職。

四、三十二年二月魏迅鵬書記長報告：據梁專員說，北流謝縣長小氣，參議會多事，造成對立。

五、三十六年二月十八日我視察荔浦縣，縣參議會下令縣稽征處制止撥穀給縣政府，越權。我召其議長、副議長面加申飭。

（三）市臨時參議會

廣西只有桂林一市。桂林市臨時參議會於三十年元旦成立。參議員十六人：計市轄六鄉六鎮，每鄉和每鎮各選出一人，此外工界一人，商界一人，婦女界一人，各自由職業團體合推一人。市臨時參議會所應用的一切規章，均以縣臨時參議會的規章為依據。第一屆議長為龍鳴皋，副議長為秦星。照章每年召開常會三次，討論議案頗為熱烈，能發揮民主精神。

（四）臨時鄉鎮民代表會

廣西各縣的鄉和鎮，歷來遵照二十三年省頒章程設立鄉鎮務會議。二十七年十一月二日省政府公布臨時鄉鎮民代表會章程後，全省各縣即依據

以成立臨時鄉鎮民代表會。但鄉鎮務會議仍舊保留，作為臨時鄉鎮民代表會的預備會議。

代表的名額、資格和任期

名額：臨時鄉鎮民代表會，由本鄉鎮內每一村街民大會選出代表二人來組成。

資格：曾在高級小學以上畢業、或曾任地方法團職員一年以上，年滿二十五歲以上，居住本村街一年以上的中華民國人民，無論男女，都得被選為臨時鄉鎮民代表。但現任本鄉鎮村街公所公務員、現任軍人或警察、現在學校的肄業生，概不能被選。

任期：規定為一年。二十九年因桂南淪陷，改選不易，乃延長一年，至三十年一月才選舉第二屆代表。

代表會的職權

凡本鄉鎮的收支預算及其他財政、警衛治安、醫藥衛生和救濟、教育文化、糧食、公有財產的創造保管整理、合作社的創設推廣等事項，與及自治規約、與其他鄉鎮間相互的公約、屬內公民的創制事項等，臨時鄉鎮民代表會一概有權議決。議決案以臨時鄉鎮民代表會主席名義送交鄉鎮公所執行，並呈報縣政府備案。

縣地方自治研究會

縣地方自治研究會，其作用與省的相同。召集鄉鎮民代表為會員，作集體的研究，互相交換經驗。舉個實例：三十二年六月五日我視察到鬱林縣時，縣自治研究會第四期正在集合，請我講話。每期召集鄉鎮民代表百餘人，研究十天，全縣的代表普遍到會研究，興致很好。

二十八年統計，全省鄉鎮民代表總數四萬七千八百八十四人，能研究有得，努力實行，對自治進展是有助的。

（五）村街民大會

村街民大會是基層的民意機構。在此以前，省政府二十二年八月即通飭舉行村街務會議。二十五年十二月十八日省府公布「村街民大會規則」後，各縣即成立村街民大會，而將原有的村街務會議作為村街民大會的預備會議。每月村街民大會召開前，先召開村街務會議一次，其任務為：

一、檢查上月份村街民大會的缺點，討論本月份大會應有的改進；二、檢查過去一月來工作成績，準備報告於大會；三、依據「廣西各縣村街民大會按月查詢討論事項表」所規定的事項擬定實施辦法，提出大會討論；四、預備查詢討論事項表以外本村街特有事項的提案，提出大會討論。這樣，村街民大會事前既有準備，事後又有檢討，在運用上自然更覺順利。

出席者、提案權、表決權

村街民大會的構成分子，在廣西各縣村街民大會規則中有三條規定：第五條：本村街人民，無論男女，凡年滿二十歲者，均得出席村街民大會；第六條：本村街國民基礎學校教職員暨年滿十四歲之學生，與本村街民團後備隊團丁，一律出席村街民大會；第七條：村街民大會除前條所列員生與團丁應出席外，每戶最少須派年滿二十歲者一人出席，但無人可派者不在此限。提案權在規則第十一條規定：村街民大會村街長副、甲長、教職員、學生、團丁及各戶年滿二十歲以上者，均有提案權；惟學生、團丁與各戶之提案須有十人以上之連署、決議權在規則第十二條規定；村街民大會出席人，除年未滿二十歲者外，均有表決權。

村街民大會的職權

村街民大會的職權規定為：一、議決各項政令之推行方法；二、議決本村街禁約；三、議決與其他村街間之禁約；四、議決本村街之預算決算；五、議決本村街應興應革事項；六、議決各人的提案。

議決案件以大會主席名義呈報鄉鎮公所轉呈縣政府核定後由村街公所執行。重大的，縣政府應轉呈省政府核備。

檢討的發現

檢討村街民大會制度施行後的結果，發現幾點：

一、村街長的能力，影響於村街民大會最大。二十六年七月二日在梧州召集全市的鎮街長詢問歷次街民大會的情形，悉街長中未受過民團幹部訓練的不少，他們對開會儀式、會場規則、討論方法全屬茫然，如何能開大會？同年十二月百色縣報告：村長能力差的，很難提起人民開會的興趣。藤縣報告：能力不足的村長，無法誘導會眾發言，無法使村人明白村民大會的意義何在？

二、居民距離村公所的遠近，參加開會有難易的不同。思樂縣九特區人煙稀少，各屯有距村公所遠達五十里的，村民不願長途跋涉，

費時失事。百色縣報告:村民大會,路遠的難來。藤縣報告:非村公所附近的民眾,多不願參加村民大會。養利縣報告:村編得不好,有長方形的,有村公所不適中的,都使村民參加開會困難。

三、對徵兵最有影響。梧州區各縣督察員報告:凡不開村民大會的村,徵兵成績必壞。遷江縣長梁桐報告:村街民大會頗有成績,尤以徵兵為最佳。

(六)民選村街長和鄉鎮長

廣西實行民選行政首長的程序,是由下級而至上級的,故村街長先於鄉鎮長。但縣長一級尚未及實行。

省臨時參議會於二十九年十一月桂南淪陷區第一次收復時,即表示希望村街長民選。省政府委員會三十一年十月七日討論村街長副民選規則時,對應否先推候選人一點辯論頗烈;十一月九日才將規則通過公布。全省各縣即依照實行選舉村街長和副村街長。

民選鄉鎮長是三十四年抗戰結束後實行的。

基層首長民選後的表現,有可注意的,特摘記數例:

一、三十三年八月二十五日藤縣黃華表先生面述:「藤縣的鄉長擺官架,使得民選的村長相率不登其門,遂一籌莫展。似乎縣長尚未悉此中癥結的所在。」

二、三十三年九月十一日遷江縣長梁桐面報:「村街長民選很好,對鄉村造產和徵兵,成績特別顯著。」

三、三十四年二月二十七日靖西縣長何簡章報告:「民選村街長有不稱職的,用委任來補救。」

四、三十四年三月二十七日西隆縣長黃騏報告:「縣內僅有高中畢業生一名,村長人才非常難得。」

五、三十四年九月二十六日我視察到八步,據第一區各縣報告,也有撤換民選村街長代以委任的事,都是在抗敵期間。

六、三十六年七月六日第八區行政督察專員陳恩元報告:「亂機四伏,桂北各縣有些鄉村長不能約束民眾,反為民眾所要挾,說,你是我們所舉出來的,你敢不聽我們的話!因此,賭不能禁,捐不能收,縣政府遂掌握鄉村不起。」

十七、桂籍陸大同學有多少？
——兼記陸軍大學四十年滄桑史

陸軍大學校為中國陸軍的最高學府，誕生於滿清光緒末葉，結束於國民政府退出大陸時，有四十三年歷史。

校名最初為陸軍隊營軍官學堂，繼改為陸軍預備大學堂，後乃定名為陸軍大學校。

校址初設於保定，繼移於北京，後遷於南京。抗日戰爭期間，流離轉徙，初移於長沙，繼轉於遵義，再遷於重慶。日本投降第二年才還校南京。

修期期限，正則班三年，特別班三年，將官班甲級四個月，將官班乙級一年。畢業人數正則班二十一期二千一百餘人，特別班七期約一千人，將官班甲級三期一百餘人，將官班乙級四期五百餘人。此外各種短期班有：兵學研究會一期，兵學研究院十五期，函授班兩期，兵站補習班兩期，西南參謀補習班七期，西北參謀補習班七期，又兩參謀補習班各附設特別班各五期，城塞講習班一期，戰術教官研究班一期，將官訓練班兩期，總計二千餘人。

本篇彙記各班各期桂籍學員的姓名籍貫，但各種短期班的未及備載。

（一）保定時期

滿清政府當日俄在我東西三省戰後，鑑於中國軍隊的積弱不振，想有所改革，於是決定設立「陸軍隨營軍官學堂」。經短期的籌備，於光緒三十二年（公元一九〇六）四月十五日在直隸省保定府成立。那時，段祺瑞督辦京畿各陸軍學堂，陸軍行營軍官學堂也隸屬於段氏，以張鴻逵為監督。設總教官以主持教育計劃，先後聘日本人寺西氏、櫻井雄圖充任。重要課目也由日本教官擔任。學員分速成班和深造班。修業期限，速成班一年，深造班三年。兩班學員初期都由北洋陸軍各鎮收錄。至光緒三十三年冬，速成班畢業，宣統元年春，深造班畢業，計七十一人，這是第一期。續招速成班第二期，收錄學員由北洋各鎮擴及江蘇各新軍，學期改為兩年，宣統二年九月畢業，計七十二人。那時又將監督改為總辦，仍由張鴻

達充任。第一、第二兩期都沒有桂籍的學員。同年十一月，第三期召集入學，學員才遍及編練新軍的各省籍。學期改為三年，遂成定制。迨軍諮府成立，陸軍隨營軍官學堂即改隸軍諮府。宣統三年，校名改為「陸軍預備大學堂」。辛亥革命爆發後，學員多回籍從軍，有一部分在南京臨時政府服務，協助革命，校務暫時停頓。

（二）北京時期

中華民國成立，臨時政府由南京遷往北京。該校改隸參謀本部，並改名為「陸軍大學校」，由參謀本部第三局局長胡龍驤為校長，聘日本人井上謙吉為總教官。將學校由保定遷到北京西直門內的崇元觀。民元年冬間，召集因革命離校的學員復課，民二年十一月畢業，計一百零二人，這是陸大第三期，屬桂籍的只李濟深（蒼梧）一人而已。

民二年十二月，召集第四期學員，廣西都督陸營廷選拔十一人到北京應試，只得七人被取錄，民三年一月入校。是時，改總教官為教育長，以本校前期學員江籌祺、尹扶一先後充任。這是本教育計劃由國人自己主持的開始。但重要課目，仍聘日籍教官講授。同時授「研究會」，選拔本校畢業學員入會研究半年後，派充兵學助教，試教半年，然後實任兵學教官。這是本校中外教官並用的開端。這期的教官，日籍的有宮內英雄、是永重雄二人，本國的有何遂、阮肇昌、伍觀淇、李濟深、袁續熙、林立、徐為燊、張國元、劉光、楊吉輝、譚家駿、黃家濂、顧清選等，此外尚有外語語教官數人。民五年夏間，袁世凱稱帝，學員多離校南下參加討袁，我適患肋膜炎入院留醫而不能行。袁死事平，各學員乃回校復課。是年十二月，第四期畢業，計一百三十四人，桂籍得甘尚賢（寧明）、馬軍毅（平南）、陳良佐（賓陽）、朱為鈴（博白）、黃旭初（容縣）、曾志滬（桂林）、龍振麟（桂林）等七人。

民六年，熊炳琦出任陸大校長。一月，第五期入學，八年冬畢業，計八十六人，桂籍僅得嚴兆豐（柳城）一人。

第六期於民八年十二月入學。民九、賈賓卿繼任校長；張厚琬、阮肇昌先後任教育長。值內戰頻仍，財政奇絀，校務幾告停頓，旋得數省軍事當局協助，勉強支持到民十一年十二月，使第六期一百零八人畢業，桂籍亦只溫挺修（修仁）一人。從此，因經費無著，民十二年竟停頓了一年。

至民十三年春，始召集第七期入學。由師景雲出任校長，張國元任教育長。民十五年改任韓麟春為校長，李端浩為教育長。民十六年七月，第

七期畢業，計八十六人，這期無一桂籍學員。同年八月，復召集第八期入學。旋因戰事影響，終告停辦。

民十七年六月，國民革命軍北伐底定北京（國民政府即改北京為北平），總司令蔣中正蒞止，派劉光接收陸大校務。八月，第八期復課。南北既告統一，整軍需才更多，於是創設「特別班」。選拔上校以上優秀軍官入學，修學期間也是三年，而將原有的班次稱為「正則班」以示區別。是年十二月「特別班」第一期、「正則班」第九期次第入學。由蔣總司令兼任校長，而以黃慕松代行校長職務，周斌為教育長。民十八年六月，黃慕松調職，校務由周教育長代行。至民十九年十一月，「正則班」第八期八十九人畢業，這期也無桂籍學員。民廿年十月畢業兩班：「特別班」第一期計一百二十一人，其中桂籍者得石新之（義寧）、李宗信（桂林）、郭鳳崗（桂平）、韋斌（武鳴）、黃敬修（桂林）、鄧殷藩（思樂）、蕭兆鵬（龍津）、羅浩忠（中渡）等八人；「正則班」第九期計一百二十三人，其中桂籍者得高鵬（桂林）、鍾紀（扶南）等二人。

（三）南京時期

民二十年冬，陸軍大學由北平遷往南京薛家巷西妙相庵舊址。改任楊杰為校長，王澤民為教育長。每年召集學員入學的計劃，每因經費困難而屢告擱置，南遷以後，才得順利實施。民二十一年四月，「正則班」第十期入學。八月又增設「兵學研究院」以養成兵學教官，這是就從前的兵學研究會加以擴充改革而成的。同年十二月，「正則班」第十一期入學。那時，校長楊杰奉派赴歐考察，校務由參謀次長黃慕松兼攝；不久黃慕松又奉調新疆，校務又改由教育長王澤民代行。民二十二年十二月，「正則班」第十二期入學。民二十三年九月，「特別班」第二期入學。同月，陸大校長復由軍事委員會委員長蔣中正兼任。適楊杰由歐回國，遂以楊為參謀次長兼任陸大教育長。民二十四年四月，「正則班」第十期一百零三人畢業，桂籍得夏國璋（容縣）、梁棟新（容縣）、黎行恕（陽朔）、梁壽笙（中渡）等四人。同月「正則班」第十三期入學。十二月，「正則班」第十一期一百零五人畢業，桂籍得王景宋（平南）、陳家釋（桂平）、劉懷義（荔浦）、楊贊謨（百色）等四人。「正則班」第十四期隨即入學。

民二十五年，開始設立「將官講習班」、「兵站補習班」和「函授班」。十二月，「正則班」第十二期七十九人畢業，桂籍得馬拔萃（容縣）、陸廷選（永淳）、俸一中（桂林）、黃閏道（桂林）等四人；又旁

聽學員徐啟明（榴江）、莫樹杰（南丹）、張壯生（柳江）、張淦（桂林）等四人。「正則班」第十五期和「特別班」第三期也於十二月同時入學。至民二十六年八月，特別班第二期一百三十三人畢業，桂籍得呂國銓（容縣）、吳道南（邕寧）、李繩武（桂林）、陳烈（柳城）、黃權（陸川）、鄭昌藩（桂林）、鄭滄容（桂林）、鍾毅（扶南）等八人。

（四）湘黔時期

　　民二十六年七七事變爆發，國府決心抗戰，九月陸大奉令西遷長沙，校址設在舊藩署。因教育長楊杰奉派出使蘇聯，由訓練總監部副監周亞衛繼任。十二月，「正則班」第十三期一百一十人畢業，桂籍得孫國銓（桂林）、海競強（桂林）、廖雄（桂林）、鍾震霄（邕寧）等四人。民二十七年三月，「特別班」第四期入學。五月「正則班」第十六期入學。七月「正則班」第十四期九十一人畢業，桂籍得諸葛曙（修仁）一人。是年八月，以蔣方震（百里）代理校長。學校再奉命遷往貴州省遵義縣，以縣城東北獅子山農場新營房為校址。九月，「正則班」第十六期和「特別班」第四期先遷遵義；「特別班」第三期一百三十人仍留長沙，到十月底畢業，桂籍得甘沛澤（寧明）一人，尚有未及參加畢業的石化龍（藤縣）、蘇祖馨（容縣）等二人。「正則班」第十五期在湖南省芷江縣演習後才轉到遵義上課。蔣代校長（百里）由湘經桂赴黔，過桂林時，第五路軍總司令部、廣西省政府聯合請他演講，他主張抗戰應作半年計劃，就現有的物儘量發揮其能力以求戰勝。他由桂林到柳州時，病已大作，遂宿於宜山。數入後病稍好轉，又集訓軍校生，自晨至午才散。當夜病復發，延至十一月四日午刻逝世，十一月十九日葬於宜山鶴嶺。

　　民二十八年一月，教育長周亞衛他調，以萬耀煌繼任。三月「正則班」第十五期一百二十一人畢業，桂籍得戈鳴（武鳴）、陸學藩（象縣）、張存一（桂林）、劉傑（柳江）、陳卓群（蒼梧）等五人。是時，校又奉命遷往重慶，但遵義校務仍在繼續。適國軍改編廢旅，蔣兼校長遂將編餘各旅長召集入，設「將官班」，學期一年；同年四月復召集少將以上的正副部隊長、高級幕僚和各軍事機關少將以上的正副主官加入，共一百二十人，皆在遵義入學。民二十九年二月，「將官班」在遵義畢業，桂籍得李紹安（龍津）、李駿（上林）、姚槐（象縣）、馮璜（容縣）、雷颺（邕寧）、劉觀龍（貴縣）、羅活（陸川）、闞維雍（柳江）等八人。四月，「特別班」第四期課程修畢，遷到重慶畢業，桂籍得白維義（桂

林）、甘壔（平南）、李英俊（蒼梧）、周澤甫（蒼梧）、蘇新民（靈川）等五人。九月，「正則班」第十六期在遵義修畢課程，也遷到重慶畢業，共一百一十三人，桂籍得李毅生（北流）、何紹祖（扶南）、林科連（北流）、陳先（貴縣）、郭炳祺（欣城）、秦國祥（靈川）、梁治（桂林）、覃澤文（融縣）、鄧華勛（蒙山）、劉穎異（雒容）等十人。遵義校務到此才告正式結束。

（五）重慶時期

重慶的新校舍設在山洞（編者按：抗戰時，凡去過重慶的，無不知山洞這個地名）。民二十八年十二月，「正則班」第十七期入學。是年開辦「城塞講習班」一期，未再續辦。民二十九年七月「特別班」第五期入學。分設於西南、西北的兩個參謀補習班自民二十八年開始後，民二十九年更各附設一「特別班」。民三十年三月，「正則班」第十八期入學。十二月，「特別班」第六期入學。民三十一年五月，教育長萬耀煌他調，由軍訓部次長阮肇昌繼任。七月相繼畢業的有兩班：「正則班」第十七期一百一十二人，桂籍得朱試武（昭平）、江棠（貴縣）、李溪安（蒙山）、李祖霖（陸川）、林鐵初（上思）、岑運應（北流）、韋照心（修仁）、夏越（容縣）、梁耀新（蒼梧）、湯濟（柳江）、葉碧叢（昭平）等十一人；「特別班」第五期一百三十六人，桂籍得韋鎮福（蒙山）、鄧善宏（邕寧）、盧士沐（林平）等三人。八月，「正則班」第十九期入學。至民三十二年八月，「正則班」第十八期一百二十七人畢業，桂籍得李中興（蒼梧）、夏富光（北流）、盧文球（容縣）等三人。此時，教育長阮肇昌他調，由陳儀代理校長，徐培根繼任教育長。是年十月，「特別班」第七期入學。十二月，「特別班」第六期一百三十四人畢業，桂籍得周競（全縣）、馬展鴻（容縣）、馬振鴻（容縣）、霍冠南（臨桂）、盧玉衡（來賓）等五人。民三十三年一月，「正則班」第二十期入學。四月，為培養各軍事學校的戰術教官，特設「戰術研究班」，由軍訓部召集各軍校教官來校研究。十月，蔣兼校長為使國軍各高級將領加強統帥能力，因增設「蔣官班甲級」，指召各高級將領來校受訓，是為「將官班」甲級第一期，而將前在遵義召集的「將官班」改稱乙級第一期。民三十四年一月，有四個班次第畢業：「戰術教官研究班」第一期；「兵學研究院」第十二期；「正則班」第十九期九十六人，桂籍得李有全（貴縣）、唐玉光（田西）、陳宗芳（鬱林）、梁學乾（桂林）、劉天錫（恭城）、劉居震（宜

山）、蕭若夫（榴江）、等七人；「將官班」甲級第一期三十三人，無桂籍的。三月，「將官班」甲級第二期五十九人入學，六月畢業，也無桂籍的。七月，「正則班」第二十一期入學。八月，「將官班」甲級第三期四十人入學，十一月畢業，桂籍得楊勃（容縣）一人。那時日本已經投降，代校長陳儀調長台灣，校務由教育長徐培根代行。續辦「將官班」乙級第二期，就軍師長、副軍師長參謀長、以及高級司令部少將以上主官中，由軍令部和銓敘廳甄審召集，於十二月入學。民三十五年三月，「特別班」第七期一百三十一人畢業，桂籍得李芳西（武宣）、胡松林（桂林）、英彥（柳江）、翁毅（桂林）、陳鐵漢（賓陽）、廖旭榮（武宣）、劉謙（貴縣）、謝濟輝（陸川）、梁家駒（賀縣）等九人。同月，創設「將官訓練班」，指召各高級將領來校受訓，五月，畢業兩期。「正則班」第二十期一百二十三人也於五月畢業，桂籍得李遠翼（桂平）、姚紀昭（博白）、秦瑛（桂林）、黃益（扶南）、楊鎮滔（柳江）、黎煥民（上林）、蔣業謹（全縣）、謝植松（臨桂）等八人。

（六）還校南京

　　民三十五年五月奉令還校南京，指定湯山砲兵學校舊址為校舍。但因砲兵學校還都要回原址，陸大還都計劃遂無形擱淺。蔣兼校長因政務驟繁，難顧校事，乃以前軍令部長徐永昌代理校長職務。但徐代校長也兼負政治方面的任務，到校時少，致京渝兩方的事，都由徐培根教育長主持。「將官班」乙級第三期決定在南京召集，民三十五年十一月，從各軍事機關現任將級主管和全國整軍復員曾任軍師長、副軍師長、參謀長等職各級將官中，甄選一百五十人入學，民卅六年二月，在湯山陶廬舊址新建校舍開始授課。

　　四月，「將官班」乙級第二期在重慶山洞原校舍畢業，桂籍得王佐文（貴縣）、金鑄麟（宜山）、胡雲飛（靈川）、凌雲上（桂平）等四人。六月，校購昇州路泰倉巷房屋為臨時辦公地址，於是留渝各部人員才陸續來京。九月「正則班」第二十一期東下抵京，在孝陵衛新校舍繼續上課。十月，「特別班」第八期在重慶召集入學，桂籍有向致謙（果德）、唐寬源（榴江）、張超（雒容）、潘有吉（隆安）等四人。蔣中正於十月辭兼校長職，由徐永昌實任校長。十一月，「將官班」乙級第四期在孝陵衛校舍召集入學，桂籍有李毓蕃（岑溪）、周公重（藤縣）、劉維楷（臨桂）等三人。民三十七年夏，「將官班」乙級第三期畢業，桂籍得伍文湘（容

縣）、莫若國（鬱林）、劉棟材（桂平）、鄧達之（南寧）、蔡劍鳴（桂林）、譚禮勛（興業）等六人。「正則班」第二十一期也繼之畢業，計一百二十人，桂籍得袁承法（鬱林）、郭其輝（桂平）、鄭宏昌（桂平）、陳兵（上思）等四人。

自第二次世界大戰後，兵學日趨進步，國防益形複雜，政府有將陸大擴充改為國防大學的決議，民三十七年召集「正則班」第二十二期後不再召集。預計「特別班」第八期和「正則班」第二十二期到民三十九年都可畢業，那時國防大學的籌備也當可完成。殊不料，民三十八年國民政府已撤出大陸，宏願成空了！

十八、再記廣西鐵路建築的經過

關於廣西鐵路的史實，我曾寫過〈廣西境內鐵路修築的經過〉一文。但覺過於簡略，如：法國人處心積慮想獨佔桂省路權；廣西地方人士憤而請求自築鐵路；以及因對日抗戰，情勢變遷，我方反求法國助築桂路，忍受其苛刻條件；這許多珍貴資料，都未及採入，特再述此篇，以補闕遺。

本篇資料，主要參考淩鴻勛、陳暉（廣西大學經濟研究室研究員）兩氏的著作。

（一）法視桂路為其禁臠

廣西境內修建鐵路的醞釀，起因於法國的要求。法人蓄謀很早，清光緒十一年（公元一八八五）中法戰役所簽訂的中法新約十款中，其第七款為「……日後若中國酌擬創造鐵路時，中國自向法國業此之人商辦，其招募人工，法國無不盡力勸助。惟彼此言明，不得視此條件為法國一國獨受之利益。」光緒十四年簽訂的中法商務專條附章內更明載：「越南鐵路，可由兩國商訂辦法接至中國界內」的話。甲午中日戰後，法國更以聯同俄德迫使日本退還遼半島，有功於中國，乘機於光緒二十年向清廷要求開辦由龍州到鎮關的鐵路，使與越南的河內鐵路銜接。清廷一面覆稱此路當由我方自辦，一面電令廣西當局派員速行查勘路線，以免法方藉口。當時測得路線長約一百五十華里，估計需款二百二十七萬餘兩。法使據約要求將此路交由法商費務林公司（Fives Lilles）包辦，清廷答允，但對法方所要求此路須用和越南鐵路同樣的一公尺軌距，和將來接築到南寧與百色，卻予拒絕。光緒二十二年清廷遂和費務林公司訂立修築龍州到鎮南關鐵路合同。此合同為包工性質，中國只允給酬金五十萬兩，築路款項係由國庫撥付，並非借款。光緒二十四年費務林公司復將全路勘測一次，估計建築費為六百零一萬九千餘兩。這和原估相差太大，雖經請中公斷，仍須五百九十九萬餘兩。清廷以庫儲支絀，鉅款難籌，才於光緒二十五年答應將標準軌距改為一公尺軌距，估計只需要二百二十萬兩，因再和公司修訂合約。是年八月即將路基工程分段修築。但僅數月，拳亂發生，庫款中斷，光緒

二十六年六月停工，計用去工料和管理費約三十萬兩。自此清廷無力復工，法方正趕築滇越鐵路，對此路也尤其停頓。

法國當時是想以越南為根據地，實現其對華鐵路興築的計劃。曾於光緒二十三年派遣里昂委員會商業考察團來華踏勘由越南建築鐵路進入四川的路線，發現入川路線有二：一為經雲南到成都；一為經廣西、貴州到重慶。該團報告書說，這兩條線都是沿途山嶺峻削，工程異常困難，但英國如果從緬甸建築入川，工程的困難比這兩線要更甚。法對我西南的野心已表露不諱。

光緒二十四年是所謂列強對華利權爭奪戰的時期，列強露骨地要求劃定各自的勢力範圍，儼然有瓜分中國之勢。法國尤為積極，遂乘機取得延長同龍鐵路（同登至龍州）到南寧或百色和由廣東北海築鐵路到南寧或到別處的權利。此時法國殆已視廣西為其禁臠，故當光緒三十二年廣西商辦鐵路公司擬築邕桂鐵路（南寧至桂林）時，法使竟向清廷提出抗議。清外務部以邕桂鐵路與法國既得的權利並無牴觸，據理駁覆，而後來廣西商辦鐵路公司也未能實行建築。

上面所述，便是在滿清時代法國對廣西鐵路的舉動。

（二）省籌自辦卒未實現

光緒三十二年，正當各省紛紛提倡自行籌款築路，拒借外債的時候，廣西也倡辦鐵路公司。先有廣西留日學生主張籌辦自貴縣到龍州一段，為龍貴鐵路；又自橫州繞鬱林出北海一段，為橫海鐵路。為何要築這兩條鐵路？據廣西留日學生上廣西巡撫林紹年的籌辦廣西全省鐵路芻議云：「龍貴鐵路，以軍事言，我所以自辦鐵路者，其目光蓋注於法人。法人之欲安南也，已匪朝夕，欲破其勢力範圍，必出於戰爭而後已。自南寧至龍州，河流淺狹，山徑崎嶇，無論水陸，轉輸俱甚不便。而法人鐵路已達成至我鎮南關外，戰事一開，朝發夕至，我遲彼速，未戰而勝敗可預決矣。以商業言，龍州已闢為商埠，南寧亦有開放之說，而吾省物產之饒富，南寧更首屈一指，惟限於交通不便，故商業無起色耳。故無論為軍事計，為商業計，均以此為第一要線。其以貴縣為起點者，因自貴縣以上，秋冬時輪船不能行也。至橫海鐵路，以廣西無海岸線，雖饒物產，不能直接輸出，猶之有室家而無門戶。且北海介於東京、廣州兩灣之間，此路若成，平時則便吾出入之門徑，戰時並可斷法人之聲氣，此亦兼有商業軍事而言。」

廣西鐵路公司的籌築計劃，和廣西留日學生的主張略有出入。據光

緒三十二年七月十七日商部奏云：「接據廣西官紳內閣侍讀陸嘉言、內閣候補侍讀梁濟等聯名六十六人呈稱：廣西地處邊陲，運輸不便，非建築鐵路，商務斷無起色。現在京外官紳屢次集議，大概辦法，擬先集股一千萬圓，設立廣西全省有限公司，先由本省紳商籌備底股百萬圓為創辦之用。路未告成以前之股息，暫就地方情形酌量籌備。其路線大概由桂林上至全州以達於湘，下至梧州以達於粵為一段，由梧州至南寧一段，由南寧至龍州為一段。三段路線，擇緊要一段首先開築，其餘枝路各線，陸續測勘，次第興辦。惟責任重大繁難，非聲望素著及家道股實足以聯合紳商之人，不克膺此鉅任。查有廣東提學使于式枚，學識宏通，才猷練達，夙昔究心時務，於鐵路各項辦法，均能得其要領，且近在廣西，易於兼顧一切路事，擬公舉為總理。……」奏上，奉准設立廣西商辦鐵路公司。兩年後，廣西遂奏准將本省溢額捐一百萬兩撥給廣西鐵路，作為國家補助股。

　　光緒三十四年，廣西巡撫張鳴岐奏准籌築衡邕鐵路，從衡陽經零陵、全州至桂林，再沿洛清江經柳州以達南寧，凝分衡桂，再修桂邕。宣統元年，張鳴岐因決定先條桂林至全州一段，並與英商寶林公司商訂合同，尤其聘英籍工程師測勘路線，由桂林經靈川、興安至全州的黃沙河止，計長一百零二哩，建築費一百一十一萬三千餘磅。以工款過鉅，寶林公司又試一個兩英尺窄軌鐵路計劃，並先用次第材料，待將來再改為寬軌，這樣，建築費可減為四十九萬五千餘磅。終以工款未有具體著落，而未曾動工。至桂邕段，同年郵傳部曾派工程師章祜帶同一法籍工師測勘，由桂林經永福、馬平、來賓、遷江、賓州至邕寧，長八百六十華里。測後也無動工條築的準備。

　　此外，兩廣人民反對法國向清廷強求南寧至北海鐵路建築權，光緒三十二年成立粵桂鐵路公司，自行招股建築，後來也未能實現。

　　以此所述，為滿清時代廣西鐵路爭取自辦的情形。

　　民國建立，法國對廣西的鐵路政策，不但無何變更，而且更趨積極。民國三年法向我國索得同成、欽渝、敘成三路的投資權，其中欽渝一線便是貫穿廣西南北的大幹線，南端起自廣西的欽州灣，向北經廣西的南寧、百色、貴州的興義而入雲南，至昆明與滇越鐵路相銜接，同出四川敘州府以達重慶；這樣，法國希望多年的侵略西南鐵路計劃，又得到了條約上的根據。但法國慾猶未饜，同年九月復向我國要求完全獨佔廣西全省鐵路投資的權利。北京政府也竟同意稱：「本政府今格外表明睦誼，此後廣西省內如有修造鐵路或開辦礦業之事，如須用外資時，極願首先借用法國資本。」到此，法國已取得壟斷廣西鐵路的投資權了。

（三）約雖利法權仍倖存

欽渝鐵路由中法實業銀行投資，和財政交通兩部訂有合同，規定債額為六萬萬法郎，利率五里，九四扣實收；全路工程由銀行派定總工程師負責；路成通賣時，會計和車務兩處長都須聘請該行同意的法國人充任。可見該行實際上握有本路的控制權。據民國十四年北京政府財政整理委員會的報告，中法實業銀行因受歐戰影響，未能衣約在法國發行欽渝鐵路債票，即對先交付墊款一萬萬法郎的條款，也未完全履行，僅交付過三千二百十餘萬法郎，悉數供財政部移充軍政費。其後中法實業銀行也就停辦，本路的建築遂作罷議。

法國雖始終無力在廣西建築鐵路，但卻絕對排斥他國的染指。當民國五年北京政府和美國裕中公司訂定一千一百英里鐵路借款權的讓與時，其中株欽鐵路一線，聯絡湘粵桂三省，從粵漢鐵路的株州站起（當時粵漢鐵路由武昌僅通至株州），經湘潭、寶慶、東安、全縣、桂林、柳州、武宣、貴縣而到欽州，法國公使隨即向我國提出抗議，認為株欽鐵路借款權的讓與美國，與其既得權益相牴觸。北京政府以株欽鐵路的終點為欽州而非北海，故與法國成約無礙作答。同時設立株欽鐵路工程局，由美國工程師積極進行測勘。裕中公司陸續交來墊款三次，共計一百十五萬美元，但合同規定的一千萬元債票卻始終沒有正式發行。歐戰後美國對中國的鐵路投資有大規模計劃，擬成立美英法日四國銀行團，共同投資中國全部鐵路交通事業，其時美國正需要法國政府的積極合作，避免和法國磨擦，故株欽鐵路的籌築，因裕中公司得不到美國政府和銀行界的贊助，籌不到建築資本而無形延擱下來。美國政府所發起組織的四國銀行團，因列強彼此利害的不一致，也始終未有所成。所以廣西的鐵路建築利權，雖然歷受法國的覬覦，但直到我國抗日戰爭前，仍得保全。

（四）計劃甚多悉在紙上

廣西鐵路的路線計劃，由清末以至抗日戰爭前，曾出現過多種，彙列如下：

甲　欽渝線

欽渝線有兩條：第一條是法國的計劃，由欽州灣起，經南寧、百色、

興義、昆明與滇越啣接後同經敘州以達重慶，並由南寧經龍州、鎮南關以連接越南鐵路；第二條是國民政府行政院鐵道部計劃的，自重慶起，經遵義、貴陽、思恩、柳州、遷江直趨欽州而不經南寧，並由貴陽接通昆明，此線對西南的經濟、文化、國防各方面都有極大的價值。

乙　滇桂線

宣統二年，郵傳部派工程師羅國瑞測勘，由百色經興義至昆明，這和法國的欽渝線中段完全相同。但羅氏主張北自曲靖展築至貴陽以入川，南自百色展築至南寧以出北海，將來的收入才足以養路。民國元年，交通部派工程司錢世祿、隴高顯復勘後，他們的意見和羅氏略有出入，以為由百色展築至南寧後，不宜出北海，而應西行經梧州至三水以啣接粵漢路。同年，雲南都督蔡鍔也派袁續熙、伍文淵調查滇桂路線，他們卻主張由南寧出欽州灣。由於滇桂線的出口有三種不同的主張。

丙　渝柳線

民國八年，貴州省府倡議興築渝柳鐵路，即是從重慶南行經遵義、貴陽、荔波、懷遠至柳州。並向廣西省府建議負責展築柳州經南寧達龍門港的路線。當時川黔桂三省函電往還頗密，磋商將及一年，但因資本困難，未能實現。

丁　衡邕線

光緒三十四年廣西巡撫張鳴岐奏准籌築衡邕鐵路，係從衡陽經零陵、全州、桂林、柳州以達南寧。此線在國防上很有價值，為當時軍諮處覆張鳴岐函中所稱許。後來美國裕中公司擬投資的株欽鐵路和鐵道部計劃的寶欽鐵路，都是此線的條改線。

戊　廣西商辦鐵路公司的五線

廣西商辦鐵路公司擬有路線五條：其中柳邕線就是衡邕線的西段。滇桂線和上述第二項相同。桂北線，從桂林至柳州一段，已包括在衡邕線中；自柳州再經貴縣、興業、鬱林、博白以達北海。梧鎮線係從梧州沿鬱江流域至邊界的鎮南關，此線和通航力強的水道平行，如果建築，實為浪費。梧桂線，係從桂林經賀縣至梧州，對富賀鍾礦區的開發很有裨益。

己 三賀線

民國二十三年粵桂兩省府所商定，並得鐵道部同意的，從賀縣起，經懷集、廣寧、四會而至三水，此線頗有經濟價值。

（五）為利抗日接通越南

廣西期望有鐵路是很殷切的。民國二十五年二月，我們曾電商鐵道部請其進行湘桂鐵路的修築，承張嘉璈部長同意，允即進行測量，旋因兩廣發生抗日運動而被擱置。寧桂恢復和平後，廣西省會於十月由南寧遷返桂林，那時粵漢鐵路全線已完成通車，我派廣西省府諮議蒙啟光邀請粵漢鐵路管理局凌鴻勛局長遊桂，商如何推動興築湘桂鐵路的問題。凌局長對於此事很是熱誠，大家意見一致，決定分頭進行，我們省方再電鐵道部加以敦促，他同時把築路的計劃和鐵道部報告。結果，鐵道部決定修築此路，派凌局長兼任湘桂鐵路工程處長兼總工程師，於二十六年春夏間開始測量。此線最初的計劃只築衡陽到桂林一段，但在測量期間，七七事變已起，中央決心抗戰，為軍事需要，不但衡桂段要趕速完成，且因上海失陷，顧慮東南沿海各港口早晚必定被敵所封鎖，須要準備國際交通的後門。在西南方面，本可利用滇越鐵路以通海防，但昆明到重慶或貴陽的交通已感困難，再轉到湘鄂各處，程途更有許多艱苦。比較起來，廣西境內已有一條由鎮南關經南寧、柳州到桂林的暢通公路，如果在此修建鐵路，工程還算是容易的。鎮南關外便是同登，由同登到海防，已有鐵路可通，這是一條由外國海口到達抗戰後方最直捷的路線。所以鐵道部在衡桂段開始修築時，便決定將路線延長到鎮南關以接通越南鐵路，而將全線分為衡桂、桂柳、柳南、南鎮四段來進行。

各段的負責人都由鐵道部派任。衡桂段自抗戰發生後凌局長不再兼，派杜鎮遠專任工程處長。桂柳段初以羅英為測量隊長；二十七年三月湘桂鐵路理事會設桂柳段工程處，派侯家源為處長兼總工程師，羅英為副處長兼副總工程師。柳南段廿六年冬派袁夢鴻為測量隊長；二十七內三月湘桂鐵路理事會設柳南段工程處於南寧，派凌鴻勛為處長兼總工程師，袁夢鴻為副處長兼總工程師。南鎮段二十七年一月調凌鴻勛為工程處長兼總工程師，處設在南寧；二十七年六月一日全段工程監督，設監督處於南寧。二十七年八月，桂柳段路工復興柳南段合併，稱桂南段工程局，改由凌鴻勛任局長兼總工程師，羅英為副局長兼副總工程師。

（六）合組公司節省現款

湘桂鐵路是由鐵道部與湘桂兩省合作修築。因路線很長，雖然材料一部分供自法國，一部分利用其他鐵路的，但工款仍是一筆大數。抗戰後國庫愈感困難，鐵道部乃邀湘桂兩省參加，把沿線所經的土地價格作為省股，不即付現，且就地徵購枕木，並徵用民工，現款的支出因此大為減省。二十六年底即仿照浙贛鐵路成例，由鐵道部呈准成立湘桂鐵路公司，組織理事會，以鐵道部呈准成立湘桂鐵路公司，組織理事會，以鐵道部（後改為交通部）部長張嘉璈兼任理事長，部派代表和湘桂兩省財政廳長、建設廳長為理事。理事會設於桂林，下設總經理處，為籌劃的總樞。衡桂段工程處即屬於理事會；其後桂柳、柳南、南鎮各段的工程機構，也直屬於理事會。衡桂段通車後，改設衡桂段管理處，由石志仁任首屆管理處長。桂柳段二十九年春通車後，那時已成立湘桂鐵路管理局，和衡桂段合併營業。

各段所費的款項，多少不同。衡桂段：鐵道部撥現款二千零四十六萬二千九百元，又撥材料計值二千三百一十萬七千元。湘桂兩省以徵工、徵地、徵料價款移作投資，計湘省投資四百七十七萬四千元，桂省投資三百五十四萬四千元。總計共用五千一百八十六萬七千元，平均每公里約十四萬餘元。機車和車兩悉由他路移撥，未曾計價。桂柳段：計交通部撥現款一千一百九十三萬四千元，材料計值一千二百零六萬二十元，桂省徵工、徵地、徵料作價轉作投資四十四萬九千元。共用二千四百四十萬五千元。平均每公里約十四萬六千元。機車和車輛由他路移撥，也未計價。柳南段：受二十八年冬日敵侵入桂南的妨害，全線路基只完成百分之八十三，橋樑完成百分之三十，涵洞完成百分之七十三，水管完成百分之七十一。經費原定為二千四百八十三萬八千元，其中材料與工款約各佔半數，實用工款為六百九十萬元，另地方所擔徵工、徵地、徵料約四十五萬。日敵退出桂南後，三十年九月由柳州通車至來賓。南鎮段：有法國借款關係，另詳於後。

（七）求法協助條件煩苛

由越引申鐵路入桂，本為法人的要求，歷來為我方所拒絕。抗日戰起，情勢不同，我反向法方要求將湘桂鐵路接連越南鐵路，自為法人所歡

迎。當南鎮段施測定線時，政府已商由中國建設銀公司和曾經簽訂成渝鐵路借款的法國銀團接洽南鎮段鐵路借款，法國銀團因上海已被日軍封鎖，借給成渝鐵路的材料無法運入，成渝已告停工，對南鎮段的投資，正可補償，自感興趣。交通部張嘉璈部長遂於二十七年一月間親赴河內與法國銀團代表及中國建設銀公司商定借款草約，四月二十二日正式簽定，其主要條款如下：

借款數額：法國銀團供給材料款一萬二千萬法郎（約合國幣一千三百萬元），又現款三千萬法郎（約合國幣三百萬元）。另由法國銀團與中國建設銀公司合組中法建築公司承包工程，其實本為英金二萬四千鎊（約合國幣四十萬），又墊款國幣八百萬元，則由政府補足。（其後，二十八月五月，為購買機車和車輛，由法國銀團加供三千萬法郎。）

還款辦法：中國政府發行期票，週息七釐。前三年只付利息，第四年起開始還本，十二年內還清。

債款擔保：工程期間利息，以普通鹽餘撥付。營業開始後的本息，以路款收入項下撥付；不敷由鹽餘補足；並由廣西省鑛稅下指定以八十萬元為附加擔保。

採購材料：由法國銀團照中國所定材料標準經手代購，由銀團收取購料費百分之一‧五及經費百分之五‧五。中國政府派駐巴黎購料代表一人，會同辦理採購事宜。

建築工程：交由銀團與建設銀公司合組的中法建築公司主辦。所有辦理工程及管理費用，附加百分之十五為建築公司的酬益。公司董事長和總經理，由建設銀公司推選華籍人員擔任；總工程師和總會計由法銀團推選法籍人員擔任，我方推薦副總工程師和副總會計一人。為監督建築公司所承辦的工程起見，由交通部設立工程監督處，派一工程監督代表中國政府負責監督，並稽核工料款項的支出。每段工程完成即移交中國接管。惟在債款償清前，銀團得推薦稽核一人。

工程標準：工程設施應準備敷設標準軌。惟建築期間為便利材料運輸起見，應暫敷一公尺窄軌。全段完工後，中國政府得自由決定隨時改為標準軌。

完工期限：規定在兩年內完工。鎮南關至明江一段，應盡先趕速完成。

借款合同成立後，南鎮段工程處於二十七年六月一日將開工已經兩月

的路基工程移交中法建築公司接辦。時已用去工款和置備材料共支出一百十三萬九千餘元。中法建築公司設在諒山，接辦後即分設工程總分段開始進行。當法方已將同登至鎮南關國界一段接通時，我方交通部和外交部派員和法方人員按照鄰近國界碑劃定在路線上兩國國界的一點。二十八年五月十五日軌道材料開始敷入國境，暫照一公尺軌距敷設。在兩國交界處，兩方路基的寬狹和枕木的長短都不同，非常明顯。十月，通車到達明江。十一月日敵由龍門港登陸侵入南寧，此路遂被切斷，一切工程即歸停頓。當時全路土石方幾已全部完成，兩隧道已完成，已敷軌約八十公里，明江大橋橋墩也已完成。共用借款一萬二千萬法郎，另十三萬鎊；政府撥款約國幣八百萬元。此項用款中，計有存越南未運的材料而寫後來越方徵用的約四千餘萬法郎，未經徵用的也值二千七百餘萬法郎，經和法方商定處理，抵償一部分債款。日軍迫近明江時，我已將機車車輛連同路料七千餘噸、政府物資五千餘噸退往同登，未陷敵手。

（八）徵工法良路方滿意

我在一份雜誌上看到凌鴻勛先生追述當年廣西協力徵工築路情形，現摘引如下：

「徵工每每是一件騷擾地方的事。雖然以往各地每每試行徵工築造公路或飛機場，但規模較小，時間亦不會很長，不像長達數百里公路的鐵路路基，須經年累月方能集事。一般老百姓究竟沒有這項經驗，無論路方怎樣給他們的工資，在他們總是生手，且覺得是一種負擔，影響本身的農作。而且路方與地方當局對於徵工的看法和立場又各有不同。在路方築造路基時間要快，工作要好，費用又要省。地方當局則必須顧到地方和民眾的負擔，工作要妥為分配，工資要有足夠的數額，不使老百姓為難。在兩種不同的觀點下，路方事後每歸咎地方不幫忙，管理不善，錢用得多，工作遲慢。地方當局又容易誤會到路方只知省錢，剋扣工資，虐待民工，這些意見衝突的事是很容易發生的。如果雙方運用得不好，會惹出很嚴重的問題。如這次南鎮段在桂省徵工築路，造下一個輝煌的紀錄，徵工的辦法、精神和成績，路局和省方都感十分滿意，其中自有原因。

「廣西近幾年來休養生息，一片安定，政府對國民的基層組織與訓練，已有了很好的基礎。我們和省當局商洽徵工築路時，省方不但對鐵路的興築極表熱情，而且想趁這個機會作為全省大規模動員一次演習，於是徵工一切問題就迎刃而解。

「省方所委派主辦徵工的人員對於整個問題事前考慮得非常周到，除了按照沿線各縣的壯丁數目依路工的需要平均比例徵調外，並把握著各縣縣長，由省方下令，把所有動員的迅緩、人數的足否、管理的張弛、工作的好壞，一一計分，作為各縣治績的考成。因此各地方官對於徵工的事不會認為只係對鐵路局的一項幫忙，而係認為自身奉行上級命令的重要事項，有關切身成績的獎懲。所以路方不須向縣府催辦，而地方的工作早就推動起來。

「一切準備妥當之後，二十七年四月一日，南鎮段路基的民工工作就在鎮南關以北幾公里憑祥縣轄境內開始表演。省方和縣方都非常重視其事，南鎮段既試辦成功，其後桂柳、柳南兩段也照樣辦理。在這兩年間，共計徵工人數先後達六十幾萬人，我們覺得桂省民工的組織和訓練以及命令的澈底實使人佩服。」

凌先生的語多稱揚，卻都屬事實。

（九）戰後路向改趨湛江

三十四年八月日本投降後，交通部派路政司幫辦袁夢鴻來桂規劃恢復湘桂鐵路。衡桂段受損尚不嚴重，恢復不難，因政府以粵漢路更重要，急謀通車，由衡桂段拆借路軌一百公里與粵漢路復軌，因此衡桂段直至三十六年十一月才復軌通車。桂柳段破壞較多，反先於三十五年六月恢復通車。交通部對全國各路新定分區管理辦法將，湘桂、黔桂兩路合併，改稱湘桂黔鐵路，並任袁夢鴻為局長，設區管理局於柳州。柳州至來賓一段也即修復通車。

抗戰結束，南鎮段的需要已不急。那時廣州灣我已自法人手中收回，政府因決定轉移方向於黎塘至貴縣的支線、和貴縣至湛江的新線，而緩修南寧方面的路段。曾由路局設立來湛段工程處分桂境和粵境兩段進行。桂段著重在來賓紅水河大橋的興建和貴縣大橋的籌劃。粵段工程處設於湛江，著重於築港的規劃和碼頭的修築。事實上兩段都為工款無多，進展很少。後來來賓至鎮南關的湛江兩線，都由中共經手完成；黔桂線現在也已達貴陽。

十九、蔣百里暴逝宜山疑案

　　猶憶抗戰第二年，陸軍大學自湘遷黔，陸大代理校長蔣百里先生行抵廣西宜山而病不起。我適於前一日因事赴長沙而不在省，現翻閱當年日記未見對此事有詳細的記載，故前述陸大校史至此時，乃引自他人的著錄而未及細考。今承當日宜山縣長陳君輕馭於農曆丙午正月初五日函告，方知其與事實略有出入，非常感謝！特據以更正，免得傳訛。

　　陳君服務桂省多年，著有政績。抗戰後期辭職回湘，曾在地方組織游擊武力以助抗敵。衡陽守將方覺等力盡降日被囚得脫赴渝，即為陳君所周密策劃並親督游擊隊營救逃出的。方先覺等不久復被重用，而陳君竟如「介之推不言祿，祿亦弗及。」

　　年來我記現代史實，屢承陳君提點，其求真精神有類於我，而對友直諒一如昔時。現將其原函照錄如下，至分段和標題，是我附加的。

軍學泰斗、死時之謎

　　以下內容，皆為陳輕馭君來函原文，特一字不易，照錄而出，以求存真：

　　「元旦下三時，登府拜年，適值出行，莫申誠敬！歸途便購《春秋》第二〇五期。拜讀尊著陸軍大學事，兼及一代軍學泰斗蔣公百里死於宜山，內有『刻』字是否『夜』字之誤？『延至』二字或為衍文。」

　　「民廿六年，馭奉鈞命治事宜山，次年中央政府西遷，因湘黔鐵路未通，當道時賢，多由湘經桂入川；而長沙、衡陽，暴露於日寇轟炸圈內，不便駐馬，藉桂林之天然嚴洞，始得稍事盤旋。再西行，柳州有飛機場，非停驂之所，必至宜山，方可稅駕，略息征途之勞苦！宜山向無華館，難容高軒，馭預為掃治樓地兩層具體而微之樂群社，牽饌七羊，聊盡東道之情。且奉鈞座電令：『凡過境者，須善為招待。』故送往迎來，必盡心力而為之。」

　　「蔣百公蒞臨下邑時，曰：『今日病矣！』馭即偕縣立醫院江醫生（江西人，醫術高明，素為縣人所信賴）為之診治。時浙江大學遷校在此

（縣原有兵房多間，頹敗已久，馭為集訓甲長，加以修葺，即以之讓作校舍，土牆茅蓋，以供弦誦，聊勝於孔子在陳蔡之間講學於樹林之下），該校校醫某博士（忘其姓名）與百公原為舊識，即尤其負責治理。其在宜山養病經過，有金典戎先生所著：『軍學泰斗蔣百里先生外傳』之四、『血中毒』症奪去蔣氏生命一文，載在《春秋》第一八一期第二十二頁，言之甚詳。其中有云：『縣政府的醫生，聞訊即時趕來，替他打了一針嗎啡。』即江醫生所為。馭生就一副賤骨頭，平生無病，偶有不適，蒙頭大睡一日，不食不動，豁然而瘳，以此毫無醫藥常識，故江醫生所施者，是否嗎啡，則不得而知已。又云：『蔣氏逝世之日，為一九三八年十一月四日下午九時餘。』日則是也，時則非也。至云：『在萬分急惶中，找來浙大校醫，打了一針強心針。』或係傳聞之誤。因與金先生素昧平生，未敢唐突奉告。」

四日夜半、病翻突殂

「百公在宜之日，馭必曰候起居，遇其精神健旺之時，藉聞其滔滔至言，獲益殊多！十一月四日下午六時，百公降臨縣府，笑曰：『病愈，明晨將去遵義，在此多承照拂，特來辭行；並備晚餐，以表謝意，去，去！』馭謂：禮無地主援客之條；堅請為其餞行。百公曰：『不似君平日餉我以酒肉，不過請吃一碗麵而已，何必拘泥。』至此，不敢再爭，乃陪其至樂群社附近之天廚（在布置樂群社之同時，促請財政廳主任秘書陳德之之弟子騰先生籌設天廚，邀請名師，備宴嘉賓），各吃雞絲麵一碗。付帳時，馭以目視之騰。子騰謂縣長以預付矣。百公不悅曰：『信，立身之本，治事之經，少年為官，豈可無信！』大有圯上老人怒責子房之概，只欠脫履命進耳。子騰乃收款入帳。於是奉送其至樂群社所居之樓房，高談轉清，乃於國與國間之離合問題，全視國民經濟為斷，利害次之，並舉蘇德為例：謂兩國人民皆窮，領袖均懷野心，必有結合之一旦。時希特拉方標榜反典，竊不以此語為然。然多日來，侍坐聽訓。如小學生之對嚴師，不敢問難。次年便有蘇德互不侵犯條約之訂定，始信聖哲之言，高出尋常萬萬！馭原與專員尹公承綱約，俟百公病愈，護送其出廣西境，以表崇敬。談至十一時，告辭回縣府，電告尹公，準明晨送行，並處理當日公牘。時中央大小機關之駐宜山者，百五十餘單位，地方困窮，供應維艱；而機關與機關之間，常偶有微嫌，日事接洽疏解，使各得其所，致縣政代處，常至子夜。當晚一時，突接蔣夫人電話：『校長病重，請速偕醫

來！』立電竺可楨校長，邀請校醫，因夜深無人接話。改電縣立醫院江醫生，帶一護士，携一藥箱，一同前往，至，已一時又半矣。蔣小姐坐在桌旁（隋百公來宜山者，蔣夫人、蔣小姐——最小一個，據說是五小姐，及一操北方語之老傔），聞夫人坐在帳內（宜山多蚊，床必設帳）抽咽，由小姐扶夫人出帳。江醫生入帳診查，約三分鐘，出而怒視歐曰：『何不早叫我來！』問其如何？曰：『已停止呼吸，無救矣！』啟帳視之，四肢僵直，惟口角有血。一代哲人，從此長逝，人百其身，亦莫贖矣！是其絕息之，當在四日夜十二時左右，既非金先生所說的『九時餘』，更非鈞座所指之『午刻』。且病係陡翻，死在俄傾，無暇『延至』。」

聲出棺內、以為復生

「事已至此，一面慰唁其夫人、小姐；一面電縣府派一科員率警察一班前來護衛。布置妥當後，即往告尹專員，並電軍委會及省府報喪。五日上午，奉鈞座電令：『為辦理後事，必豐必慎。』飾終之事，首尚棺材。柳州棺材，人所共知，其實柳州開化較早，佳木砍伐，所餘無多，悉賴羅城、天河之千年（少亦五百年）香杉，文理細密而質香。細密則入土久而不壞；香則保護屍體，起木乃伊作用。然而世人願望，『死在柳州』，『木若以美然』。乃派縣府財政科長陪同縣黨部李書記長馳赴柳州，以毫銀三千五百元求得上好棺材，依本縣習慣，厚加生漆。於六日下午，奉移屍體至縣黨部禮堂大殮。棺蓋甫下，聞棺內嘆的一聲，以為死者復生。啟棺視之，蓋之內面近頭部者，鮮血淋淋，蔣公頓作關公！敬謹洗拭，然後一棺長蓋。此一極有血性的真儒，不識炎涼的名士（二語襲取金典戎先生原作所引張宗祥氏贊文素臣語，蓋百公曾以文氏自居云），千秋史筆，有定論矣。權厝於城南之鶴山，待抗日勝利，以謀歸骨。移櫬之日，縣人路祭巷哭，如喪考妣！山陬草縣，得棲高賢，可謂青山有幸矣！」

日婦可疑、惟無佐證

「還有一近三十年無人知，亦不必知；當時哀啟（按：哀啟體例，限於病恐及醫藥經過情形。近人多稱頌功德，甚或好話說盡，厚誣死者，幾不辨其為傳為序。年前曾見以別字聞名者，為其嬌嬌女兒作有志無銘之墓誌銘，即志亦不成志。真是文學革命，革到工農當家，窮人翻身矣）所未載，亦不敢載之事，今便為鈞座陳之。當江醫生宣布絕望之時，蔣夫人

及小姐哀痛殊甚。馭即問其老僕：『何遽致此！』老僕曰：『自您去後，我們檢治行裝，老爺（指百公）止曰：勿急！我頭昏，明日未必成行。夫人為打一針，便睡去了。』當時軍委會有部隊長不得以日籍眷屬隨軍，甚或離異之限令。馭聞僕言，不覺神經發作，與江醫徧尋藥瓶，房屋、堂屋皆不獲，房窗外地下為乾天井，細覓之，亦不獲。即將此事告之尹專員，請示可否檢查？尹公謂：『得瓶能起死乎？汝平時以鐵肩自負，須知鐵肩亦未必能擔萬斤，快報喪，少招是非。』七日，中央及各方弔祭者皆集，內有百公之姪（忘其全名，約記有一「墨」或「默」字，以為服務於中央圖書館者）來謝治喪之勞，乘便告之。彼淡然曰：『校長平昔少有不豫，亦夫人為之打針。』始深服尹公之老成持重，非下走之所及也。金典戎先生文內所謂『浙大校醫為打強心針』，或係指此。往事如煙，耿耿二十九年，究不知標題『血中毒』之『中』字，應讀平聲或去聲也。」

二十、廣西糧食產量一筆帳

現代因衛生常識日漸普及和醫藥技術進步迅速，以致人口的增加率聚形高漲，尤其是一般較為落後的地區，這種情形特別顯著。而糧食的產量，其增加的速度往往不能與之相應。於是世界上許多地方，糧食不足便成為極其嚴重的問題。

中國彊域廣大，糧食狀況各省不同，有剩餘的，也有不足的。廣西卻屬可以自給而微有剩餘的省分。

現在略述民國三十年代的廣西糧食概況。資料主要採自廣西省政府統計局和廣西大學經濟研究室的報告。

（一）糧產的環境

人們日常所用的糧食，在國內說，南方和北方不同；在省內說，桂東和桂西也有差異。這或非全由於嗜好的傳統習慣，當地的氣候土質只宜生產某種糧食也大有關係。因此，我得從地理環境說起。

廣西全省周圍都是山地。東北部和西部最高的山峰達海拔一千五百公尺以上，南部的山峰也有高至一千公尺的。地勢大致是西北高而東南低。惟中部河流縱橫貫注，流域間多成小平原，地勢低平，有在海拔二百公尺以下的，構成了廣西的內陸盆地，為農業發達而人煙稠密的地區。

省境南起北緯二十一度三十二分，北至二十六度十四分，屬亞熱帶，氣溫頗高。南部大河一帶，地勢既低，海風又被勾漏山脈所組，故氣候燠熱潮溼。西部一帶，地勢崇高，冬日可見薄冰，但夏季酷熱過於大河一帶。中部柳江流域溫度較大河稍低；柳州以北，氣候漸漸溫和。桂林一帶，冬日間可見雪，平均氣溫低於衡陽、長沙和漢口。東北和北部邊境一帶，氣溫略似長江流域。全省雨量，大致自北至南逐漸遞減，桂林最多，龍州次之，柳州和南寧又次之，梧州最少，而以百色的雨量分配為最不均勻。各地全年降雨日數平均在百日以上，以夏季最多；其平均雨量在一千五百公里上下；年中平均濕度在百分之七十五以上。地面水分的供給理應充足，但因河流傾斜度大，雨水多由河流奔馳而去，加以地下石灰岩裂縫

極多，暗河不少，致地面的水不易儲積。故雨量雖多，如降雨時期稍不均勻，便成旱象，在西部和西南部這種情形最為常見。東南沿河一帶卻常患水災。

土壤的母岩為砂岩、頁岩、不灰岩、花崗岩和少量的沖積物質。土壤的質地有粘土、壤土、粘壤土、砂土、礫土各種。一般物理性質如滲透性、硬度、結構等尚屬良好。惟就化學性質說，土壤中有機質雖非缺乏，氮分含量頗足，但磷酸極微，鉀分也不足，高地土壤缺乏石灰，酸度很高。因多聚雨，河流陡急，長期沖刷，土壤中所含各種肥分都被帶走，年復一年，以致地瘠。

省內人口的分布，以東南部潯江流域（俗稱大河）為最密，東北部桂江、中部柳江、西南部左江各流域次之，北部柳江上游和紅水河流域又次之，而以西北部右江流域為最稀。這完全由於地勢坦峻、氣候煦酷、地壤肥瘠、物產豐薄的差別而來的。

由地理的自然條件說，如果沒有優良的人為條件加以補助，廣西的糧食生產是不易大量增加的。

（二）自給的程度

廣西的糧食，在天賦太薄的自然條件限制下，豐餘是不宜奢望的，現在且看自給的程度如何？

推算全省實際的糧食自給程度，有兩種方法：即生產量和消費量抵差法和運銷額推算法。分述如下：

甲　生產量和消費量抵差法

生產量和消費量抵差法，即是將生產量和消費量比較，如生產量大過消費量，便是有餘，消費量大過生產量，便是不足。先要求得這兩種量的數字，才能著手比較。

先估計生產量。廣西的糧食作物有稻穀、雜糧、諸芋三大類，根據民廿二年廣西省政府統計局的調查，各類的產量如下：

稻穀類

水　稻	六一、五〇一、〇〇〇
陸　稻	六三八、〇〇〇
合　計	六二、三三九、〇〇〇

雜糧類

王蜀黍	五、八七〇、〇〇〇
大小麥	三九八、〇〇〇
蕎　麥	六三七、〇〇〇
粟	三〇五、〇〇〇
高　粱	五六、〇〇〇
合　計	七、二六六、〇〇〇

諸芋類

甘　藷	一三、二七七、〇〇〇
芋	五、三三七、〇〇〇
木　薯	一、一六三、〇〇〇
合　計	二〇、七七七、〇〇〇

（註：1.各類單位均為擔。2.水稻內分為秈稻五一、二六〇千擔，粳稻四、四〇七千擔，糯稻五、八三四千擔。）

其次考查全省糧食消費量。這比生產量更難調查和估計。因為：第一、各地消費習慣不同，有些地方消費以米為主，有些地方卻以雜糧或諸芋為主。第二、糧食消費的種類常有變遷，如由於災荒歉收，致原來米的全部或部分改食雜糧；又由於家庭經濟的改善，原食雜糧的或改而食米。第三、消費方法的不同，如米的碾製程度有精有粗，雜糧薯芋有原樣食的，有曬乾食的，有製成粉餅食的，因而即使是同種食糧，而所消費的數量也有不同。第四、家庭消費和畜養消費的混同，例如較富裕的人家常以殘剩飯粥餵豬或飼養其他牲畜，因此常影響到一家消費量的過大，在這種情形下，如僅以家庭人數推算糧食消費量，自必失之過小。

平均每人的消費量，在基本數字缺乏的現狀下，調查極難達到真確的地步。因為計算時須考慮到種種因素：第一、鄉村人口消費量較城市人口為大；第二、男子消費量較女子為大；第三、因年齡的高低，每人的消費量有大小；第四、因職業的不同，每人的消費量有有差別。尤其是農民家庭多不記帳，在回答調查人員的詢問時，往往將實際消費量和合理消費量混淆不分，而且數字也多憑記憶或推測，結果當然難期高度確實了。廣西省政府統計局曾在二十四年作過一次調查，得有每人每年平均消費量

數字，以之乘當年全省人口數一二、七六九、〇〇〇人，得有全省各項食糧總消費量數字。但廣西大學經濟研究室以為那次調查的鄉村比較接近城區，所以平均每人米的消費量似略高，雜糧的消費量以稍低，於是參照總生產量加以修正而得全省人民的食糧總消費量如次：

米　三八、五一二、〇〇〇市擔

玉蜀黍　　四、二六八、〇〇〇

大小麥　　　二五五、〇〇〇

蕎　麥　　　五二四、〇〇〇

紅　薯　八、七六三、〇〇〇

芋　頭　五、〇一六、〇〇〇

木　薯　　　七七九、〇〇〇

大　頭　　　九〇九、〇〇〇

以此和前產量表對照，顯示了全省糧食略有盈餘。

乙　運銷額推算法

運銷額推算法，是將輸出省外和由省外輸入兩種數量比較，輸出比輸入多便是有餘，輸出比輸入少便是不足。廣西糧食輸出入的只有穀米一項，其他雜糧縱有交易，也為數很微，故不計入。穀米的輸出入，歷年數量，廣西餉捐局都有統計可查，入口方面，微不足道，計廿一年八千二百市擔，二十二年三千二百市擔，廿三年七百八十市擔，廿四、五年兩年無米入口。出口方面。由廿一至廿五年平均每年為米八十六萬五千多市擔；但餉捐局的數字係商人自報，總難免以多報少，故必較實際數量為低，通常情況可達百萬市擔。

由上面兩種方法推算所得的結果，大致可說廣西是米穀差足自給、食糧略有盈餘的省分。就米來說，每年雖有數十萬擔出口，但並非米產豐多，只因一方面，農家為經濟貧窘，不得不自食小部分或大部分的雜糧，省下米穀以出售得款，維持家計；另一方面，廣西的米質很好，在省外頗受歡迎，故有少量出口；但一旦人民食米率提高時，米產至多僅足自給而已。就雜糧說，產量可謂豐多，尤其玉蜀黍、甘薯、芋頭數項，在輔助食糧的地位極佔重要。惟除花生榨油有出口外，所有雜糧大多只供省內的消費。

（三）糧食的生產

　　廣西全省的糧產總量，前已說過。現在再說糧食生產有關各項情形。

　　先述糧食作物的次位，以明瞭各項糧食各自的重要性。就栽培面積和產值兩項列示「糧食作物位次表」如下：

次位	作物	栽培面積（千畝）
第一	水　稻	二五、六一六
第二	玉蜀黍	五、一六六
第三	甘　薯	二、五五三
第四	大　豆	一、八六二
第五	芋	一、〇六七
第六	蕎　麥	八九七
第七	木　薯	七三〇
第八	陸　稻	六九四
第九	大小麥	四一一
第十	粟	三九六
第十一	高　粱	六五

作物	產值（千元）
水　稻	一三七、〇九八
玉蜀黍	一〇、〇六六
甘　薯	六、四四七
芋	四、三六三
大　豆	三、九二一
木　薯	一、七七六
陸　稻	一、五一九
大小麥	九五四
蕎　麥	八八一
粟	八〇六
高　粱	一二二

　　由上表看，可知廣西的糧食作物中最重要的，第一是水稻，第二是玉蜀黍，第三是甘藷，第四是芋和大豆。

次述糧食作物分布的情形。大致來說，廣西東部因土地較肥，氣候適宜，水利較便，故構成為稻作區；至於西部，特別是西北部，因山嶺重疊，土質磽薄，氣候水量都不適於稻作，故形成雜糧區。現在就幾種主要糧產的分布情形再稍論述：

水稻

其種植在省內相當廣遍，尤其佔總栽培面積百分之六十一便可概見。產量以東南部最多，東北部次之，中部和西南部又次之，西北部最少。凡人口密度高的區域，水稻產量也多；水稻產量較稀的區域，人口分布也較稀疏；兩者是互相影響而互為條件的。

玉蜀黍

其分布集中於西南部，其次為中央部，再次為西北部；在東部，特別是東南部，栽種的極少。它和水稻的分布剛好成為一個對照。因西部的氣候土質都宜於玉蜀黍的種植，且因稻產不足自給，遂致玉蜀黍成為西部的主要食糧。東部種雙季稻，收穫期間遲，故不宜種玉蜀黍。

甘藷和芋

這兩種作物分布的情形完全和水稻的分布相同。產量以東南部最多，東北部次之，中央部和西南部又次之，西北部最少。因甘藷和芋的栽植季節恰和水稻相連接，可利用一部分水田來栽植，成為稻作區的主要輔助食糧。

大豆

這項包括黃豆、青豆、黑豆、白豆四種，以黃豆佔大多數，其餘三種為數很微。大豆的分布較為平均，這因一般人直接食用大豆的少，多製為特種食品的緣故。

各種作物每畝產量最高的區域，也就是這種作物分布最多的區域。如水稻和甘藷，以東北部和東南部每畝產量為最高，也以這兩部的總產量為最多，分布最廣；玉蜀黍畝產以西部各區為高，總產量也以西部為多，分布也以西部為廣。

各種作物的最高畝產，都以全國平均數低下很多，可見生產效率不佳。一因土質較貧，二因技術較舊，二因資本缺乏，以致如此。抗戰前後，技後和資本都曾從事改進，但尚難驟離農家自耕自給的傳統習慣。

（四）糧食的消費

廣西不是一個完全食米的省分，而且消費雜糧的比例相當高。據民廿二年廣西統計局調查七十八縣農民膳食種類的百分比為：飯四一，粥二九，雜糧一一，粥加雜糧一九。其中飯粥兩項係指米製的說，但有些縣分卻包括有雜糧在內；至於粥加雜糧一項中的粥，也是米製的。大致來說，全省米糧消費的比例為三分之二，雜糧消費的比例為三分之一。各區域消費米糧的比例，彼此不同，計東北部為百分之八〇，中央部也為百分之八〇，東南部為百分之七〇，西南部為百分之六〇，西北部為百分之四五。總平均每人消費量計米三二五市斤，玉蜀黍三一市斤，小麥五市近，蕎麥四市近，芋四六市斤，甘藷四四市斤，飯豆七市斤，合共為四六二市斤。從這裡知道消費最重要的前四項食糧（米、玉蜀黍、甘藷、芋），也就是生產最重要的前四項糧食作物；也可知道廣西的農業生產，主要在自食而不在求售，因而去商品化的程度很遠。

廣西所產的糧食，不僅在供人民食用，且也作其他用途，如作家畜飼料、種籽、釀酒、製醬等便是。幾項主要食糧分配於各項用途的百分比，計稻穀：人用食料七四，家畜飼料七，種籽七，釀酒等一二；玉蜀黍：人用五七，飼家畜三三，種籽八，其他二；甘藷：人用六六，飼家畜二三，種籽七，其他四；芋：人用九四，其他六。

關於糧食消費方面，有兩點當時政府未及注意：一為穀米的不正常用途沒予限制。如前所述，除種籽外，穀米用於飼養家畜和釀酒的約共佔百分之一九，如能就這兩項用途予以限制，將可節省稻穀一千一百餘萬市擔，合米七百餘萬市擔，姑以一半計，省下食米為數已很可觀。二為沒予限制食用白米。由糙米製成精米的捐耗率，平均為百分之一〇，假如提倡食用糙米，不獨可增進健康，且可節省米糧。如以每年全省消費食米三千八百五十萬市擔為標準，退一步僅勿碾製太白，損耗率作為百分之五，每年即可節省食米約二百萬市擔。這兩件事如果見諸實行，對農村經濟是很有利的。

（五）邕梧兩市場

廣西糧貨在省內移動的方向，都是順著河流自西北向東南；且以南寧和梧州為中心，各成一個系統。這種單一的移動方向和系統的運輸路線，

形成廣西糧運的最大特色，因而在統制上較為便利，因為握住了最後中心市場，便等於握住了總樞紐。

甲　南寧市場

左右兩江流域和百色以北各縣，為糧食自給區域，以南寧為消費中心市場，各縣運送餘米以供其消費。在平常情況下，這區域自產足以自給，雖無剩餘輸出，但除災荒外，也不依賴別處接濟。

左江沿河各縣，糧產相當豐多，尤以雜糧為著，致年可節省若干食米。只因南寧需米太大，所以這幾縣的餘米，也僅足應南寧的需要，有時南寧還須由別處輸入補充。南寧完全屬於終點消費市場。龍州屬於次級轉運市場，凡左江上游各縣的餘米，多先集中龍州，再順左江轉銷南寧。

右江流域限於土質氣候，稻產不豐，居民多種雜糧。只田陽、田東、果德、隆安數縣每年有少數米穀輸往南寧。

乙　梧州市場

桂江、柳江、潯江三大流域的沿江各縣，為糧食輸出區域，以梧州為總匯市場，輸出剩餘米穀於省外。梧州在糧食運銷上所以能夠構成特殊的地位，一因糧貨主要依賴水運，而桂、柳、鬱、潯各江總匯於梧，直達粵省，不僅民船稱便，汽船電船也常年通行；二因梧州地區西江上游，廣東為糧食不足省分，廣西的餘米都經由西江供給，握糧貨輸粵必經之地；故此成為廣西糧貨輸出的最大市場。

桂江沿江各縣糧貨，大部分先集中於桂林、平樂，再順流運銷於梧州。此外較重要的市場有全縣、界首、大溶江、大墟、荔浦、賀縣、八步、信都等處。但毗連外省的市場，多直接和省外交易。如全縣、灌陽便直接和湖南發生輸出入關係；賀縣、信都多直接輸出廣東。桂江流域土質較佳，氣候也好，且溪流交錯，灌溉便利，稻產僅次於潯江流域。

柳江流域為廣西餘米最多的地區。就產量說，本在潯桂兩江流域之下，但因人口密度較低，食米量較小，故每年輕由梧州轉運出省的穀米，反比潯桂兩江流域為多。其最大集中市場，第一為柳州，第二為運江。這兩市場均濱柳江，載重民船和汽船都可通航，凡柳江上游和附近市場的穀米，都先集中於這兩市場，再運銷梧州。柳州的轉運額比運江更大。此外較次的市場如鹿寨、象縣、石龍等，也直接運銷梧州或大湟江口。

潯江流域，包括自永淳、賓陽以東各縣。土質肥沃，灌溉便利，種兩季稻，故稻產量多，為全省第一，除自食外，每年有大量剩餘輸出廣

東。除梧州外，重要米市有貴縣、東津、桂平、大湟江口等，這些市場的糧貨，除大部分運銷梧州外，也有少數直接運銷廣東。又和粵省毗連的縣分，如博白、陸川、北流、容縣、岑溪等，多直接和粵省發生關係。

（六）運銷三要項

糧食在省內運銷，其運銷機構極為零星散漫。運銷機能計分包裝、分級、加工、儲藏、運輸、金額、交易各種；就當年廣西糧食市場的發展程度說，各種機能中，以加工、運輸、交易三項最為主要；至包裝、分級都非常簡單，甚至完全不用包裝，不加分級，儲藏、金融的機能尚未充分發達，致運銷機構的運用頗欠靈活。

加工方式分舊式工具和新式機器兩種。舊式工具又分人力工具（手舂、手磨、腳碓）、畜力工具（牛碾、馬碾、牛磨、驢磨）、水力工具（水碓、水碾）三項；新式機器分木炭機、柴油機、馬達機三項。舊式工具中，以手舂、腳碓、手磨在各地應用為最廣，農家十之七八都有設置，尤以西北部各縣為多；其次為水碾，東南部各縣用的最廣；其他如水碓和各項畜力工具卻不太通行，但小麥製粉卻是用牛磨的。新式機器以木岩機、柴油機較為通行，大河、柳江各埠用的最多，桂江、左江各埠次之，右江各埠最少。新式機器漸有代替舊式工具的趨勢。加工精度因工具不同而有異，一般來說，由穀到糙米的出產比率為百分之七〇，由糙米到白米為百分之九〇，由穀到白米為百分之六五。碾製費僅水碾坊和機米廠徵收，如就穀到白米的全程說，平均每擔穀收費，水碾坊為〇‧三元，機米廠為〇‧五元。

運輸方法，水路以民船為最通行，次為汽船拖渡；陸路以人挑為最多，次為畜馱或牛車，間有用汽車的。運費以水路為廉，陸路為貴。水路運費又看航行困難程度而有高低，大概大水時比小水時低，下行比上行低。在通行汽船的航線說，民船運費比汽船低。就運銷成本說，各項費用中以運費所佔比例為最大，這是量重值小貨品的運性。但因此卻發生兩種結果：第一、糧貨的銷路完全為運費所決定，如運費愈高，糧食銷場範圍也必愈狹；第二、生產者的所得價格和中間人的獲利，以距離中心市場的遠近而定其高低，例入所得必較柳江一帶的為大。運輸的便否，對糧食的調劑關係最大，交通閉塞地域的餘糧，無法運濟別處。

糧食交易的組織還太單純，如代理商、批發商、零售商都尚未專業化，除糧食外，多兼營其他貨品；生產者多小額挑送市場直接賣給消費

者。但就一般說，由生產者到消費者，仍須經過批發商、代理商、米販、經紀人、零售商等過程。交易方法，在鄉村市場多行現款交易和到貨交易，其次為委託交易；交易基準以看貨為多，看樣次之。中心市場多行到貨交易和採購交易；交易基準以看樣、指樣為多，絕少看貨的。

　　糧食是由土地生長出來的，土地制度有變動，糧食狀況也會跟著變動，二十餘年前的景況，現在回想，已成陳跡了。

二十一、廣西省會六遷記

　　民國成立以來，廣西的遷省和中央的遷都，情形有點相似。辛亥革命，民國誕生，孫中山總統建都南京；袁世凱繼任，不肯南下，竟將首都拖往北京。到了國民黨北伐勝利，把統治華南的國民政府由廣州移到漢口，繼合併到南京；北伐完成，全國統一，才消滅了北京政府。抗日戰爭期間，首都初遷漢口，再徙重慶，抗戰勝利後仍還都南京。中共席捲大陸，將國民政府迫處台灣，又以北京為首都。首都遷來遷去，都不出南京、北京兩處。廣西省會原在桂林，民國元年才遷往南寧，二十五年復由南寧遷返桂林。抗日戰爭後期，寇侵入桂，省會初遷宜山，再徙百色，抗戰勝利後仍返回桂林。廣西被中共佔有後，又以南寧為省會。省會遷來遷去，都不出桂林、南寧兩處。這兩件事對照起來，不是相彷彿、很巧合嗎？

　　本篇記廣西遷省的大略，惜資料未能詳備。

（一）桂林南寧的建置史

　　桂林和南寧這兩個地方，能夠作為省會，自然是各有其重要性的。它們當初是怎樣建立起來的呢？現在就史書的記載查視看。

甲　桂林

　　桂林這個名稱，從秦始皇略取嶺南置南海、桂林、象郡那時就有了。當時把現在的廣西，除沿邊有幾個小部分屬於他郡，如：東邊的富串、鍾山、賀縣、信都、懷集、蒼梧、藤縣、岑溪一帶屬南海郡；南邊的容縣、北流、鬱林、陸川、博白地域，西邊的上思、綏淥、左縣、同正、萬承各縣以西直至越邊地域，和自困德以上經百色到邏村口這段右江南岸以西直至滇越邊界地域，都屬象郡；北邊的南丹、思恩、宜北、三江、龍勝一帶屬黔中郡；東北邊的資源、全縣、灌陽一帶屬長沙郡外；其餘悉屬桂林郡，連現在的桂林和南寧都包含在內，但桂林郡治「布山」卻在今貴縣境內。因此桂林有從前的和現在的不同，現在先要把這點弄清楚。

先說從前的桂林。秦代設置的桂林郡，漢代把它取消了，而劃現在榕江、中渡以北直至全縣一帶改隸陸郡，其餘部分改稱鬱林郡；並在鬱林郡內設立一個桂林縣，地點在今象縣境內。三國後期，吳又把桂林縣升為桂林郡。晉代遷桂林郡到今柳州境內，而將桂林縣改隸鬱林郡。南北朝劉宋時，桂林郡轄境又有變更，郡治南遷中溜，在今武宣縣境，桂林縣復歸其統屬。梁陳時代，桂林郡區域縮小，只有今武宣縣地；桂林縣改為桂州韻陽郡治，並改名陽壽縣。隋代復改陽壽縣為桂林縣，屬治安郡。唐高宗乾封元年，把桂林縣併入別縣，從此直到元代，在全國行政區劃上，桂林這名稱不復出現。

再說現在的桂林。西漢時為荊州零陵郡始安縣；零陵南部都尉駐此。東漢時稱始安侯國。自三國以至隋代，都稱始安縣，但隸屬有不同：三國時屬荊州始安郡，晉代屬廣州始安郡，南北朝宋時屬湘州始建國，齊時屬始安郡，梁、陳時屬桂州始安郡，隋代仍舊。自漢以來，都尉、郡、國、桂州都以始安縣為治所。唐太宗貞觀八年，改始安縣為臨桂縣（從此直到清代不再改名），屬嶺南西道桂管桂州。臨桂縣五代時屬南漢桂州，宋代屬廣南西省桂平道桂林府，清代屬廣西省桂平梧道桂林府。除嶺南西道、梧平梧道外，各代的管、州、路、府、道、行省、省等都以臨桂縣為治所。

桂州、桂林、臨桂都用桂字來命名，可能因為當地多生桂樹。灕江兩岸桂花樹最多，有金桂、銀桂、月桂、丹桂、小葉桂、四季桂等種，人多以桂花釀酒、製糖、製糕。藥用的肉桂樹是熱帶植物，廣西南部出產最盛，所以你候較冷的北部地帶如桂林各處，看不到它。

乙　南寧

南寧在秦代也在桂林郡內。漢代為鬱林郡領方縣地。三國時為鬱林郡臨浦縣地。晉代為廣州晉興郡晉興縣，郡治在今南寧城外的古城口。南北朝宋、齊時仍舊。梁、陳時為南定州晉興郡晉興縣。隋代為鬱林郡宣化縣，郡治在今貴縣境。自隋至清，宣化縣名沿用不變，只隸屬代有不同：唐屬嶺南西道邕管邕州；五代時屬南漢邕州；宋代屬廣南西路邕州；元代廣西行省南寧路，南寧名稱從此開始；明、清兩代都屬廣西省左江道南寧府。各代的道、管、州、路、府都以宣化縣為治所。

丙　比較

宣化縣在唐代已為嶺南西道治所，統轄廣西和安南，「道」的地位和現在的省相等，它的治所也就等於現在的省會。宋代的廣南西路使從唐代

的嶺南西道改變而來,當時安南已為藩國,不須中國直接治理,故把治所改置臨桂縣。從此,元代的行省和明清兩代的省也相沿而置於臨桂縣了。我們既知道宣化縣即是南寧,臨桂縣即是桂林,所以從歷史上看,南寧成為省會,實在桂林之先。不過桂林較為接近北方,無論省對中央的聯繫或中央對省的控馭,都比南寧要近便得多。除非有事南服,在現代交通工具缺乏的專制時代,政府是不會顧及民眾的利便而放棄桂林選擇南寧的。

(二)諮議局的遷省建議

遷省是件重大的事,在專制時代,人民是不敢在這個問題上輕易置議的。但到了清末,革命潮流聲勢洶湧,清廷危懼,於是有預備立憲的表示,令各省成立諮議局,中樞設立資政院,希望藉此以緩和人民的革命情緒,人民已不畏懼專制的淫威。廣西省諮議局於宣統元年(公元一九〇九)九月初一日舉行第一屆會議開幕式,在這首屆會期中,議員們便有遷省南寧案的提議。據廣西通志館編印(民國三十八年六月油印本)的「廣西省諮議局第一屆會議議案一覽表」共列議案十三件,最末一件:「案由」欄列「建議遷省南寧案」,「提案者」欄列「諮議局」,「決議情形」欄列「照案通過呈請撫部院核辦施行」。諮議局的權限,在它的章程上規定有決議權(詳細列有事項範圍)、建議權、答覆詢問權等等,遷省案是根據建議權的行動,至於巡撫對這建議採行與否,諮議局對他是沒有拘束力的。

甲 必須遷的理由

諮議局主張遷省的理由,我沒見過提案全文,不知其根據甚麼?只是後來聽到大河一帶人士的議論,說是桂林實在太過偏在一隅,試看廣西全圖,像一片樹葉,而桂林幾乎靠近葉柄上。省對邊遠地區,政令的傳佈既感十分遲滯,民間疾苦的瞭解也非常困難,無形中成為施政的障礙,這是政府方面的不利。在人民方面的不利,就更顯著了。比方大河一帶的人要上省,由梧州坐民船溯灘江而上,已非半個月左右不可;若是南寧以西左右兩江的人要往省城,那所費的時日和盤川就不知要大若干倍了!當時既沒有鐵路和公路,更沒有飛機,灘江水淺灘高,還沒有電船行駛,倘為緊急到達,只有趕陸路,就太艱苦了。因交通困難,距離省會較遠的人,除非實在必要,是不敢輕易往桂林的。因此,有許多機會本來共同平等的,而結果,距省會愈近的愈沾近水樓台的光,距省會愈遠的愈深望洋興漢的

恨。舉個實例試為佐證：滿清一代，廣西歷科鄉試中式舉人全省十二個府州共計五〇二四名，分計為、桂林府二五一六名，平樂府二九九名，柳州府二五八名，慶遠府二六名，梧州府四五四名，潯州府四〇三名，鬱林州四五一名，思恩府一五〇名，南寧府三三一名，太平府一〇只名，泗城府一六名，鎮安府一六名。請看！桂林一府所得的竟比其餘十一個府州共得的還多八名，相差實在大得可驚。這固然由於各地文風有盛衰，如慶達、泗城、鎮安等處讀書人少，不能和桂林來比較；但距省遠近、往來難易這一點，關係也很重要，不少的人，書讀得很好，卻因沒有長途跋涉上省應試的能力而失去中式的機會了。更有一點，地方上秀才、舉人愈多，愈能引起人讀書應試的興趣，而中式的就更多，文風愈盛；如果地方上一個舉人秀才都沒有，讀書的風氣低落，更莫說應試中式了；這是互為因果的，也就是省會鄰近和邊遠地帶發生差別的由來。科舉雖廢，而省成新設了許多官費學堂，機會還是和從前相似的，所以大河和桂西方面的，對遷省是十分望其現實的。

乙　選南寧的原因

新省會為什麼選著南寧？因未得看提案原文，不知其詳。由前段的理由來推測，桂林既是交通困難和位置太偏，那新選的地方自然要避免這兩個缺點了。而且地方如太狹小，作為省會也不稱適。全省較大的市場，除了桂林，只有梧州、柳州、南寧三處；梧州交通最便，但太偏在南京；柳州地位原較適中，但交通不算很好，南寧和各府的交通方便多了，它在宣統年間已有電船和梧州、龍州、百色各埠來往；梧潯各縣，沿江可搭電船到邕；桂林、平樂各縣，順灘江而下到梧州轉船；柳州、慶達各縣，順柳江而下到桂平或大湟口轉船；鬱林各縣可到貴縣搭船；太平符各縣順左江而下；泗城府各縣先到百色；思恩府南部，正毗鄰南寧。在這樣情形下，當然是贊成南寧的佔多數，遷省案便通過了。

（三）遷邕實現移柳未成

遷省案由省諮議局建議上去，廣西巡撫把案擱置下來。辛亥革命成功，陸榮廷被推為廣西都督，省諮議局也改為臨時省議會，再把遷省案催動。陸都督原籍思恩府武緣縣，省會能接近自己家鄉，更是樂意。民國元年八月二十八日實行遷省，於是臨時省議會、都督府、省級各機關都先後由桂林移到南寧去了。

黃紹竑任廣西省政府主席期間，建設廳長伍廷颺籌備在柳州舉行廣西全省物產展覽會，會場選定柳州對河一片曠野間，新闢馬路，建築房屋，一切計劃圖則，都配合省府和各廳的需要，於民國十七年秋天著手興建，準備翌年展覽會開過後，便把省會移來柳州。那時省內交通狀況進步，已和民國初年不同，公路完成了二千多公里，以柳州為中心，東北至桂林、全縣，東至平樂、賀縣，北至長安，西北至河池，西至南寧，西南至鬱南各處，都已通車；由南寧至百色和龍州兩路，也正在建築。因此，他們想以柳州為省會，也自合理。但十八年春，武漢事變牽動了廣西，物產展覽會也沒開成，遷省遂未實現。

（四）為利抗戰由邕遷桂

　　民國二十五年秋天，兩廣抗日運動被中央壓止後歸和平後，遷省問題又復提起，那時期省議會已不存在，是由廣西黨政軍聯席會議決定的。規定參加聯席會議的人為：國民黨廣西省黨部常務委員、書記長；廣西省政府主席、秘書長、各廳廳長；廣西高等法院院長；國民革命軍第四集團軍總司令、副總司令、總參謀長、總司令部各處處長等。那次會議是九月十二日晚間在總司令部舉行，李宗仁總司令在會議中分析當時的局勢，判斷日本繼續壓迫我國，人心憤激不可制止，全國終必一致奮起抵抗，中日大戰，勢難避免。為應付將來抗戰軍事上的需要，他提議：省會應由南寧遷往桂林；這樣，一可避免敵由海上登陸的威脅，二可和中央取得更密切的聯繫，加以桂林岩洞很多，是最好的天然防空設備。討論結果，一致贊成。過了十多天，有十多位地方人士向省府陳請勿將省會遷移，但經解釋後也就沒事。省政府於十月一日開始搬遷，十月五日在桂林開始辦公，因總務處孫仁林辦理事務非常能幹，所以能這樣迅速，這樣大的機關，又這樣遠的路，竟像一個家由這條街搬過那條街一般輕易。其他的機構，也先後移動，四集團總部（新成立的廣西綏靖主任公署合併在內）費了許久日子才整頓就緒。遷省後不到一年而蘆構橋事變起，果然掀起全面抗戰；二十八年十一月十五日，日寇由欽縣龍門港登陸進犯，二十四日而南寧失陷，桂南被佔，二十九年九月初日寇才撤往越南

　　三十三年日寇由華北發動，企圖打通平漢、粵漢、湘桂各線接連越南，以挽救其南洋方面的危機，秋間由湖南攻入廣西，省境淪陷了四分之三。省會九月十二曰撤離桂林，移至宜山暫避，十一月一日由宜山再遷往百色。三十四年八月日本投降，全國光復，省會於九月初仍返桂林。

自三十九年後，廣西省會又移到南寧了，這因中央主張世界革命，要積極對外活動和就近方便指揮越共的結果。

二十二、國共中蘇合作抗日間的漫談瑣記

　　自從七七事變爆發，國民政府決心領導全國奮起抗日，於是中共秉承蘇俄的意旨，將破裂了十年的國共合作又來恢復。往日的仇敵，一旦間又成為朋友，往來談讌，夙嫌若忘。因此，我也偶有機會得聆中蘇共黨人士的言論。

　　在漫長抗日時期中，關於中共和蘇聯的現狀與將來，不時在各處聽到時人的論述，其中不少精采可喜的卓見宏議，惜已事隔十餘年，不免多所遺忘了。

　　無論是共黨言論或時人評述，當時聽著都感覺興趣。現就記憶所及，零星集錄，讀起來彷彿聽熟朋友的錄音帶，但心情和當年又自不同了。

　　因蘇俄以赤化全球的新帝國主義領導中共，使其藉合作抗日的機會以增長力量，故中共和國民黨在全國各處明爭暗鬥，無時休止，使得中央和地方對都都要戒備。現將桂省當時的對策附錄篇末，以見此事關係的非細。

　　我當抗日戰爭期間，在桂林的時日為多，曾到武漢一次，陪都重慶也去得不少，關於共產黨人的意見和時人對共黨方面有關的評述，多是在這三個地方聽到的。所記述的，都是得自面談。以下分作兩部分來彙集。

（一）中蘇共人士的談片

　　先述共產黨人士對我們所表示的，共六則：

　　其一：二十六年十月九日，張雲逸由香港返陝西，因北方和上海戰事正烈，取道桂林，特自過訪，張云：「在國共合作抗日之下，我們共產黨只有盡力幫助政府，似有許多人對這種意思還沒了解。」我知其意有所指，答道；「共產黨員個人如果沒有妨礙社會秩序安寧的舉動，地方政府一體以國民來看待，絕不加以何種的干涉。但共黨組織的行動，因現還未奉中央命令，所以不能容許；不僅共黨，一切祕密組織也不容許。」張對前日《廣西日報》刊載萬民一的文章，認為含意攻擊共黨，妨礙合

作，極力批評。這是我們辦報同志的疏忽。

其二：二十七年四月十日，我因出席國民黨臨時全國代表大會而在漢口，浙省主席黃紹竑介紹張任民、潘宜之和我與周恩來、陳紹禹、秦邦憲三位晤談。那時正當國軍台兒莊大捷後三日，周云：「敵軍經台兒莊戰役的挫折，其以後採取的戰略，或將是這樣：一、將兵力集團使用，不敢太過分散；二、錐形戰略，長驅深入，將不敢輕於嘗試；三、集結兵力在機動的位置，選點攻擊。」黃問：「你們對逃兵的處置怎樣？」周答：「我們對新兵入營，先注重政治訓練，使漸漸習慣軍隊的生活，老兵對新兵要事事客氣幫助；其次使隨同老兵打游擊戰，聽慣了槍砲的聲音，看多了作戰的狀況，便不驚恐；再次才給以輕易的任務。對逃兵的處置，最初連禁閉也不用，只在連俱樂部開會批評來說服他。」我們又問：「訓練工作人員，似應注重待人接物和統御指揮的科學，是不是？」周答：「這兩種科學都不易教，仍以妥選指導員在日常生活中注意對這點作指導為宜。」秦云：「可這樣做：一、多作精神講話；二、在小組討論或工作會議中施行。」他們的做法都很合理。

其三：二十七年十月十三日，蘇聯駐華大使盧幹滋由漢口赴重慶簽訂中蘇空中交通協定，道經桂林，我於十四日晚宴招待，席散閒話，盧先詳述蘇聯昔年抗戰的經過情形，次極力鼓勵中國要抗戰到底，必得勝利，因中蘇同樣有人多地廣的優越條件；惟須努力在抗戰中建立工業和致意外交，凡可能取得的幫助，不論大小，不問國家，都應爭取云。盧大使的話自是切合實情；但另一方面，必須中國抗戰到底，蘇乃可好東顧之憂，將來中日兩敗俱傷，更為蘇的大利。盧十五日離桂，翌年七月在高加索乘汽車失事，夫婦一同遇難逝世。

其四：二十八年夏間，葉劍英在南嶽游擊訓練班負訓練重任，到桂於五月十八晚過訪，談過訓練班情形後，論乃敵我情勢，葉以為日軍憑藉交通的便利，忽攻南昌，忽攻鄂北，成為跳躍作戰，我應以靜制動，努力設法破壞敵後的交通。又說：「八路軍在華北和當地政府發生摩擦，如能在當地設黨政委員會分會，使雙方分子參加，或改組河北省政府，使八路軍分子參加，再將區域劃分，問題或能解決。」這種意見，中央縱知道也不會採行的。

其五：二十九年七月，我因出席國民黨五屆七中全體會議到重慶，七日，白崇禧副總參謀長約黃紹竑和我與葉劍英討論淪陷區縣長本籍外籍利弊問題。黃根據他在浙江省的經驗，謂本籍人當縣長絕對不宜，易為本地漢奸所害。我依廣西省的實況說，本籍外籍並用，只要人地相宜，但外籍比本籍為較多。葉云：「縣長、鄉長、村長都選舉本地人充任為最好。淪地方敵人時來時去，糧食如果集中，易以資敵，或為敵燬；八路軍係用合理負擔公糧辦法，由鄉中有人望的召集各家開會，認定分擔數目，登記入冊後，公糧仍然寄存原主代公家保管，這樣，便容易祕密；待游擊隊到了該鄉需用糧食，才通知交出的數目；但在派定各家分擔數目之前，先要調查暗知概數。」辦法很好，但要在中共勢力下的地區，黨政軍一元化的才易實施。

其六：三十二年五月五日，蘇聯駐華大使館武官別德聶科夫陸軍上校（Colonel A. F. Bedniakoff）偕秘書郭烈夫（Major G. Goreff）來桂參觀兵工廠和軍官學校過訪，十六日宴我於樂群社，我曾詢別上校以蘇聯的婚姻制度、教育制度、衛生制度，家庭制度，農場制度，都承他詳細見告，但聽過後沒把大要寫記，現在完全不能記憶了。

（二）時人的中蘇共述評

次記時人對中共和蘇聯的評述，共十一則：

其一：二十七年四月九日，我在漢口訪黃紹竑主席詢其中共的做法如何？黃道：「中共的做法，對人重在改造氣質，不注重形式的整齊，故有『不罵人』的口號；訓練軍人，也使之與民眾不生差別，僅平民加多一種教育而。對事根據客觀環境以為因應，不復像前在贛南時期的全憑主觀，硬行碰壁。」

其二：二十七年四月十日，我在漢口訪謁國民黨副總裁汪精衛，他告我道：「我們的兵器，除飛機外，十分之九為德國所供給；蘇聯所供給的，其條件較德國為尤苛。」他又給我「中共的策略路線」一份，並說：「你看！抗戰後中共對國民黨的態度仍然如此。」當時沒工夫細看，十一日由粵漢鐵路南歸，在車上檢出來讀，乃是林毓英所講述的，要點是說，中共和國民黨妥協，純然是中共的策略，中共絕不放棄共產主義、無產階級鬥

爭和土地革命云。這是中共恐怕黨員因國共合作而思想動搖，特別對其黨員作此指示。我們國民黨人看了中共這個祕密文件，自然要心存警惕了。

其三：二十七年五月十五日，東北名宿莫德惠來遊桂林，他曾出使蘇聯，又遊歷過德國和義大利，對它們的政教風俗，頗為留心觀察。我請教他：「現在蘇聯的做法，是走向共產主義的正軌呢，抑或漸漸離開共產主義呢？」莫云：「漸漸傾向民主政治。蘇俄當局似已感覺實行共產發生困難，經濟發展後，個人的衣食住行和育幼養老疾病，國家都完全為之料理，似無所不足；然父子夫婦兄弟朋友都和路人無別，茫茫宇宙，無一可靠的人，心靈上的孤寂，痛苦不可言喻，這實在是社會的大憂。聞蘇俄已有大學教授正在研究中國的大家庭制度云。」莫氏又說：「蘇聯經濟建設的成功，由於刻苦，即所謂勤儉，例如全國一致遲延十日再燒暖爐以節省薪炭便是。其教育也有特殊的地方，人才教育，由逐級學校分析學生的所宜，再由政府選拔入大學訓練，而不是用普通的招考方法；而是學即是做。」

其四：二十七年八月廿六日，張國燾先生到桂來訪，他表示：「現在應為民族至上、國家至上，共黨主張階級利益，實屬錯誤。蘇維埃制度和土地革命，在中國不易行。至蘇聯的助我，現時亦屬真誠，但可說是蘇聯本位，現實主義，並非對中國仗義。」張氏可謂真知蘇聯。

其五：二十七年九月十八日，立法院孫科院長由漢赴渝過桂，據談：蘇聯數年前即勸中共應服從蔣，使中國統一。蘇所提不侵犯協定，久無結果，到七七事變後，才得簽定。但軍事互助協定現不能簽，因簽後蘇便須參戰。然蘇聲明幫助中國抗戰到底云。

其六：二十九年六月二日盛成中先生在桂林談國際情勢，謂：史太林和羅斯福在遠東彼此相需防日，並不因主義相反而衝突，這點需要注意。按那時珍珠港事變尚未發生，盛氏眼光銳利可佩。

其七：三十年三月十二日，陳此生兄將離桂，向我道別懇談。他對時局分析大要為：中共只能在黃河以北，不能在長江和珠江流域立基礎，因華中華南工商業發達，此等資本家結成經濟勢力，他們不歡迎共產；其次，華中華南智識分子也多，他們喜歡自由主義，也不歡迎共產；惟華北人民較窮，易受共黨煽動，但只是貧農，而非真正大工業下的工人，即不是真正的無產階

級，故中共的革命基礎並不穩固。如果將來真是變成了上述的狀況，美英以利害關係，乃將支持西南地區的有力者，蘇聯將支持中共；廣西應自造成為有力者。其實中共力量並不可怕，但此時用兵剿辦，實屬非智，徒失各方的同情；根本辦法，在我真誠努力去實行三民主義，中共自然消滅。蘇聯現在所行的也只是民生主義的方法，我能實行民生主義，自然也可由發展國家資本漸至消滅私人資本而達到共產。民主為本黨所主張，也是國人所想要的，現我不去積極善為運用，反擱置起來，予中共以口實，失國人的希望，最為失策云。

其八：三十一年十二月二日，我出席國民黨五屆十中全體會議在渝，駐蘇大使邵力子來訪，據談蘇聯的情形：「一、共黨內部頗為團結，屬行紀律，屬行檢討，故無腐化的現象。二、一有發明，經確證後，即施行於整個工廠，由工廠廠長報告中央主管部和總工會，部會立刻廣播、通告、命令全國照行，故收效大。但非資本主義國家所易採行的。三、蘇聯政府對民族問題處理得很好，不改變他們原有的風俗、習慣、語言，而給予他們以教育、醫藥、衛生等項好處。四、民間的家庭觀念仍重，老母多往依她已嫁的女兒過活。做母親的很愛自己的兒女。五、私有財產並無限制。集體農場已達農民百分之九十以上而非強迫。六、民眾不須納費而得享用的為教育、醫藥、衛生。」

其九：三十九年四月四日，立法委員屈武到桂，他留俄十餘年，對蘇情形很熟，我請他告我以蘇聯的家庭制度。他說：「介乎中國和歐美中間。離婚雖很自由，但也受限制。例如初次離婚的，男方須津貼女方以所入三分之一；第二次離婚卻須津貼三分之二，至於企圖第三次離婚，事實上是很不容易辦到的。父母年老，子或女都可迎養；做子女的也以父母其迎養為榮，以為父母愛己比其他兄弟姊妹更甚。」

其十：三十三年一月十七日，國民黨中委陳建中在桂林談話表示：各省中共的發展，廣東最盛，四川其次，廣西第三，參加的各省不同，廣東為土匪，四川為幫會，廣西為文化人云。

其十一：三十四年一月廿八日，我在重慶應軍令部熊斌次長晚宴，于斌主教同席。于氏最關心他家鄉的東北問題，他說：「去年在美，曾問羅斯福總統關於史太林對於東北問題的態度？羅

斯福說，在德黑蘭會議時曾問過史太林，史太林表示蘇聯想在遠東使用太連不凍港和運輸便捷的漢洲鐵路云。」按三十二年十一月下旬開羅會議時，蔣主席曾對羅斯福明白表示，將來以大連為國際自由港，各國都可使用。羅由開羅到德黑蘭後，復向史探問意見。

（三）廣西對共黨的方法

抗戰到了中期，中共乘機擴展力量的真面目日形顯露，廣西也受到了若干不利的影響，二十九年六月初，軍政文化領袖商定本省對共產黨的態度與防制的辦法如下：

甲　關於思想方法

一、三民主義及總理遺教應絕對遵守實行，故凡闡發該類理論之著述言論，應得充分之保障。

二、基於三民主義的理想所規定之抗戰建國綱領，為目前一切行動之準則，絕不容絲毫逾越。

三、克服思想，當以採用理論之鬥爭為上策，不可濫用權力。

四、對思想稍過而不能切合中庸之道的青年，宜用和平感導循循善誘的方法說服之，絕不可濫用左傾、右傾、前進、倒退等名詞，以免走入極端。

五、對於各種社團之組織，應派得力人員運用黨團作用，使其逐漸就範，絕不可輕用權力橫加制裁。

六、對共黨應本作之君作之師的精神；其有過惡，當繩之以法，服之以理；並隨時指評其謬誤，防範其越軌。

乙　關於健全本黨領導及組織方面

七、闡揚三民主義及總理遺教之理論，使各級人員及青年有深切之認識，以堅定其信仰。

八、發動本黨忠實同志組織及運用民眾之團體，以群眾的力量及有組織的行動，與共黨作有計劃的、理論的、組織的鬥爭，以爭取領導權，把握群眾，削弱其活動力量。

九、運用公開社團經常討論時事問題，以免共黨歪曲解釋一切。

一〇、運用忠實明敏之同志多與共黨上層接近，了解其陰謀，以便相

機應付。

一一、改善省以下各級黨部組織，使人才充實；增加經費，使能應付
需要。

一二、加強領導民眾團體，使其發生積極的作用；力避包而不辦之惡
習，免為共黨及一般熱忱青年所藉口。

丙　關於政治實施要點方法

一三、針對目前共黨欺騙民眾之種種政治工作而加以政治的答覆，即
所謂以政治克服政治，使有恆久性的兌現性的政治，擊破其暫
時性的欺騙的政治。

一四、針對目前民眾切膚的痛苦與要求而加以適當的滿足。

一五、實行新縣制，強化三自政策及三位一體制度。

一六、實行耕地租用條例等政策。

一七、各級公務人員，在省外者應充份選拔培養當地優秀分子。

一八、本省幹部在省外者，不可輕任財政稅收職務。

一九、本省在省外宜建立一言論出版機關，以與省內各文化機關聯
絡，以收文化上互助之效。

丁　關於人事方面

二〇、注意各級幹部精神的訓練，加強其對於主義及黨的認識。

二一、吸收優秀青年充實各級機構。

二二、用人惟才，只問其品學如何，除共黨外，不當以其為非本黨黨
而歧視之。

二三、凡優秀之非本黨分子，除共黨外，可於引用之後婉為說服之加
入本黨，但不可過於操切以引起其反感。其不欲加入者，可暫
時聽之。

二四、對於優秀的幹部，既經選用之後，應予堅決信任，並竭立保障
之，不可動於流言輕易進退。

二五、不偏不倚的提高幹部之地位，與培養其資力。

二六、幹部工作之決定，應切合其志願心與得。

二七、各級主官對幹部之能力、性格與工作，應有經常之考查，以資
運用。

戊　關於教育方面

二八、教育制度應遵照中央，教育人事應因地制宜。

二九、對教育界服務人員，應澈底了解其生活，並保障之。

三〇、本黨應把握各校學生會。

三一、儘量介紹品學優秀黨員任各校教師。

二十三、抗戰期中廣西對外活動記往

抗日戰爭時期廣西的對外活動有兩方面：一是對於華僑的活動，也可說是僑務；一是對於國際的活動，也可說是外交事務。

僑務和外交，本來都是屬於中央的權責，但本篇所述的，都是些地方所應處理的輕小的事務。

這兩種對外活動，平時就有，但其意味和戰時不同。

華僑的分布遍及五州，這裡活動的對象，主要是在香港以至南洋一帶的。

對國際的活動，並非遣使出國接洽何種重要問題，而只是省與駐在桂境各國領事的普通往還，和來桂的外交人員、軍人、新聞記者的尋常交際而已。

（一）對華僑方面的活動

抗日戰爭時間，廣西關涉華僑的活動，一是向華僑募捐軍用品，二是與華僑作經濟上聯繫，三是接待來桂觀光的華僑，四是救濟逃難到桂的華僑。活動的概略有如下述。

甲　募捐雨衣膠鞋

廣西向屬窮省，財政並不充裕，出發北上參加抗戰的部隊，裝備都是很差的，尤其是雨衣和膠鞋，極感需要和無力補充，於是用留在省內後方的第五路軍名義向香港、南洋的僑胞募款購辦，以送給前方浴血作戰的戰士應用。適逢二十七年四月七日第五戰區司令長李宗仁指揮部隊大破日軍，獲得台兒莊的大捷，消息轟傳，遍及海外，各地僑胞大為歡欣鼓舞，莫不慷慨解囊，募捐成績的美滿，出乎預想之外。然卻因此惹起當局對廣西的猜忌，遂趕速結束，不復進行。

乙　經濟聯繫措施

廣西和華僑經濟上的聯繫，只對越南和星加坡兩處曾有過部署。

越南方面，是華僑發動向廣西聯繫的。自日本於二十六年九月五日宣布擴大封鎖我國海岸全線後，我國對外的交通只有陸路了，因西北通蘇聯的路線太長，不易修建，故中央注重西南，先通越南和緬甸。華僑銀行以湘桂、川滇、滇緬各鐵路將漸通開，西南各省的經濟情形也將會隨著交通情形而改變，海防和滇桂兩省的經濟關係必日趨重要，於是二十七年八月十五日在海防設立分行，並即特派陳水鯉等三人於八月二十四日到桂林聯絡，和廣西銀行訂約辦理匯兌。

星加坡方面，是廣西發動向僑胞聯繫的。桂籍華僑以在馬來西的為最多，他們不像廣東、福建的華僑經營商業，一般是做開礦工人，辛勤積下一些血汗錢，幾乎全是匯返家鄉買田置地，每年全省統計為數也頗可觀。省政府遂令廣西銀行在星加坡設立廣西匯兌公司，既可方便僑胞，又能吸收外匯。該公司初以張世璜為經理，二十九年夏間改派黃嶸芳接任。三十年五月五日黃嶸芳回抵桂林報告：「廣西匯兌公司被前經理張世璜向當地政府告密，已被停業，很使桂僑失望。廣東銀行已在星設分行，而我當初不設法成立分行，只設公司，實為失策。當地法例規定開設分行的條件有四：一、須經中國政府核准；二、須該銀行董事會議決有案；三、須該銀行章程載明得在他處設立分行；四、分行經理職權須明白規定。」黃五月八日返星。省府命廣西銀行務須設法促成星設分行。但是年十二月八日太平洋戰火已延及香港、星加坡，分行計劃無法實現。

丙　觀察者的心聲

抗戰起後，不時仍有華僑來桂觀光、考察。加拿大僑胞黃寄生二十七年六月三日到訪，謂加僑對桂多表好意。星加坡南洋商報、新國民日報派張楚琨、高雲覽回國視察，二十九年三月十四日訪問省政各種的設施，我們都詳細相告。對軍政首長致力抗戰建國獻旗慰勞的，先後有越南華僑歸國服務團、智利代表孫海籌、中美洲代表鄭華秋、澳州代表萬襄、旅美華僑統一義捐救國總會代表酈炳舜、馬來亞柔佛廣西同鄉會代表吳覺非、李秀添等多起。

訪桂許多僑胞中，以僑領陳嘉庚的言談為最饒興味。他在二十九年四月間回國慰勞，遍西北各省考察各地的政治。八月二十二日從重慶經昆明、貴陽、柳州到桂林，很受各界歡迎。我和他初晤，談及國共問題，他主張應極力容忍，使之團結以利抗戰。他又談及他不加入國民黨的原因：一為在外國人勢力下，一染政治色彩，對事業即受妨礙；二為目擊海外辦黨的胡搞非為，自己固不願受其無理的指揮，也無法約束他們使受黨紀

的制裁云。在晚宴席上致詞中，他闡明華僑和祖國關係的真相：一、中國禁煙和華僑的關係：必中國先禁，然後南洋政府無法藉口而不能不禁，僑胞才能不受煙毒。二、中國抗戰建國與華僑地位的關係：抗戰勝利，建國成功，外人才不敢輕視中國，華僑自己才看重祖國，同時華僑才不受人賤視。三、華僑對祖國投資問題：第一種為土生華僑，已完全變為外國人，根本不識祖國，絕無希望；第二種為由祖國出洋經營事業成功的華僑，他們的資本已投入在現營事業中，勢難停止，回國另起爐灶的希望，已是很少；所以只有第三種人，便是零星小有積餘的華僑，人數很多，祖國如有水電、礦山之類的大企業經營，有完善的公司組織，確守信用，前往推銷股票，想必很為容易；例如從前粵漢鐵路股份，曾集得四千多萬元，漳廈鐵路股份也達到三百萬元，可惜政府不守信用而已。廿三日他在各界歡迎會中表示：華僑對祖國抗戰的捐款，平均每月達國幣七百萬元。他對桂林、大墟、興平、陽朔等市鎮的非常清潔，歎為他處所少見。二十九晚離桂赴湘。

丁　救濟逃桂難僑

　　日軍發動太平洋戰爭，三十年十二月二十四日香港陷落，僑胞受難，陸續經沿海各處逃入內地，許多更向後方進到廣西。這些難民裡面，一部分是現在或曾在黨政有職位的，生活不成問題，不須救濟；一部分是文化人，靠賣文為生，須作特別安頓；此外為一般平民，無所依賴，必須予以救濟。軍事委員會委員長桂林辦公廳主任李濟深和我於三十一年一月三十一日函請桂林各機關、團體派代表到樂群社茶會，商討救濟逃難到桂僑胞問題。當即組成廣西省各界救濟歸國僑胞委員會，負責進行。需款推定中央賑濟委員會第九區特派員林嘯谷親往中央交涉。中央賑濟委員會委員長許世英視察閩粵歸經桂林，我們再和他面商救濟辦法。但延到五月中央才核定發給經費四百萬元。十二月賑款用完，再請二百萬元續辦下去。三十二年二月十二日行政院命令結束救濟僑胞機關，於是由省賑濟會將業務接續辦理。蔣先生對文化人很耽心他們在廣西會隨便說話，曾兩次派代表來桂接他們去重慶，但願去的很少。在桂林留下的也並不任意放言高論。

　　緬甸失陷後，僑胞經過雲南、貴州而到廣西的也不少，多屬閩籍，向來經商，想回福建家鄉固然不是容易，但留在廣西又不慣農作，安頓他們煞考慮。

　　泰僑和港僑好些逗留在廣州灣。三十一年六月十一日瓊籍泰僑黃有鸞到桂說：「這些人有錢的不少，想入內地經營實業，苦於情形不熟，又怕衙門公事接洽困難，特來請教。」我表示：政府當極力給予便利。

桂林有些市民不明大體，華僑買屋、買地、租屋，賣主，房東有臨時加價，不守信用情事，省政府後來才知道，非常遺憾。

（二）對國際方面的活動

抗戰期間，廣西的外交接觸為法、英、美三國，而且事務多屬輕易的。此外，德、蘇、義三國偶有人員經過桂林，卻只有交際而已。

甲　法國

法國自清末即派領事駐在龍州，而且桂越比鄰，故接觸較多。抗戰起後，我海岸被敵封鎖，即向法方交涉兩事：一為二十六年十月中央派曾養甫赴越交涉我向外國購買的軍火假道越南運入廣西問題。越南當局雖表示助我，但法政府因受日本的質問而不敢公開幫助，尤其是德義兩國的貨不能通過，而我以前定購的軍火，又以德國為多。後來我得情報，謂因曾氏到越太過張揚，被敵偵悉破壞，以致交涉失敗。二為二十七年一月中央派交通部長張嘉璈赴越請求法方協助接通越桂鐵路問題。交涉結果，順利成功。這兩事雖和廣西有關，但都非由省負責交涉。以下所述，為省所負責處理的事。

一、海防法國東方匯理銀行經理白蘭（Bay lin）二十六年十一月二十五日到桂，向省政府商洽投資開發礦業。我們在原則上表示同意，但雙方後來都沒積極續商。

二、二十六年年末我得情報：甲、法方因中國現派蔣、陳兩使分赴德、義進行聯絡，故對我抗日是否到底，尚有懷疑。乙、我駐越領事館的宣傳技術太差，只將中央廣播電台對本國人播放的消息直譯送交法報，既不扼要，意義也欠一貫。

三、二十八年十二月二十一日，日軍由南寧派隊襲攻龍州和鎮南關，中央和本省存在邊關待運的物質，悉移入越境，人也不少過去避難。二十九年初，省政府接廣西出入口貿易處理王遜志上年底自高平發的報告說：「貿易處的物質，僅損失油渣千餘桶，此次遷避入越，高平當局力予協助，我方難民也承其照料，請專電致謝。廣西全邊對汎督辦鄭承典亦入越避難，殊失國體，幸法方未按國際公法予以難堪。」省府即照電越方表示謝意。

四、我三十二年七月一日巡視龍州，法國駐龍領事（J. Siguret）來見，謂越南總督德古將軍正令其赴桂謁候，道達其在越極力忍耐

以維持現狀，而免日軍對越破壞太甚的意思。我表示諒解法國處境的困難，和越督的苦心。

五、日軍三十三年冬再度攻入廣西，龍州淪陷，法領事移駐靖西。省政府遷到百色。那時越南既被日軍佔據，越南革命黨又積極活動，情勢很壞，法駐華大使館三十四年二月召法領事狄爾斯赴渝面詢，狄爾斯道經百色時特來晤談。

六、越南各革命黨派如阮海臣的越南國民黨、胡志明的越南獨立同盟等，自日軍佔領越南後，相率避入廣西；第四戰區司令長官張發奎特於三十三年春請准中央，指導阮、胡等在柳州聯合組成越南革命同盟會，並為其訓練幹部數百人遣返越南從事革命活動；主持指導的為長官部外事處副處長蕭文。三十四年四月廿一日蕭文來訪，據談：「自去年九月以後，因我方援助越南革命，法政府頗為焦急，曾致文我中央政府，願自動讓步，承認我國在越的特殊權益，將來重新劃界，當可辦到云。」蕭將於近日往越邊策動越南革命黨開會，希望省府方面使沿邊各縣了解，以便行動。我即照辦。

乙　英國

英國派有領事駐在梧州，民十四年梧州群眾在「五卅慘案」紀念日舉行示威大運動，所有在英領事署工作的中國人一律自動退出，英領事非常驚恐，倉皇逃下兵艦退回香港，從此不敢復來。十七年底英駐廣州總領事到廣州葵園向廣西省政府主席黃紹竑當面交涉，自願將廢置荒蕪已久的梧州英領事署交還中國，只求省府貼回建築費港幣二萬五千元。黃氏覺得帝國主義如此低頭，也是我國外交的一次勝利，表示同意。雙方立即簽字，黃付款，英交還契據。

抗戰期間，廣西和英國只有過幾次交際，沒甚要事。

一、香港英國空軍中校參謀韋羅石、陸軍上尉參謀白沙（Boxer），粵高射砲教官蘇雲（Chau Vin）二十六年十一月十二日到桂旅行來訪，我問他們三個問題：第一、中國對日本再戰半年以上，日本對香港有無動作？答：不會有，因日本的作戰力量將更不及。第二、如果日本不受九國會議調解時，九國會議或國際聯盟對日本將有何舉動？答：仍然是開開會議討論討論而已。第三、德、義、日三國反共同盟的效果將怎樣？答：德籍此嚇蘇，意籍此嚇英，日籍此嚇華，如此而已，並無實際作用；實在德助中國比助

日本為多。

二、英駐中國大使卡爾（Sir Archibald Clark Kerr）二十七年七月二十九日由漢赴港過桂，受我招待。他對中國自衛抗戰極表同情。據他觀察，歐洲各國備戰尚未達到充分程度，大戰在兩三年內或不易發生。日本對中國戰事，聞欲在其議會開會前攻下武漢，即宣布對華戰事結束，而扶植南京成為中國政府，並視國民政府為地方割據云。

三、廣州淪陷以後，三十一年八月我外交之准許英國駐兩廣總領事班以安（Bryan）在桂林設辦公處。班七月初即由渝來桂謁見。三十二年三月，施特立繼任總領事，仍駐桂林。班、施並通華語，不須通譯。

丙　美國

廣西和美國人交往，起於太平洋戰爭發生以後。因在桂設置轟炸日本的空軍基地，人員來桂漸多，且在桂林設領事署。可記事件如下：

一、美國駐華大使館新聞主任裴克三十二年二月十四日遊桂來訪，我問他前在鄭州、昆明的見聞。裴克說：「中條山中國軍隊的官兵都和敵人通商，故所有較高級指揮官的住處，敵都知道清楚，終至被敵一舉而盡殺指揮官，以致軍隊無人指揮；但不久，散兵起來自動組織，復與敵抗。這是最好最好的一件事。鄭州平漢鐵路的黃河鐵橋，日方已經將其修復，任何車輛都可通過，很是可慮。昆明的衙門，以下午三時至六時為辦公時間，和他處不同；省政府藉口實行限價，而將公糧每擔由四百元提高到八百元以牟利；城內徵兵，有一次實應徵三百餘人，而徵萬餘人以從事勒索；這些都是很奇特的事云。

二、美國記者福曼由蔣委員長贛南行政督察專員蔣經國偕同赴贛考察，三十二年五月十一日福曼由贛返渝再過桂林，我問他：蔣專員在贛南的情形如何？福曼說：「肯認真做，頗有成績。」我請他對廣西作坦率的批評，他道：「重慶拘束未免太過，不如桂林較為自由；戰時雖應緊張，然太過卻難持久。中國人有一部分不知此次戰爭的危險，便是不知愛國；舉例來說，如桂林人對美空軍的租屋和買物，非常苛刻，全無友誼，昆明當局且以美國租借法案給予中國的汽車賣給中美國空軍以作人情。」

三、中印緬陸軍總司令部中國區供應處處長陸軍少校普愛士（Chas F.

B, Price Jr.）、少校陸活（Lyman B. Lockwood）、駐華美國空軍情報參謀及聯絡官上尉柯地（Frank R. Otte）三十二年五月十四日來訪，說：「過去到桂，因不懂地方習慣，不曾知會當地政府，以致發生不便的事，以後當祈惠予協助。」我即應允，並指定省政府秘書長為接洽者。美方需用就地購用的物品很多。

四、美國新設領事署在桂林，三十二年五月二十三日其新任領事林華德（Archur Rumney Ringwalt）、副領事謝偉志（Richard M. Service）到省政府作上任會晤。兩人都懂中國語。

五、白崇禧副總參謀長三十二年九月三日在桂林宴請陳納德將軍（Chenault），邀我參加，席間商定由美空軍及桂林軍政機關酌派人員組織一委員會來溝通雙方的意見，以便地方幫助美空軍種種的需要。

六、美國駐中印緬總司令部高級參謀林賽准將（Malcolm Franeer Lindsey）三十三年四月二十四日來訪，五月一日我設宴招待他，林華德、謝偉志正副領事同席。兩林請我借給桂林環湖東路福建會館對面空地一方建築憲兵辦公處，我答應即查明情形再通知，後來似因戰況變化而未建築。

七、三十四年二月我由重慶返百色，道經昆明，十日在昆訪問美國陸軍司令麥克魯將軍，他對我談及幾點：「甲、百色方面現取守勢，故未使用百色機場，以免惹敵來攻。該方面的軍隊穿單衣、食不飽，必須供足。乙、現有的武器，先用以裝備取攻勢的各師，故第四戰區部隊留待第三期裝備，為時須在半年後。丙、望桂省府設法收買淪陷區鄰近的糧食和交通工具，以免資敵，如向中央請不到此項用款，美方可以供給。」

八、美國總統羅斯福三十四年四月十二日逝世，駐在百色的美軍人員由博文上校領導於十五日下午三時舉行追悼會，函請當地軍政長官參加，我親往致簡短的悼詞。十六日我主持省政府總理紀念週，遵照中央通令，領導全體同丘向羅斯福總統默哀三分鐘。

九、廣西各地的光復，由西至東，從龍州、南寧、柳州而到桂林。南寧收復後，美國空軍即用為基地，將昆明基地的人員陸續移來，各種的需要浩大。三十四年七月中旬，其後方勤務部人員向我方找人接洽建築大量房屋，承供肉類蔬菜等項問題。但不到一個月，日本已宣布投降，一切已不復需要。

丁　其他

　　除法、英、美外，其他各國的外交人員如蘇聯駐華大使盧幹滋二十七年十月十三日由漢赴渝過桂，德國駐華大使館技術顧問濟伯尼二軋年二月十五日來遊，義大利駐華代辦Spinelli二十九年七月二十二日自滬經浙、贛、湘赴渝過桂，都有酬酢。盧大使情事已見另記。齊顧問願以友誼為我解決工程上的疑難問題；他個人不贊成德國和日本聯盟。

　　新聞記者來訪的，有德國的海通社和蘇聯的塔斯社。

二十四、抗戰勝利後建設廣西一場夢

　　抗日戰爭勝利後應如何從事建設的問題，很早已被注意到。民卅四年一月間，我還在重慶養病，副總參謀長白崇禧曾約甘乃光、雷殷和我討論此事，大家認為：政治應澈底實現民主；發展生產以改善人民的生活；培養人才以充實建設的力量。這只是漫談、一種民主、一種原則而已。

　　國民黨第六次全國代表大會於民卅四年五月五日至二十一日在渝舉行。當時第二次大戰的形勢，德國於五月七日無條件向盟軍投降，歐洲已無戰事；太平洋方面，美軍五月十六日攻佔琉球首府那霸，猛炸日本本土，全局勝利在望。大會各項重要議案，如：「本年十一月十二日召開國民大會」，「取消軍隊及學校黨部、成立縣市正式民意機關」，「實現工業建設綱領、土地政策」等，都富有積極的意義，地方建設也有了很好的依據。

　　本節特述廣西復興建設計劃研討制定的經過。

（一）初步的善後措施

　　先述收復地區的善後措施。

　　廣西四個大城邕、梧、桂、柳都被日軍盤據蹂躪，而以南寧收復為最先。我於三十四年七月八日在邕召集十六縣的縣長舉行善後會議，指示目前應做的急務。柳州是六月二十九日光復的，比南寧遲了三十二天，交通困難，七月廿四日我才得搭美軍機由邕飛往視察，並借美軍汽車乘往視察宜山。桂林又後柳州將近一個月而於七月二十七日光復，比柳州殘破更甚，我急要趕往一看，在柳候了十天，終因連日陰雨和軍機不便而去不成。八月九日回邕，十日晚上即得日本投降的消息。梧州是八月十五日才把日軍打走的，於是全省光復告成。

　　在日本投降前，八月四日我由柳州發一通電給各區專員公署、各縣政府、各縣臨時參議會：「本省自遭敵寇侵入，蹂躪至七十餘縣，淪陷地方，男女老幼流離失所，自衛團隊英勇抗敵，後方民眾努力供輸，旭初對此深為懷念。近來邕、龍、柳、桂、潯、平各屬相繼收復，雖民困得以

稍蕪，而殘破亟待重整，爰親出巡視，經邕寧、柳江、宜山，本期遍歷各縣，因交通困難，未能如願。今特藉此對我各區各縣同胞同志敬致慰問之忱，並對當前善後工作提希注意。一、經此變亂之後，人之賢愚邪正已顯露分明，縣長對於縣府及所屬各級人員，應即公平考核，崇正黜邪，賞功罰罪，以明是非，而正視聽。二、縣長應愷切命令鄉鎮村街長，對屬內流亡者招之速歸，並留意防匪，安靖地方，使歸者得以安處。其生活無著者，由村街共同籌濟；村街之力不足，乃請鄉鎮籌濟；鄉鎮之力仍不足，再請於縣籌濟；不宜坐待省與中央之救濟，致緩不濟急。三、縣政府應詳確調查公私損失數目，轉報區省，以便轉請中央救濟善後。四、各種自衛隊、游擊隊、挺進隊、民軍等抗敵部隊，所有人員武器，應迅速復員，以減輕民眾負擔。如為維持治安所必須者，縣政府得斟酌情形保留相當數目。五、各縣自衛隊所有民槍，應由縣切實登記，妥為管理。六、懲治漢奸及偽組織人員，不准由鄉鎮村街長或自衛部隊人員自由處置，必須報縣核辦，罰款數目尤應公開，如有藉端架害、故事株連者，一律嚴辦。七、乘亂劫掠機關之公物、或仇殺外來人民之暴徒，為首者必須嚴辦，其餘按情節輕重分別懲處，公物勒令繳還或賠償。八、戶籍散失之村街或鄉鎮，應從速整理，或從新調查登記。其他村街鄉鎮未散失者，不必整理，以省耗費。九、收復地區減免賦稅辦法，應按中央規定：凡經淪陷為敵人控制之地區，無法徵收者，其賦稅全部豁免；凡已淪陷或被敵軍竄擾經克復之地區，在克復一年內，照原稅額減半徵收實物。各縣應按此規定將實情報省核示。十、地籍或糧冊散失者，應設法依據各縣糧單或其他證據重造糧冊，以資應用；至再辦土地陳報或土地測量，一則款巨難籌，一則費時甚久，宜別謀善法。十一、縣稅收入必須解縣，不准鄉鎮村街或自衛隊霸留自用，更不得藉開賭以籌款，應慎委徵收人員，改善徵收方法，嚴密監查，杜絕中飽。十二、學校被破壞者，應分級負責恢復之，即縣立中學由縣，中心國民學校由鄉鎮，國民學校由村街；但縣政府教育科長科員應分頭到鄉鎮村街，就當地可能之條件，指導其如何恢復之辦法，協助其實施；並應準備候令推行成人教育。十三、電話線被破壞者，應從速修復，如電線不敷時，可拆取不重要之線路，以先修重要之線路。十四、應振興水利，並勸導人員力農事，以增加生產。十五、恢復各級合作組織，以為縣經濟組織之基礎。十六、應繼續協助軍隊直至日寇投降或消滅為止，雖負擔甚重，而義不容辭，故對徵兵、徵工、徵夫、徵料、購糧、修路等事，除經請准免除者外，務須照常為之。十七、民主政治已成為世界之潮流，中央近亦力促憲政之實現，故今年內，本省各縣臨時參議會，應改選

為正式參議會，鄉鎮長一律民選。以後專員公署應於各縣參議員之選舉，縣政府應於鄉鎮長、鄉鎮民代表及村街長之選舉，事前均應不惜心力，切實指導，庶賢能當選，而民主政治之實效乃有可觀。以上各端，悉關善後要政，各縣已行者，應努力求其收效，未行者必須切實施行；專員公署亦應隨時督導，予以協助。並由縣錄電布告，凡我父老兄弟諸姑姊妹，一體週知，共同努力，則舊業之重光，新基之肇造，同繫於此，有厚望焉。」

（二）正式方案的制定

再述復興建設計劃的制訂。

廣西全省既告光復，省會即由百日遷返桂林。省政府九月十五日開始在桂林辦公，我因回鄉葬母，順道視察鬱林、梧州、平樂各區，十月三日才返抵省府。首要的工作便是擬訂復興建設計劃。我為此事，特聘一位很有理解的王先強為省政府顧問，以備諮詢。先和議會、黨部的人士交換意見，歸來已是十一月中，第三屆省臨時參議會正開第一次大會，省政府來不及提出整個計劃，只我在休會式致詞中宣布省政中心工作五點：一、重建城市；二、救濟農村；三、籌集工業資本；四、革新政治風氣；五、建立三民主義文化。

我深感工作遲緩，十一月二十三日決定：先擬具經濟、政治、教育與文化、社會四部建設方針的項目，約請省議會、國民黨省黨部、廣西建設研究會等主要人和省府委員組成廣西省復興建設方案談話會，每逢星期二、四、六集會討論，限於年內完成。由十一月二十七日開始，至二月二十九日結束，共集會十二次。第一次決定：態度不容許僅維持現狀，必須改革以求進步，在經濟觀點更應如此。路線為三民主義。第二次李任仁議長發言最多，竟說國民大會將開，國民黨的決議和國民政府的法令不足為施政的依據。第三次討論農地政策，第四、五兩次討論市地政策，辯論都很熱烈。第六、七兩次討論資本政策，進行順利。第八次討論政治建設。第九次討論幹部政策和人事制度。第十次討論民眾組訓和改進黨務。第十一次討論教育與文化政策。第十二次討論社會建設，對農會和合作社並存，頗多辯論。就整個討論經過情況看，大家對於各部都沒有多大的歧見，唯獨對土地政策爭論特為激烈，此中原因，看了後面附錄覆蔣羅兩同志函才可了然。

談話會決定的結論，由省政府設計考核委員會整理成為廣西復興建設辦法要領，經省政府委員會於三十五年一月十日正式通過，成為法案。其

後更根據這法案陸續擬訂廣西省市地公有實施辦法、廣西省村街農業生產合作社管理農地實施辦法等專案，呈請中央核准施行。

　　方法是很好的，實行起來如此，須看配合的條件了。

附錄　黃旭初主席覆蔣羅兩同志「論土地政策」函

　　　明生紹徽兩兄台鑒：接誦　惠書，對本省土地問題，發抒　偉論，所見雖不盡同，而謀復興廣西之用則一，省政府對本省之土地政策，正在研討之中，亟盼各分賢達，不吝賜教，以諮諏善道，廣納雅言，使將來確定之政策，推行盡利，和而不同，聖人所貴，環誦來函，感佩無已！　兄等所論，不愧代表本省有地位人士之一種意見，茲就函示各節，公開答覆，藉共商榷，倘能引起吾黨同志精心研求，舍小異而趨大同，以完成本省土地政策之心理建設，尤不勝厚望也。

　　目下討論之土地政策，為省政府擬議頒行之復興建設計劃之一部分，此外尚有資本政策、政治建設、及文化建設各項，誠以經濟、政治、文化諸端，息息相關，自不能有所偏廢，今日殘破之餘，以言建設復興，必當有全面之政略。以政略云何？簡言之，厥有四端：復員不是復原，今日談復興，並非恢復原狀，而應積極於建設三民主義的新社會，此其一；本黨所領導之國民革命，經辛亥革命、北伐、及抗戰諸役之成功，民族主義之實現者，昭昭為國人所共見，今後之建設，必當致力於民權主義與民生主義之實現，而建設之首要，尤在民生。遵循本黨革命建國之歷史傳統，適應當前環境之需要，本省復興建設之方針，決以促進工業建設與完成地方自治兩者為中心，此其二；促進工業建設，應以合理之土地改革為其前提條件，何以故？因資本之累積，市場之拓展，及勞動之提供，凡為發展工業之有利條件者，非先行土地改革不足以形成也。今日籌集資本最主要之方法，不外為舉外債與內債兩途，然不論外債內債，均須國人負擔償還，若佔全人口大多數之農民，其生活不稍加改善，則終歲勤勞無補飢寒，巨額外債內債之負擔，無能為力；且雖能免強開辦工廠，而農民生活不改善，購買力薄弱，又將何以銷用此大量之工業產品？至於新工廠開設之後，其所需大量技術熟練之工人，有待國民教育之完成也，若農民生活不改善，救死未遑，奚暇讀書，是以孔子有先富後教之大義。而本省既往，普及

教育用力雖多，成效不彰者，殆又經濟之原因所使然。改善農民生活，其道多端，卻以改革土地關係為根本，若農民中封建的超經濟剝削不解除，其餘方法，終屬徒勞，故本省今後之建設，以工業建設為第一義，而以土地改革為工業建設之開路先鋒。此即民生主義平均地權與節制資本之具體實施，非標異立新者也，此其三；地方自治，本省業已致力多年，成就殊難自滿，改善人民生活之經濟建設，未能配合籌備自治工作之進行，實為主因。戰時戰事第一，勢難責備求全，今日和平建設，當使經濟改善與政治民主二者作一致之進行，以深植憲政之基礎。質言之，在以農立國之中國，一般人所謂經濟民主與政治民主者，均以土地改革為其重要內容，故新的土地政策之推行，不僅可為工業建設開廣大之道路，亦為地方自治奠定雄厚之基礎，此其四。以上四端，為本省土地政策理論之基點，以 兄等之沉潛高明，想必洞悉無遺。其所以不避贅詞者，則以本源不立，枝節問題之討論，勢難順理成章耳。

兄等以「二五減租為本黨之決策；平均地權，使耕者有其田為民生主義之最終目的，凡屬黨員，自無異議。但以合作社為實現土地政策之手段，恐未見其利，先得其害。」吾人考察過去扶植農民各種法令之所以寡效，實以農民本身無健全之團體組織，缺乏主動的推行力量所致。鄉、鎮、村、街、甲、戶之自治組織，重在由上而下之政治控制，且其中包括各種職業成員，其經濟要求不一致，為自治行政系統，而非農民團體也。至於農會之組織，以章程所限其成員，泛無指歸，團結不足，把持可慮，且至鄉農會為止，缺乏基層之組織單位，在農會章程未修改以前，農會之於推行新政，未可重視。合作社之組織， 總理在地方自治開始實行法中，嘗三致意，誠以合作社之功，能實兼經濟、政治二者而有之。本省土地政策中之農業合作社成員，限於自耕農與佃農，經濟利益一致，可望有堅強之團結。按鄉村普遍組織，得區域組織之長，又可以濟自治行政系統之不足。將來組織之後，政治誠能就政治領導、技術指導、與資金輔助三方面，與以確切之扶植，則此種新的農民組織，不僅可為推行土地政策之偉大力量，並將為本省整個新政之中心基礎。本省初期之建設，以民團的組織力量推動之；今後之建設，則瞻望於此種新的農業合作社者，固甚殷切也。就現行法令言，足為新政推行造成中心力量之民眾組織，舍合作社以外，其他均難勝任。至於合作社將來之流弊，目下未敢斷其必無，然新政之推行，

為整個社會體制之革新，以逐步達成三民主義之全部實現，農業合作社僅新政之一端，若其他各部門之革新，均能適當配合，則合作社可能之弊端，必將消除於無形。至農業合作社之一切規章，將由主管機關詳為研討，再行擬訂。在合作社立法技術上，有何卓見仍盼不吝指示也。

廿八年省政府統計室舉辦全省農戶調查，計全省農戶總數為二、二七九、二四八戶，自耕農為一、〇一四、二五五戶，佔農戶總數百分之四十四強，半佃農為六一二、二九四戶，佔農戶總數百分之二十六強，佃農為六五二、六九九戶，佔農戶總數百分之二十八強，其說明有：「此次調查所得農戶數，依佃權別分類之百分數字，與第二回廣西年鑑所載廿二年此項數字比較，為自耕農與半佃農減少，而佃農戶數之百分則增大，觀察各縣數字，大致言之，佃農之增加頗顯一致之趨向，由是吾人實可認為本省耕地有漸趨集中之勢。」（統計數字及說明，均載廣西統計季報第十一二期合刊。）各縣佃農，促農戶總數在百分之五十以上者，有北流、興業、岑溪、資源、藤縣、容縣、博白、鬱林、昭平、賀縣等縣；佔百分之四十以上者，有全縣、修仁、蒼梧、平南等縣；至佃租數額，則耕地愈集中者，租額愈高，反是則較低；此即本省土地問題之實況。本省新的土地政策，即在改革此種不合理之現狀，使農民解除超經濟的剝削，並逐步達到耕者有其田之目的。此種土地改革，在英、法、德、蘇各工業先進國家，當其產業革命之初期，莫不逐步實施以適應工業之發展，其改革之程度雖不盡同，而解除農民所受超經濟的封建剝削，將土地投資的利潤減低至工業投資的利潤以下，則各國莫不皆然。至於高利貸之為害農村，亦土地投資者高度利潤所作祟。因農村中舊的土地關係，既為新工業發展之桎梏，則一切商業資本及貪官污吏剝削而來之資金，只有趨於土地投機之一途，並轉而為高利貸。在各縣農村中，地主與高利貸者，實不過一體之兩面。若不肖官吏之貪污，乃我國歷史之污點，非始於今日也，此亦與我國之土地問題有血緣之關係，此理姑不具論。簡言之，在我國工業化未完成以前，政治風氣之革新，實不易貫澈也。來函所言「本省土地問題，並不嚴重，且農民之痛苦，不僅在田租之剝削，他如高利貸及不肖官吏之貪污等，皆為農人貧困之要素，則其救濟之方法，宜嚴懲貪污官吏及舉辦農貸，……」若綜觀上述事理，亦必翻然自悟，而益知夫今後建設本末先後之道矣。

「非自耕之土地，改由合作社承租管理，既不易得地主信任，且逕將地主之管理權侵奪，更易惹起糾紛，形成階級鬥爭，使社會頓呈不安現象，予共黨以可乘之機。」此係來函中反對農業合作社最主要之理由，仔細思之，此亦不必過慮也。農業合作社成立之初，未易為地主所信任，此亦情理之常。鄙意以為，合作社除建立民主的監察制度，以減免管理人員舞弊之可能以外，第一步務須將公有耕地，一律交合作社承租管理；第二步應號召黨、政、軍、公務員之有耕地出租者，率先交與合作社承租；如此示範倡道，則農業合作社之信用，可望日益增高。至於合作社承租非自耕之土地，以分配於佃農，不過為「包佃」之一種新形態，地主與其分租於多數佃戶而直接收租，究不如只問包佃之合作社，較為便捷也。如合作社業務甚有條理，土地政策之宣導功夫又能深入農村，則土地對於此種新的包佃辦法，將不致有反對之足言。此種新的包佃辦法，意在確保地主減租及佃農的交租，地主與佃農，可謂交受其利，各級政府復嚴切領導權衡於其間，階級鬥爭之糾紛，實無所從生也。我國歷史上一治一亂之局，其主要因素，為歷史土地兼併登峯造極之後，社會經濟，矛盾日深，貧者遂鋌而險，漢之黃巾，隋之群盜，明之流寇，與清季起義金田之太平天國革命運動，莫不為貧果飢寒之農民之所造成。迨大亂之後，人口死亡過多，土地問題，又轉趨和緩，所謂賢明帝王，始可垂拱無為。如此循環往復，即歷史興亡之縮寫。今後欲謀長治久安，惟有實行民生主義的平均地權。往代何嘗有共產黨，而土地自由兼併之所屆，遂以造成嚴重之紛亂，今日推行土地政策，並非消極的防制共產黨，而為積極的替國家謀長治久安，明達事理之地主，應予熱烈之贊助，以為其子孫造福。

　　來函復云：「在此大亂之後，道德淪亡，法紀廢弛之今日，集合如許資金，在少數合作社負責人之手，流弊滋多。過去之鄉村倉，可為殷鑒。」所謂道德淪亡，法紀廢弛，誠實無可諱言也。然道德與法紀，不外以經濟為基礎之文化形態，如經濟制度在崩潰之中，則附麗於經濟之道德與法紀，亦必無以維持。今日欲建設新道德與新法紀，只有從事新的經濟建設，以奠其基石，始克有濟。今後本省土地改革，與革新風氣運動，將必配合實施，鄉村倉之流弊，吾人應切實驗討，接受過去之經驗與教訓，為今後改進合作社之參考，以免重蹈覆轍，若以往日之失敗而自餒，是無異因噎而廢食也！

兄等以為「現時政府之各級公務人員，各級學校師生，多為中小地主。如合作社將非自耕土地承租管理，即無異奪取其生活所依賴的財產所有權，不免危害其生活基礎，自不能安心服務，學生失學，釀成社會紛擾，脫離政府，動搖本黨政權。」此似近於危言聳聽，是不可以不辯也，本黨第六次全國代表大會決議的本黨政綱政策，其中關於民生主義者第四項，明白規定：「都市土地，一律收歸公有，農地除公營者，應以最迅速有效之方法，實行耕者有其田，凡非自耕之土地，概由國家發行土地債券，逐步征購，並分配之。」行政院最近頒布之收復區城鎮營建規則，已明白主張採行市地公有之辦法。國民政府 蔣主席，本年九月三日在中樞祝捷會上，宣布國家戰後施政方針，以屬行二五減租，為農村休養生息之要務，行政院最近通令各省，切實行二五減租之規定，並將免賦區域之田租，再減四分之一。本省現正研討之土地政策，在遵奉本黨政綱政策，貫澈中央法令，一而推行二五減租，一面逐步作到市地公有與耕者有其田之目的。農業合作社承租非自耕之土地，在有效的減租與收租，主佃兩利，毫無危害中小地主生活基礎之可言。至於市地公有，及耕者有其田之實施，必然減少地主優厚之權益，然本黨革命建國之重心，即在於節制少數人特別優厚之不合理權益，而謀國家社會大多數人之福利，若以此種政策，改變現實過鉅，從而畏縮不前，則本黨之政權，地主之政權而已，國民革命之謂何？

兄等許身黨國，奮鬥多年，意者磨練較多，遂不自覺其瞻徇顧慮之過深耶？公務員與教師學生中，多為中小地主，其中亦多為本黨忠誠之同志，服膺主義，協行新政，素為社會所風從，本省新土地政策頒布之後，亦將賴其率先奉行。從進步的觀點而論，公務員與教師學生之為中小地主，實為土地政策推行之有利條件，與兄等之推論，適得其反，而其轉移之方，有待富有社會地位如兄等者，舍其猜測疑慮之觀念，而一致贊同，熱烈鼓吹，始可蔚成風氣也。

「中共到了今天尚能認識中國社會，乃放棄其土地革命，而主張保障地主的人權、地權、政權、財權，僅要求地主減租減息，保證佃農繳租繳息而已。本省在此浩劫之後，殘破之餘，人民喘息未定，正宜休養生息，以不應標新立異，多所紛更，自滋紛擾。」此為兄等來函之最後結論，是亦未深長思耳！共產黨以其過去的作風，使國人有談虎色變之懼，自江江竄向西北以後，乃一變初衷，故意降低論調，以減租減息，保證繳租繳息等手段，以爭取民眾之

同情，謂為認識社會，毋寧謂之投降現實。本當自有其一貫之主義與政策，病在未能實行。本省今日殘破之餘，自當休養生息，然休養生息之涵義，並非局限於消息之救濟，尤當注意積極的建設，飢者易為食，渴者易為飲，殘破之餘，亦正易於建設也。第一次世界大戰至第二次世界大戰，其間僅廿年，我國在此廿年中，錯過和平建設之時機，遂以招致外侮，九年抗戰，幸獲勝利，然縱觀世局，回顧國內，尚在驚濤駭浪之中，今日鞏固國防，建設民生，收拾人心，培養元氣，迎頭趕上，猶恐不逮，焉能如來函所云：「俟社會安定，民困稍蘇，再遵奉 總理遺教」之從容耶！波蘭僅一資本主義之小國耳，此次戰後，其殘破不下於本省，波政府於戰後即屬行土地改革，宣布凡五公頃以上之私有耕地，一律由國家徵購，分配為農民私有，以達到耕者有其田，並宣稱此為發展資本主義之步驟，此例雖小，可以喻大。（按：每公頃合十六華畝，即凡在八十華畝以上之土地，統由政府征購，分給農民，特別注重分給貧農及佃農，小農次之，中農又次之；地價即由農民依照該土地一年收穫之所值，分年償付，貧農及佃農可分二十年償清，且貧農第一期付款，可延至三年後再付。建按波蘭所謂小農，平均有地二公頃以上，而地主所佔土地，平均在一八七公頃，故分配不平均，與我國南方各省大體相同。）且三民主義之所以可貴者，在能救急扶危耳，若今日殘破之局，吾黨主義，無補時艱，僅能等候至「民困稍蘇」，再來奉行，則何異點綴昇平？是不啻自墮其主義之信心也。至「標新立異」之詞，尤為可異。本當在同盟會時代，已宣布平均地權之政綱，距今五十餘年矣。總理民十三年演講耕者有其田，亦已廿餘年，數十年來一貫之政綱，及今尚未實行，而反以主張實行者為標新立異，能不令人為之廢筆長嘆耶！

兄等忠黨愛國，以關心本省前途之殷，故不覺其言之過切，而遠背於事理也！本省實行三民主義之新政策，正加緊研討中，切望明理知言之君子如兄等者，相與鼓吹，庶能宏收風從草偃之效，風雨同舟，還期共濟，臨楮神往，不盡所懷。專復並頌 台祺！

黃旭初手啟卅四年十二月廿二日

二十五、俞作柏演出的幾幕怪劇！

俞作柏，別號建侯，廣西省北流縣人。少時和白崇禧在桂林師範學堂同學；後來又和白崇禧、黃紹竑、夏威等本省學生多人同入保定軍官學校第三期；但俞在袁世凱帝制自為時和其他同學離校參加討袁軍，袁死事平，返校較遲，被校留遲一個學期畢業。俞畢業後初往東北投效，僅一年左右便南歸，在廣東護國軍第二軍總司令部直屬機關連伍廷颺連長之下任排長，後調充總司令部上尉參謀。

當李宗仁、黃紹竑從事統一廣西那個時期，俞作柏隸屬其下，在各次戰役中，盡過不少力量。可惜的是，俞的為人，權位慾極盛，在其間有過幾次常人所不願為的古怪舉動。本篇專記他這一類的故事，資料的根據，有的是我所親見親聞，有些是俞的長官、同學、知友所轉述。

（一）有計劃的、全連擄掠

關於俞作柏的故事，我在以前《春秋》發表的文中曾幾次涉及過，現在從他和李宗仁的關係說起。

俞和李發生關係，起於同在林虎的廣東護國軍第二軍任職時。李比俞先來，是在民五廣西響應雲南討袁桂軍東下到肇慶的時候，初任第二軍步兵第七旅第十三團第二營第×連排長；討龍戰役，右頰負傷，升為連長；護法戰役，右腿負傷，升為營長。民八春間由湘調回，初駐新會，後駐肇慶。俞作柏在總部當參謀鬱鬱不得志，後想來李宗仁營任連長，但苦無缺額；後來總司令部直擊游擊隊蔣琦幫統的營內有連長出缺，李和蔣的交情很好，李遂向蔣薦俞接充。

當時桂軍在粵，很受粵人的反對，陳炯明不時有從閩反攻回粵的謠言，因和桂軍不睦而下台的廣東省長李耀漢，粵督莫榮新恐他和陳炯明勾結，民國九月二月遂令第二軍派兵向李的家鄉新興縣天堂進攻，以期斬草除根。第二軍派蔣琦幫統等部往攻，俞作柏連同往，俞竟率領全連官兵作有計劃的擄掠。那時候，我和黃紹竑、白崇禧、夏威等同在廣西陸軍第一師步兵第二團服務，全團奉調從柳州赴肇慶駐防，由馬曉軍團長率領於三

月中旬到達，剛遇打李耀漢的軍隊由天堂勝利回來，每隊都擄了很多戰利品，衣服布疋、家利用具、豬牛雞鴨，莫不盡有。後來黃紹竑在他的《五十回憶》中寫道：「我曾聽見第二軍一個軍官說：『這次作戰，沒有什麼名義可言（意思是既不是護國，又不是護法，實在是師出無名），只有准許他們發洋財（即是任意擄掠），才可以鼓勵士兵的勇氣。』這個軍官就是暗指俞作柏。事為蔣琦幫統所悉，大為震怒，要把俞撤職。俞大為恐懼，往求李宗仁營長向蔣塘統緩頰，力陳他有計劃劫財歸公，勝於任由士兵擄掠的一套謬論，說時涕淚縱橫，狀極可憐。李營長見俞既表示改過自新，終於替他向蔣幫統說情，得免撤職。這是俞做的第一件怪事。

（二）只顧擄獲、幾害主帥

　　陸營廷民九冬間失去廣東，民十夏間向粵反攻，林虎心知絕難取勝，事前託故離桂，所部交黃業興代統。結果桂軍果敗，粵軍入桂，陸氏出亡。黃所代統的部隊發生分化，粵籍的附粵編為粵軍，桂籍的由李宗仁統率，受粵軍委為粵桂邊防軍第三路司令，轄第一、第二兩支隊，每支隊轄三營，俞作柏隸第一支隊長令李石愚下為第一營營長。十一年五月，陳炯明反對孫中山大總統北伐，將在桂粵軍倉促悉調回粵。李宗仁部本駐鬱林，因其地為粵桂交通要區，陳炯明恐其乘機襲粵軍之後，特先電調其移駐貴縣，令將鬱林五屬移交陳炯光接防。李宗仁曾出城迎接陳炯光，陳只和李應酬幾句，謂羅統領即將到鬱林駐紮，囑李稍候，以便接洽。陳並沒入城，說了便隨他的大隊向北流而去。李為預防粵軍特眾圍繳自己的槍械，特令部隊避開大道：從小路先行開拔，他本人只帶了特務營一連以等候陳炯光到來。陳走後，李一想：既經和陳炯光見了面，何必再敷衍羅統領呢？於是不再等羅，即刻上路。不料才走了十多里，忽然有兩個粵軍軍官率十幾名士兵跟踪趕來，說是羅統領有事要和李司令商量，請即回去鬱林。李說：已經和陳炯光接過頭了，現須趕路，實在沒時間和羅統領會面了。兩軍官仍苦苦要求，無奈李意很堅決，他們只好掉頭回去了。李繼續趕路，旋在途中得當地人民報告說：「我方部隊曾在離興業縣城二十多里一個隘口兩側設伏，襲擊粵軍。羅統領和幾個官佐殿後，坐著轎子雜在隊伍裡面緩緩向東行進，毫無防備，突然受了襲擊，即遺棄轎子，落荒而走。我軍擄獲械彈輜重不少。」李到興業城後，查明確有其事，是俞作柏營長幹的。俞料李在鬱林不會逗留多久，忽然出此一舉，幾乎陷李於不測！羅初被襲時，以為是土匪或民團圖劫槍彈和財物，但旋即覺得土匪

和民團不會有這樣沉著的作戰經驗和強烈的火力，才懷疑是李部有計劃的行動，所以派員追來要李回鬱林問個明白。幸好李認為他們既然班師回粵，沒有再和他們周旋的必要，不肯折回鬱林，不然的話，後果真是不堪設想了！

這是俞作柏演的第二幕怪劇。

（三）擅勢省長、難為長官

李宗仁司令移防，第一晚宿興業縣城，第二晚宿橋墟，第三日才到貴縣（按：當時公路未建，行軍都是徒步，官長有用轎或馬的）。不料貴縣剛又發生過一椿怪事！

馬君武省長見兩廣政局突然發生變化，左右兩江地區以及南寧省會附近各縣，因粵軍撤退，散軍和土匪蜂起，省會陷入風聲鶴唳的狀況，乃決計率省署若干職員和衛隊一營，分乘輪船兩艘，赴梧州設省長行署辦公。船經貴縣，時值春夏之交，水涸河淺，不敢夜航，遂停泊過夜。李部第一支隊司令李石愚率領俞作柏、陸超兩營先馬省長一日到貴。俞看了情形，野心又動，他要馬省長留在貴縣勿走，不然，即請把武器和財物留下再走。糾纏多時，馬堅決拒絕。俞以軟嚇無效，竟敢用硬。他先請曾其新勿返船上，但曾不顧俞的警告，仍然上船。俞又設法使省買衛隊營長盧象榮留在街上，回不了船，夜間即派隊圍船對天空放槍威嚇，喝令船上衛隊繳槍。衛隊沒有營長指揮，見岸上放槍，立即還擊，戰鬥由此而起。馬省長的如夫人彭文蟾聞槍響而驚慌站起來，石先生起身大叫「強盜來了！」兩人都中彈而死。曾其新傷了左手和右腳，侯人松傷了頭皮，張一氣夫人傷了臀部；石、曾、侯三位先生和張夫人都是馬省長的賓客，同船赴梧的。此外，士兵也有死傷；武器和財物全被搶光。搶過後，俞作柏和陸超為爭奪戰利品又打起來。第二天，李宗仁司令在途中聞報，連忙趕到貴縣，即往船上同馬省長慰問道歉。馬氏大發雷霆，說：「如要繳械，只消說一聲便得，何須開火，以致醸成慘案呢？」李處那個場面，異常尷尬，只有自承約束部屬不嚴，致發生這不幸的事件，連陪不是。當這混亂時期，馬也深知李不在貴縣，對俞部實在不易約束，事已至此，夫復何言！李司令請馬省長到縣署去住，馬不願意，仍借住天主教堂。又陪著他把彭夫人、石先生擇地分別安葬後，馬長省急著赴梧，不願再在貴縣逗留，適有郵局專用電船由南寧下來，李司令商得船主同意，請馬附搭赴梧。馬到梧後，對政治心灰意冷，五月二十二日即電請孫大總統准他辭去廣西省長職，結果獲准，由財政廳楊愿公暫代，在梧州設行署辦公。

這是俞作柏演出的第三幕怪劇。

（註：本段情節根據李宗仁司令、曾其新先生親述，和本述第八十六期〈馬君武出任桂政詳情〉文中所記微有出入，當以此為準。）

（四）騙走司令、取而代之

民十一年夏粵軍退出廣西後，廣西變成了自治軍局面，李宗仁為自治軍第二路總司令，由貴縣回駐鬱林。馬曉軍率部由百色經南寧繞到靈山，即交黃紹竑統率而離去赴港。黃應李邀合作，七月，李將黃部編為自治軍第二路第三支隊，駐防容縣。陸榮廷、沈鴻英先後回桂。十二年一月沈和滇桂各軍受孫中山命東下入粵討陳炯明。沈極力拉攏廣西部隊以厚實力；派沈榮光到鬱說李宗仁，被李訓責一番；委黃紹竑以第八旅旅長名義，囑其速率所部去廣州。黃困居容縣，頗為所動，二月間親到鬱林祕密向李總司令陳述。李很感佩黃的坦白相告，密商結果，李料沈為人反覆驕橫，不久必又在粵惹起戰禍而失敗，黃部力微，如果到廣州，必然凶多吉少；現在只可和沈方虛與委蛇，等待戰事白熱化，沈軍不支時，再乘虛襲取梧州，斷沈歸路，到那時由鬱派隊相助，一致行動。黃聽了深以為然，對李衷心感激，回去後即按照進行。沈果於四月十六日在新街就北京任命的督理廣東軍務職，通電請中山離開廣東，戰禍遂起。黃見時機將到，即率所部進到蒼梧，電請李總司令派隊跟進支援。李總司令即派李石愚率俞作柏、林竹舫、劉志忠三營前往。黃先將部隊祕密集結在戎墟、新地墟附近，一方面向沈軍駐梧州的師長鄧瑞徵請領得一批餉項子彈，等待發動。黃在梧州和沈方人員周旋了數日，到端午節（陽曆六月十八日），白崇禧和陳雄由廣州到來，在黃的族兄紹黨公館內，祕密將廣州情形告訴黃，並帶來了孫大元帥任黃為廣西討賊軍總指揮的關防委狀，希望黃能迅速佔領梧州，和粵軍協力肅清敗退的沈軍。黃聽過後，令陳返粵報告並聯絡，他偕白立即離梧返回防地，以襲梧機會已到，但實力還薄，親筆函請李總司令增派兩營前來，完成此一有重大意義的任務。此函派李石愚、白崇禧兩人星夜送往鬱林。李、白經過容縣，邀龔傑元同行；經北流，又邀伍廷颺同行；到鬱同見李總司令。李宗仁和白為初次見面，白溫文爾雅的神情，李為之敬慕。請兵事，白先說。李以陸榮廷再起，鬱林力太薄，難應付；且沈屢敗，肇慶將破，黃用沈委的名義接近梧州也不須多兵，故躊躇而未置可否。白和龔因詳加陳說，李覺有理，即答允派伍廷颺一營去。我那時

任總司令部參謀，同在座，李即囑我寫命令。但部裡庫空，伍營出發費無著，結果由龔在容縣設法借墊，問題才得解決，各人乃辭出。

這時候，李石愚即在辦公室門口由口依裡掏出在途中收到俞作柏派人專送給他的要函遞給李總司令看。函中大意是：鬱林為我軍重要根據地，此次因公回去，希望暫在德公左右輔助一切，前方本軍指揮作戰事宜，作柏自當負完全責任，請勿掛念等語。李總司令看完了對石愚道：「作柏野心勃勃，他又想攪什麼花樣，很可注意。」石愚並說明此函並未給同來各人看過。大約過了三四天，林竹航、劉志忠兩營長忽然各率所部回到鬱林面報李總司令說：「李司令回來請增派援兵，我們事前並不知知道。第二天早上，俞統領集合第三營官長訓話說，李司令昨日因公回鬱請兵鬱林為我軍發祥之地，德公現在急需有才幹的人襄助，所以李司令暫時不至回來，前方指揮作戰事宜，即由作柏完全負責。現在時機緊迫，我們不日開向梧州協同友軍討逆，盼望大家奮勇殺敵，佔領梧州之後，各位官兵都有無限的發展與光榮云。他這番言詞，很明顯係黃俞陰謀勾結，想把我們的軍隊吞併。故當天我們祕密召集各連長會議。宣布其中的陰謀情形，一致同意拔隊回鬱，保存實力，因恐被發覺，會受他們派隊追擊，乃繞道而行，故稍耽擱時日。」這消息傳播後，立刻掀起很大的暗潮。第二天，第二支隊司令何武即邀集李石愚和鍾祖培、尹承綱、林竹航、劉志忠各營長謁李總司令，何先發言，主張對黃紹竑聲罪致討；群情激昂，斥黃忘本，不顧道義，眾議紛紛。李總司令對這不幸事件，內心也十分焦灼難過；但他預料這是完全出於俞作柏的愚而好用，黃不過受俞的利用而已；俞的目的在弄走李石愚以便取而代之，這須藉個大題目才能自圓其說，也才能慫恿白崇禧和李石愚去鬱林；其實他想取李石愚的地位，到梧州後也不遲，而他竟急不及待，謀立刻實現；同時也不應向官兵宣布李司令回鬱林不再來的理由，露出馬腳，啟人疑竇，這不是愚而好用嗎？於是對何武等解釋：這件事完全是俞個人野心作祟所造成，相信和黃絕無關係，俞自作聰明，弄巧反拙，天網恢恢，已有報應，公道自在人心。接著又對他們述說當初黃得沈委名義令其東下親來鬱林請示行止，為他策劃勿東下、應取梧、當相助，黃完全接受實行這一段祕密，是黃確具有大大夫的氣概。現因俞的詭謀，發生這不幸事件，為團體祥和計，為廣西前途計，不能同室操戈，只有大家忍讓才是上策。李石愚立即附和李總司令這個主張，只何還是悻悻然不平而已。假使林、劉兩營長先回，白崇禧、龔傑元等後到，情形必定兩樣，就不致下令伍營增援了。

這是俞作柏演出的第四幕怪劇。

（五）建議繳械，幾起內鬨

　　黃紹竑部十二月七月十八日取得梧州後，稱討賊軍，完全脫離李宗仁關係而自樹幟，並迅速把隣近梧州各處兵匪不分的部隊收拾淨盡，地方賴以安寧。十一月，李、黃兩方出兵合力將據有橫縣、貴縣、桂平，平南一帶的陸雲高驅逐，打通了大河；劃橫縣、貴縣、桂平為李部防地（因橫縣離南寧太近，李自動將其放棄），平南為黃部防地。這是分後首次的合作。這時候的廣西，李宗仁和黃紹竑在東南，沈鴻英在東北，陸榮廷擁有中、西、北廣大區域，成為鼎足三分的局面，各抱統一全省的念頭。十三年夏，陸、沈相持於桂林，給李、黃以乘虛襲邑的機會，李部改稱定桂軍，和黃部討賊軍合組聯軍，水陸並進，六月二十五日不戰而得南寧。黃部自入梧以後，發展很快；此時已羽毛豐滿，不期然而自成一個系統。傳說俞作柏曾向黃紹竑、白崇禧祕密建議，將定桂軍繳械，庶幾討賊軍能完全獨立。這風聲一出，定桂軍各將領大憤，第二縱隊司令何武甚至主張和討賊軍火拼。但李宗仁總指揮竭立掌握所部，不使有越軌行動；同時向來陳訴的部屬解釋，決無此事，他說：「我決不相信黃、白兩位會貿然出此下策。如果他們覺得有我在，他們不易做事，我可以立刻引退，讓他們完全負責，成功不必在我，為著廣西以及整個國家民族著想，縱我不幹，我仍希望你們完全服從黃、白兩人的指揮，也如服從我一樣，以完成統一廣西的任務。」他雖苦口婆心地解說，但兩軍嫌隙已露，互相戒備，情勢頗為嚴重。那時黃紹竑尚在梧州，李遂電催其赳日來邑，共商善後方策。黃到後，他也感覺情勢嚴重，敵人尚在環伺，自己稍有不慎，必蹈昔日太平軍各王內鬨瓦解的覆轍。李和黃氏議定統一軍政軍令的全盤計劃，各軍已有眉目，黃乃在其總指揮部設宴招待兩軍官長。席間，黃起立發言，聲明組織「定桂討賊聯軍總指揮部」，統一指揮。並說明他原是李德公的部將，前次由容縣開往梧州自成一軍，是一時的權宜策略，今番組織聯軍總指揮部，不過是歸還建制，重新服從德公的領導。所以他以部屬資格推戴德公為總指揮，他任副總指揮，絕對服從德公命令。他說完後，舉杯率席全體將領起立向李敬酒，大家共乾一杯。飲畢，他仍擎杯在手向各將領宣誓說：「今後我輩將領，誓當一心一德，服從李總指揮之領導，如有口是心非、三心兩意者，當如此杯！」說了，他便把手中的杯捽於地上，碰得粉碎。全場肅靜，氣氛莊穆。黃坐下後，李起致詞：「八桂人民乃至全國同胞，多少年來都處在水深火熱之中，外有帝國主義的壓迫，內有軍閥的

混戰，解人民於倒懸，救國族於危亡，我輩青年軍人責無旁貸。今我袍澤既上下一心，當矢勤矢勇，以救國救民為職志。而復興國家民族，當從統一廣西開始，革命大業，肇基於此，本人不揣德薄，願同諸君悉力以赴。」

大家聽了都很感動興奮，酒酣耳熟，盡歡而散。次日，定桂討賊聯軍總指揮部遂在南寧舊督軍署正式成立。

這是一幕俞作柏編好而未能演出的怪劇。

（六）因懷野心，受共利用

民十三年冬，李宗仁部也公開加入革命旗幟之下，十一年廿五日廣州大本營令取銷定桂賊兩軍的名稱，改為廣西陸軍第一、第二兩軍，仍由李宗仁、黃紹竑分任軍長。十四年七月廣西統一告成。十五年四月國民政府令將廣西陸軍第一、第二兩軍合併編為國民革命軍第七軍，以李宗仁為軍長，黃紹竑為黨代表；兩軍各縱隊撤銷，改為旅，第七軍共編九個旅，俞作柏為第一旅長。俞因旅長不滿其所欲，不屑就，改任中央軍事政治學校南寧分校校長。國民黨尚在容共時期，廣西省黨部執行委員陳勉恕和監察委員雷沛濤都是共產黨，他們知道俞作柏懷抱野心而又對當局不滿，想利用他以掌握黨權、政權或軍權，故經常煽動作種種活動。十六年四月國民黨清黨，但俞自己發慌，事先逃往香港。清黨過後，黃紹竑和一班保定軍校同學都主張找俞回來，免其走入他途，推雷颺、梁朝璣兩位白韶關赴香港邀他，但他邀囑知好勿將其住址洩露，雷、梁找他不到，失望而返，俞從此和廣西團體離開。十八年武漢事變，蔣主席以俞策劃李明瑞等倒戈有功，任其為桂省主席，數月而倒。抗戰時曾搞特務。大陸解放後，來港行醫，後似為生活所壓迫而回大陸，不久即聞其逝世，原因未悉。

二十六、記林虎的一生

　　林虎為桂省的名人。原籍廣西省陸川縣。他民國三十三年十月七日在宜山告我說：「初名緯邦，號應清。辛亥革命時，蔡松坡替我改名為『虎』。黃克強在座，說：『名既為虎，別號改為隱青，何如？』我說：『好極，好極！』便沿用下來。」

　　他生於前清光緒十四年（一八八八）。何時逝世？待查。據中華書局一九六一年十月出版的《辛亥革命回憶錄》載其〈我參與辛亥革命的經過〉一文，下署「林虎遺稿」。這部回憶錄是為紀念辛亥革命五十周年的集體寫作，是林氏去世，可能在寫文後距離不久的時期，或即一九六一年。

　　本篇所記，雖關係林氏的一生，但資料太不完備，大部分依據雪醒南先生的談話，一部分依據曾其新先生的見告，附此誌謝！

（一）進江西武校、任岳部哨官

　　林虎在抗日戰爭時期住在省內，我曾和他屢次晤敘，卻未談及他少時情事，現在所述，係從林氏遺著〈我參加辛亥革命的經過〉文中節錄，那時期正是林氏的少年時代。

　　林氏怎樣到江西進武備學堂？他寫道：「先公壽棠，在一八七五年（按：即光緒元年）以秀才在百色黃統領幕中辦理文案，後入劉永福幕幫辦文案；台灣反對日本佔領的武裝鬥爭失敗後，隨劉回到廣州，報捐縣丞，到江西候補。我就隨父親到江西。一九〇二年，我十五歲時，江西開辦武備學堂，設有官宦子弟四十個名額，我根據這一條規定去報考，被錄取入堂。十七歲那年的暑假某日黃昏，我和同學李思廣、余介遠、夏琛、蔣群四人到東湖沿堤散步，遇四個壯男調戲三個婦女，我心頭起火，斥其無理。彼等罵我多事。我憤極揮拳，同學亦起而奮擊。異徒奔逃，我等乃返。不料過了三天，監督布告說我不守堂規，在外滋事，將李等四人開除，因我平日功課尚優，從寬處理，記大過二次，責手心三十板，留堂察看。這是我累了他們被開革，心何能安？我當即收拾行李和他們遷往客棧。大家商談之下，都不願回家，真無出路時就去當兵。李思廣說，他族

姪是世襲武官，和常備中軍統領郭人漳熟識，可託他向郭探問能否收容我們。結果郭允收四人任營見習官（郭僅四營）；把我介紹到駐九江前軍岳鳳梧統領處。岳委我為第二營見習官。不久，第二哨官出缺，岳就委我接任。我初次帶兵，勤慎自奮，一個月後，我哨軍風紀、學術科皆被評為各營之冠，我也得到嘉獎。未幾，郭人漳奉調廣西，路過九江，商得岳的同意，調我一同赴桂，我才由贛回到了家鄉。」

（二）在桂練新軍、調粵任邊務

林氏在桂任職和後又調粵的情形他寫道：「郭人漳到桂後，被委為親軍四營既健字兩營統領。郭委我任親軍四營督操官。不久，廣西藩司張鳴岐建議巡撫李經羲試練新軍一營；委郭兼營長，委我為督隊官，負責訓練。六個月後，檢閱成績，認為合格，即升我為營長。這是一九〇五年的事。一九〇六年，李依張的建議，準倍增編一標，飭由郭舉薦訓練新軍人才。郭請咨調江南督練公所提調趙聲為第二營長，湖南弁目學堂監督蔡鍔為標教練官，教官雷飚為第三營長。是時，黃興早已由日本潛至桂林工作。某日，趙聲酒後暢談洪楊故事，被舊軍將領告密，李經羲遂中止增練新軍；對已練的一營，亦有解散之意。黃興見形勢惡劣，即將平日物色認為同志的八人，由他主盟加入同盟會。此八人為趙聲、郭中漳、故敦生、雷飚、楊尊任、盧慈佛和我。那時我已十九歲了。」

「一九〇七年，李經羲調任雲貴總督，黔撫林紹年任桂撫。林最厭聞練新軍事，亟謀解散我已編練的一營。郭得桂藩張鳴岐的保薦，由粵督岑春煊調粵任用，同時調我營到粵檢閱。岑就將我營留粵差遣。不久，岑調升郵傳部尚書，調兩江總督張人駿任粵督。時趙聲正在南京任新軍標統，由張督携同到粵任廣東新軍標統。迨至欽州三那地方發生抗捐風潮，股匪乘機出擾，欽廉的鎮道電省告急，請兵鎮壓。張督遂令郭人漳率我一營，並派趙聲帶新軍步兵一營、跑兵一連歸郭指揮，由海輪運到北海登陸，相機剿辦。三個月左右，當地秩序完全恢復。但防城的東興到十萬大山的洞中三百餘里均與越南接壤，其時孫中山、黃興、譚人鳳等革命首領，潛匿越邊。張督認為邊防重要，特任郭為欽州邊防督辦，所有原來欽州巡防的十二個營，均歸郭統率調遣；另命趙聲發出步兵兩連、砲兵一連及我的步兵一營、作郭的機動部隊。未幾，郭因繼任欽廉兵備道，不常駐東興，遂調我任欽州邊防前路四營督帶，督帶行營設在防城屬的那良，距東興七〇里。」

「當趙聲未調返廣州之前，常駐廉州的靈山，我則常駐欽州城。黃興時常從越南潛到趙的駐處和我的駐處，動輒流連一兩個月。自我改任督帶移那良後，黃就未曾來過，想是另到別處活動去了。我父親因隨郭任隨營委員，曾在我處與黃興遇見數次，察知他是革命黨人，深恐將來會受連累；我因勞績得保舉了一個分省補用直隸州，他望我早些改業做文官，再三請郭保送我到廣州，請張督（時張鳴岐已由桂撫升任粵督）發給我到京引見的咨文，郭予以同意。我便請假去見龍軍門（廣東陸路提督兼新軍統制官龍濟光）將意見向他說。次日見龍，龍囑我引見回來後替他招兵。那時長江一帶與西南各地情形緊張，廣東將軍鳳山來廣州上任，尚未進入衙門便在街上被黨人炸死。某日，我遇見故敦生，他以為現在時局頗有利於我們的活動，勸我不要進京。次晨，張督傳我晉見，張說：『現值國家多事，你們不宜久離職守，緩些時再晉京吧。』他並要我告知郭督辦整理部隊。我乘機急函郭報告情況，促他來電請發槍械，並請他隨時注意時局的發展，免貽牛後之譏。過幾天，龍傳見，調張督向他暫撥一批軍械交我運交郭督辦，可速向海防司令洽派運艦。海防司令部要兩星期後才有艦可派。我晉謁張督告知情形。張要我到香港搭商輪先回欽州，軍械由他派員隨後押運。我到了香港，知近日無商輪往北海，只得搭法或商輪先到海口，改僱大眼雞赴龍門港，再由陸路到欽州城。」

（三）黃電調援鄂、到京編警團

最後，關於欽廉獨立和奉調援鄂情形，林氏寫道：「到欽州與郭見面時，他揭掉帽子哈哈大笑，露出已剃光的頭。他說：『我們已宣布獨立幾天了。因為接到你的信，明瞭了本省的局勢，復接到黃興在漢口與北軍作戰的來電，催促我們率隊援鄂。這樣的明確電報都可以通過湘、桂兩省，雖然遲緩了些，但結果未被扣留，湘桂的情態也可以想像得到了。我們是不肯錯過這個機會的。現在我們首先要商議如何籌措軍餉、如何調編援鄂部隊的問題。』我說，這些問題都須根據本地實際的情況來擬議。才可以做得通。他很同意我的意見。我們便從欽廉方面的情形談起，由近及遠地談到廣州和全國，作了一個初步的擬議。」

「欽廉獨立在廣州之前，北海道總兵陸建章兼統著廉州巡防的五個營，他要離開北海，電郭派員接收。郭遂調欽州邊防中路督帶楊尊任前往接統，擬在這五營中選六百餘人編成一營帶同援鄂。此時突有廉州中蘇慎初自稱奉胡漢民命前來組織欽廉軍政分府，說欽廉獨立是假的，不能算。

他告謠誣賴陸建章籌有三個月恩餉交楊轉發各營，將楊押追，當然楊拿不出，蘇急將楊槍斃，目的在斬斷這五營人傾向欽州的念頭。我們聞訊，悲憤萬分。那時已將在欽防各營的外籍官兵集中了一千四百多人，成立了兩個步兵營、一個山跑連，我主張迅速行動，將蘇解決。馮銘楷說：聞蘇已派人來欽州運動兵變，這支外籍部隊不宜調動。我們同意馮的建議。馮顧慮欽防力薄，將來會被蘇氏吞併，我們只好縮小計劃，在防營只挑選三百多人增編輕機關槍兩連，其餘各營與軍政實權均移交馮接替。馮又要求我們留欽坐鎮十日，以便他能訊速調換一批營哨官。」

「諸事停妥後，我們即率這兩個步兵營、兩個輕機連、一個山砲連，共一千七百餘人，取道陸屋、沙坪出廣西的江口、南鄉，乘船經梧州到廣州。到後才知黃興已漢口到南京組織臨時政府。我向副都督陳炯明（都督胡漢民已赴南京）接洽領取服裝補充彈藥，郭則由香港先赴上海相候。那時黃興任臨時政府的陸軍總長，他知道了這個部隊已到廣州，就派海輪到粵接運。到南京後，黃興將他由漢口帶來的一個模範營（約六百多人，是他在漢口時的衛隊）交我編足三營，定名為陸軍部警衛混成團，委我為團長。我率部隊到南京後，郭人漳由上海到京。黃興見到許多老友會聚一堂，甚感欣慰。郭對黃說，他離湘潭家鄉多年，家中尚有老母，須返家住些時，再出為國效力；擬隨帶短槍二十餘支回鄉。黃許可，並由陸軍部給予通行護照。郭乃離京，我和他也就分手了。」

以上便是林虎少年情事的自述。

（四）贛討袁主力、被號飛將軍

現記林虎參加癸丑二次革命的情形。

黃興民國元年結束南京留守事務，將林虎的陸軍部警衛混成團撥給江西都督李烈鈞。李把它編為江西第一團，仍以林虎為團長。

民國二年三月二十日，國民黨領袖宋教仁被袁世凱使人行刺於上海北站，因傷致死。一時輿情鼎沸，凡屬國民黨人士多主張對袁討伐，暗地聯絡各省同志密謀進行。但帶兵的多主張慎重，不帶兵的黨人卻主張速戰。袁也知南方人心憤激，將來總有一戰，遂派北洋兵兩鎮南下，第二鎮駐漢口，第六鎮駐鄂贛交界的興國縣，因袁以江西為反袁的策源地之故。六月九日袁首先免贛督李烈鈞職。當時李因南方尚未決討袁，不能不卸職赴滬。過九江時，九江鎮守使耿毅和幾位國民黨軍官都主張即動。但李因外面局勢實在弄不明白，待到滬和孫黃商議，並徵詢各省意見後，再行發

動。不久，川、粵、皖三都督又被罷免，李純率兵進逼九江。耿毅以戰機已迫，急電李烈鈞回贛主持。李在滬被各方代表推為長江上游討袁軍總長令；他回到湖口，以電話囑耿趕往面商，令耿分別電各省有私交的說明討袁大義請其響應；並請耿任長江上游討袁總司令部參謀長；李即於七月十二日在湖口宣布江西獨立，通電討袁。

李在軍事上的部署，任林虎為左翼司令，指揮第一、二、七各團攻擊在十里舖的北軍；任方聲濤為右翼司令，指揮第三、九、十各團攻擊在九江城南的北軍；任何子奇為湖口守備司令，指揮第十團的一營和水師各部。贛軍號稱兩師和兩團，其實老兵僅三團，新招四團，巡防改編三團，其中善戰的僅林虎的第一團而已。左翼軍林虎奉令後，即由德安進駐沙河鎮，一舉將敵擊潰而佔領瓜子嶺。右翼軍在八里坡遇敵，第九團團長周壁階陣亡，賴第十團團長李明揚維持戰線；入夜，敵擬退卻時，連放大砲十餘發，聲音頗大，贛軍兵士素未聽過這樣的砲聲，不知所以，忽然亂退，官長無法制止，竟退至沽塘；第九團官兵在夜間乘民船偷過湖口，向九江敵軍投降；余維護謙旅長帶第四團來援，都是新兵，不能作戰；翌日，敵軍來攻，我方僅保戰線，不能出擊。湖口方面，敵派兵艦七隻和陸軍一旅，聯合進攻甚急，支持到七月二十五日終被陷落，何子奇司令所部由鄱陽湖東岸繞道乘民船退至吳城。右翼軍在沽塘，後路臨鄱陽湖，受敵艦威脅，也退至吳城。右翼軍既退，敵集中全力，十倍於我，壓迫左翼軍。左翼軍因右方空虛，也不能不退至建昌。右翼軍由吳城開至山下渡，再撤至樵舍，更撤至王家渡。總司令移至南昌北門外輪船上。北軍勢大，逐次南壓，各省討袁軍先後失敗，贛遂不支。李烈鈞、耿毅、林虎等西奔入湘。湘督譚延闓招待他們乘日輪赴漢口轉往日本。林虎的部隊也在湖南解散了。

（五）民黨生歧見、林由日赴星

討袁失敗後，孫中山、黃興和各省的革命同志逃亡到了日本。孫檢討此役的失敗，在軍事上對黃頗有責難。關於黨務方面，孫以為黨內精神渙散，行動極不統一，必須恢復民國以前的面目而加以嚴格的整肅，因而決意另行籌建中華革命黨；原來的國民黨員志願參加的，也必須各具誓約，服從黨魁一人的統率；並須在誓約上用中指按上指印，以表矢忠。黃興卻以為當時亡命日本的國民黨員，都是參加討袁且被通緝的，不該在這時候對他們嚴加整肅，而主張就原有基礎發展反袁的其他革命分子，以便團結

更多的力量共同奮鬥。因此，他不同意另組中華革命黨，並且表示他個人決不參加，他後來轉往美國去了。往此黨內發生了兩種不同的意見。那時鄧鼎封也亡命同在東京，據鄧說：「孫中山對林虎極為器重，謂在長江為陳英士，在兩廣為林隱青。」但林卻贊同黃的意見，不參加中華革命黨而轉往星加坡。岑春煊、陳炯明自廣東討袁失敗後也逃到星，林和他們時相聚晤。

（六）回邕力說陸、在港密聯梁

　　林虎在南洋各地流浪了兩年，而袁世凱稱帝，革命的機會又來了，遂回廣西請耀武上將軍陸榮廷討袁。

　　袁稱帝後，雲南首先獨立，貴州繼起響應。廣西為反袁者所期待，但遲遲未見有何動作。陸榮廷反袁早有決心，以向各方祕密聯絡尚未完成，向袁騙取餉械也未到手，故意不露聲息；各方來邕向其遊說反袁的賓客，陸一概不親自接見，而令其親信馬濟妥為招待，連林虎也不例外。抗日戰爭時期，林在桂林，一次曾對我詳談當日見陸情形，極為有趣，惜現已全忘，下面所記係根據曾其新先生（時任陸部中校參謀）所述。

　　林和陸向未謀面，這次由星加坡經香港到南寧訪謁，住在邕江小艇中，請謁時只見過馬濟。馬夜間到艇上答候林。林對馬詳談此次遠道而來的心意，並問：「老師（當時一般人對陸的稱呼）不能接見我嗎？」馬答：「不能。」林說：「那麼，我想寫封信給他，可不可以？」馬說：「那是可以的。」林便用普通印有紅直行格二十六七行一張的信紙一口氣寫了三張，把這封長函託馬面呈老師。馬回去將函呈陸。陸一面讚，一面由左右給他解說，讀完後，對林大加讚賞，立即命馬翌日偕林來見。見過詳談，陸非常高興，立即命馬和林結拜為盟兄弟。

　　那時反袁驅龍分子，紛紛在粵境各處組織民軍，準備發動。林虎和欽廉人士頗有淵源，也組織有一部分。他以訪陸已有結果，為和廣東及各方聯絡便利起見，仍返香港。梁啟超應陸榮廷邀請，由滬乘日輪橫濱丸經港轉入桂，五年三月七日抵港，林虎、李根源、楊永泰等都曾祕密到船上和梁聯絡，交換意見。梁遣湯覺頓隨唐紹慧於翌日搭港梧輪攜立通電稿致陸，而自轉船赴越。陸已收到袁給餉械，現又得梁擬就電稿，遂於三月十五日宣布廣西獨立，通電由陸榮廷、梁啟超、陳炳焜、譚浩明四人署名。廣西各將領公推陸榮廷為廣西都督。

（七）岑任都司令、林復出統兵

陸榮廷、梁啟超迭電催迫龍濟光早日響應，但龍直至潮汕、欽廉、高雷相繼獨立，各路民軍及兵艦進迫廣州，情勢危情，才不得已於四月六日宣布廣東獨立，以緩和民軍的進攻。龍仍被推為廣東都督。梁和陸在南寧商定電滬請岑春煊南來以統一兩廣的軍權。粵既獨立，龍等屢電邀請陸、梁赴粵。四月十三日陸、梁由邕到梧，而海珠事變惡耗至。龍知闖了大禍，特請巡按使張鳴岐赴梧請陸、梁即日赴穗代其向各方解釋誤會。陸、梁十五日由梧率兵東下，駐在肇慶。

十九日龍到肇和陸、梁當面商妥五個條件，由有承認在肇成立兩廣都司令部、推岑春煊為都司令、民軍由岑處理等項。岑十八日由滬到港，十九日由港到肇。陸和岑見面商談完妥後，留兵三千駐肇護衛，即返梧赴桂督師入湘。

兩廣都司令部五月一日在肇慶成立，由兩廣將領公推岑春煊為都司令，節制兩廣所有的軍隊。是日到會的人很多，林虎也參加典禮。隸屬都司令的部隊，有現成的，有新設的。林虎部係新設的，已有民軍若干，任為師長，令其編練一師；後來在廣西各縣招得新兵一批，乃擴充為護國粵軍第六軍，以林為總司令。岑、陸對林都很器重，故特寄以重任。林自二次革命失敗離去行間後，至此乃復得統兵的機會。

（八）新兵初受訓、即奉命討龍

林虎的第六軍成立不久，即被派參加討龍戰役

為什麼討龍呢？原來龍濟光的宣布廣東獨立，乃西南各省以兵威迫成。他參加肇慶軍務院為撫軍之一，不特非其本意，且處處和護國軍為難，阻撓滇桂軍假道廣東北上討袁，都司令部和他幾經交涉，龍才允許滇軍護國第二軍總司令李烈鈞部由肇慶到三水循粵漢路經韶關準備入江西。當滇軍張開儒梯團六月七日到韶關時，龍竟令南韶連鎮守使朱福令閉城不納。袁世凱突於六月六日病死，都司令部乃令滇軍暫停北進，就地待命。不料袁死後，龍未請示軍務院而於六月九日自行取消廣東獨立，宣布聽命中央，這當然引起護國軍的不滿。滇軍在韶被朱福全斷絕商民販賣食品供給，露宿城外多日，又逢大雨，全軍困之，屢商於朱，朱仍不理，兩軍遂發生衝突。龍軍從城上發砲轟擊滇軍，滇軍遂憤怒而進行反攻，龍軍抵抗

不住，開城投降。龍調兵北上應援，七月三日被滇軍痛擊於源潭，大敗而逃。都司令部令桂軍莫榮新攻佔三水；令林虎第六軍向粵漢鐵路南段進攻，以協助滇軍。

當時李宗仁在第六軍步兵第七旅第十三團第二營任排長，據他述當時情形說：「這時我們的第十三團正在肇慶訓練，村田鎗才發下，士兵持鎗各個教練的基本動作還沒完成，但是前方戰況緊急，我們遂奉令向前方增援。全團由肇乘船出發，到蘆包上岸，到達時已近黃昏。連長李奇昭膽怯，託詞腹痛，遂將職務託我代行後即返後方。次日拂曉加入作戰，敵軍向我衝鋒，我率部向敵逆襲。在一陣密集鎗聲中，我受了傷，一顆敵彈由右頰射入上顎骨，滿口都是碎牙。頭昏目眩，已不能繼續指揮，只得令一排長代行連長職權而獨自退出陣地。行了一會，遇一軍醫，他替我檢查，謂子彈已由左鼻孔出去，並沒留在頭部。我行到黃昏，才到高塘鎮的臨時後方醫院，後又轉到新街醫院，共療養了四十多天。出院時討龍戰事已結束，我被升任連長。」

軍務院於七月十四日通電自行宣告撤銷，將林虎的第六軍撥交新任廣東督軍陸榮廷接管。討龍戰事仍在持續。

北京政府國務總理段祺瑞企圖在滇桂各軍與龍軍相持期間，派北洋軍隊三路入粵助龍，但無法實現，乃於八月十一日以政府命令雙方即日停戰，藉以保存龍軍實力。戰事既停，陸榮廷也已率兵到肇，準備上任。龍濟光自量無法與抗，索得大批餉項後，十月初才赴瓊就礦務督辦職。

（九）出使鎮高雷、車部被解決

林部改隸粵督後，改稱廣東護國軍第二軍，林虎仍任該軍總司令，調駐廣州附近。不久，陸督軍派林虎為高雷鎮守使，率部開往高雷駐防剿匪，全軍由黃埔乘海輪向雷州海康縣。雷州多黎人，說黎語，風俗極端保守，時至民國五年，全國各地男子都已剪去髮辮，但黎人仍然留著。

那時駐在高雷一帶的軍隊，為前都司令部直轄車駕龍所部，紀律極壞。車氏為茂名縣人，日本士官學校畢業，當護國軍初起時，他在高雷一帶招募了大批民軍，經呈准都司令部編為第六師，以車氏為師長兼高雷鎮守使。都司令部撤銷時，令車將第六師遣散，但車拒不受命。林虎在廣州出發時，即奉有將車部就地解決的密令，待第二軍到達部署就緒後，廣州才把任林為鎮守使的命令發表。林於是藉名交替，設宴招待車氏，實在是一場鴻門宴。事先，林氏祕密安排，到酒酣耳熱時，發砲為號，即席逮捕

車氏，並收繳其部隊的槍械，車部未作抵抗，和平解決。

林部在海康駐了二十多天，雷州無事，便開往高州剿匪，為時數月。到了六年秋間，護法軍興，林部奉命由高州回駐省城，準備入湘。

（十）討莫戰結束、又奉調討龍

林虎在護法戰爭中的表現，頗有可觀。

六年秋間，段祺瑞決以武力統一西南，法譚延闓而以傅良佐為湘督，傅九月初到任後，北軍即源源開入湖南，湘軍退往湘南宣布自主，護法戰端遂由此起。兩廣巡閱使陸榮廷以湘軍獨立難抗北軍，湘局一崩，兩廣即會被攻，因此，決定和國民黨（軍政府）團結，穩定內部，共同對北。他令粵督陳炳焜邀請海軍總長程璧光同到南寧，十月三日舉行會議，決定：兩廣出兵援湘，推桂督譚浩明為統帥；海軍月餉十萬元，按月由粵庫支付。旋由陳炳焜請軍政府任譚浩明為湘粵桂聯軍總司令，譚於十月二十日通電就職。十月廿三日潮梅鎮守使莫擎宇受段收買宣布獨立，十一月六月北政府任龍濟光為兩廣巡閱使，情況到此更形緊急，陸榮廷遂於十一月十日召集梧州會議，邀請軍政府代表多人與會，在會議中，陸接受了軍政府代表意見，決定更調粵督陳炳焜；將陳督強奪前省長親軍二十營仍撥還陳炳明統率，但軍政府須令其率往征閩，開闢第二戰場，以分北軍之勢。林虎為後一事曾向陸進言，謂強奪二十營一事，無異逼虎跳牆，不如仍撥還陳炳明統率，限令攻閩，這樣，結果無論是勝是敗，都於廣西無捐。陳炳明因此對林常感念不忘。

林部在護法戰爭中，三度參戰，如下：

甲、南寧會議原定馬濟、林虎兩軍全部援湘，後因潮梅有事，須兵使用，故林部只派團長周毅夫率其第十三團的兩營入湘歸馬濟指揮。該團前進時，只在攸縣黃土嶺和北軍小有接觸外，沒發生其他戰事，即抵醴陸，進至岳州。七年三月我軍失利後撤，該團於四月初退至安仁縣綠田圩，此時北軍張忙芝部步步進逼，我軍向敵抵抗。在交戰中該團第二營長冼伯屏忽然發燒，不能支持，須回後方治療，命連長李宗仁代理營長指揮作戰。翌晨，全線激戰，我軍正面已被敵人突破，有些已在退走。李代營長以情況危急，即率部向敵逆襲，然後阻止了敵人全線攻勢，再一度繼續猛衝，敵軍竟棄四門山砲而逃，我軍全線即行追擊，收復攸縣、茶陸兩縣城。李宗仁在此役腿部受傷，五月，升任本營營長。南北

休戰間，該團駐在耒陽以南。八年二月才調粵歸還建制。

乙、莫擎宇叛亂，粵督莫榮新派林虎、沈鴻英兩總司令率部往討，七年一月初，將叛軍完全平定。

丙、龍濟光乘粵軍討莫的時候，十二月十日通電就北政府任命的兩廣巡閱使職，派兵由瓊渡海攻入陽江、陽春。討莫戰爭結束，林、沈兩軍奉調討龍，雖阻遏了龍軍攻勢，相持未能解決。到了三月，滇軍來助，將合力侵入大陸的龍軍肅清後，林虎於四月九日攻入瓊州，龍濟光逃往香港，林收編其殘部黃業興等而歸，戰事告終。

林部在以上三役都收到了很好的戰果。

（十一）鎮使駐肇慶、派兵剿新興

粵督莫榮新因指揮省長李耀漢不能如意而對李極為不滿，李因此赴港休養，且對莫作動動異異。八年六月十二日，莫下令通緝前省長李耀漢，並沒收其財產；同時將李的重要幹部肇陽羅鎮守使古日光調任高雷鎮守使；以第二軍總司令林虎兼任肇陽羅鎮守使，令其率兵入肇，改編駐肇軍隊。林到任將各事部署就緒後，並開始在城外各處要隘構築鋼筋水泥防禦工事，所有砲口都指向廣州方向。凡部隊初到，林氏必令該部隊官長蔡看肇慶一帶形勢，當他們看到工事砲火的指向，都不明其用意，廣州是省會所在地，焉有敵人從那方面來犯的道理？但他們也不便多問。

九年二、三月間，李耀漢在兩陽、新興各縣收買土匪、運動民團，發動判亂，四境騷然，林氏乃派兵向新興進剿。部隊分兩路前進：黃業興統領的游擊隊溯新興江而上；李宗仁的第二營由南江口經羅定前進；到天堂會合。新興境內群山環抱，中有兩個小平原，田土豐美，當地人呼為「內外天堂」。李耀漢的家便住在外天堂，房屋壯麗。人民富庶，故其民團的組織裝備，都不下於正規軍。李營長率部行抵距離外天堂五十里大道上，遙見前面官兵紛紛潰退，民團漫山遍野喊殺追趕潰兵。李氏立即令他那營散開，準備參加戰鬥，然後他策馬馳向指揮潰兵那位青年軍官，攔住他詢問匪情戰況。互通姓名後，李才知他是本軍游擊隊幫統楊鼎中部下的營長陳銘樞（蔡廷鍇在他營中當排長，陳濟棠在該幫統部任上尉副官）。陳見了李，知援軍已到，喜出望外，說：「前線情況不好，潰了，潰！希望貴部立即進攻，以挫其鋒。」李應允後，即刻揮軍反攻，反判的民團和土匪究屬烏合之眾，一擊即四散奔逃，李部跟蹤追擊三十餘里。統領黃業興，

幫統蔣琦也各率所部分進合擊，先後攻至外天堂邊緣，時已黃昏，乃就地宿營。翌日拂曉，翻山越嶺，湧入外天堂，派兵四處搜索，不特排踪毫無，即村民也逃避一空。各部駐了五天，即拔隊回肇。善後事宜，有一部游擊隊協助新興縣政府辦理。

（十二）守貞拒誘判、防妒先減兵

現述林虎在粵桂戰爭中的動態。

廣東的軍政大權為杜人所掌握，粵人失意的發生怨望。加以莫榮新對李耀漢的處置，更惹起粵人極大的反感。於是倡粵人治粵的口號，各處有救粵軍的組織，不時有救粵軍與在閩的陳炯明粵軍裡應外合以掃除在粵的桂人勢力的謠言。陸榮廷為先發制人起見，於九年八月十一日，由軍政府下令動員桂、浙、滇各軍和海軍藉名討伐福建北軍犯粵，而實行進攻陳炯明的粵軍。陳得了廣東動員的情報，即在漳州誓師回粵。粵桂戰爭遂由此爆發。雙方接觸自八月十六日開始，粵軍久戍思歸，士氣旺盛，桂方劉志陸軍不肯賣力。粵軍十八日佔潮安，二十日佔汕頭，桂軍大敗。粵軍從潮汕分兵兩路西進：右路由梅縣、興寧向龍川、河源；左路由揭陽、普寧、惠來向海豐、陸豐。桂軍於是東向迎敵，李根源軍佈防源源，李軍左翼為沈鴻英軍，右翼為馬濟軍和惠州警備司令劉達慶軍，最右翼為林虎軍。

林軍由肇陽羅地區抽調一萬五千人前往，接連馬、劉兩軍的右翼，伸至海岸線上。先遣部隊黃業興部在淡圩遭遇粵軍洪兆麟據守，黃圍攻將洪擊潰，全軍即跟踪追擊。經白芒花到稔山，遇粵軍楊坤如部，激戰後楊又被擊敗，唧尾猛追，直至七泥、八泥，如果再進五十里，便到陸豐縣城了。惠州方面也很順利，破平山，克復三多祝，和林軍齊頭並進。不意，左翼沈、李兩軍忽然後退，全線各軍因而動搖。

原來馬濟以第一軍總司令兼任粵東督軍署參謀長，他見前線情況良好，遂回廣州處理督署的事務。他不該逕用「馬濟」名義發電指揮前線各軍。各軍長因馬為陸所寵信，隱忍不說什麼；但沈鴻英大怒，表示他不能為馬家打天下！便將前線部隊撤走，並非戰敗。但這消息督署方面沒能很快知道。在其間，第五軍總司令兼廣州警察廳長和江防司令魏邦平、河南地方軍官首領李福林於九月廿七日兩人在廣州聯名宣布獨立，函請莫榮新撤兵回桂，將廣東交還粵人。此事經中間人多次調停，莫因東江戰局穩定，有恃無恐，並無意談和。到沈軍走後，惠州於十月廿二日失陷，莫知大事已去，廿七夜即離廣州，而留馬濟、林虎收容前線部隊撤回江西。

二十六、記林虎的一生｜219

林虎下令所部退向肇慶。退到樟木頭時，廣九火車已不通行，往步過石龍經石灘、增城、從化、花縣、軍田而到石角渡過北江、再經清遠、四會到蓮塘圩。沿途以李宗仁一營擔任後衛。蓮塘圩一帶是一條長達三十里十分險峻的隘路，前方出口處叫蓮塘口，已被粵軍據守，馬濟、林虎兩總司令已親自督隊猛攻了一天而打不出去，致大軍擁塞不能前進。李宗仁往謁林虎，見馬濟也在一起，李報告謂想往前方一看，林即允許。李看了回報，謂蓮唐口的確險峻，但除由正面突破外，也無他法，敵方為李福林、魏邦平部，無訓練、無戰鬥經驗，非衝不破的。馬、林明佑其難，但捨此又無善策。林因問李：我能否把你這個後衛營調作前鋒，擔這重任？李只有遵命。他回到營裡，先召集四個連長說明任務的艱鉅，鼓勵一番，準備完妥，即率領全營前進攻擊，他身先士卒，果然一衝而破，敵人狼狽潰逃，逃不及的即投降，李營也受重大損失，傷亡超過三分之一。各軍遂順利通過而到達肇慶。林軍準備在肇固守，各部隊官長數度視察原先建築的防禦工事，這才明白砲口指向廣州的用意。

當林虎在東江前線時，孫中山曾派何成濬勸他脫離桂系，歸還革命陣營。林表示：現受陸氏使命，義不可背，如果將來不在其位，再報厚意，謝卻。到肇後，陳炯明又派密使來游說，林仍以前報孫的話來答覆；並囑使者道：「我三日後便離此地，你回去告訴競存準備派人來接收罷。」

各軍奉令悉數撤回廣西。林氏感覺一批失意將領，湧回貧窮的老家，兵太多易招忌，因此，對分防肇屬各縣的如陳德春、黃任寰、王定華、劉梅卿各部全不令知，聽他們的自由。左右問：不指示他們，恐他們為難吧？林說：他們會知道自處的，不須顧慮（後來他們都受了陳炯明收編，林預料必如此，故不想由自己指示）。回到梧州，移駐鬱林。各軍改編，林部改為粵桂邊防軍第一路。

十年夏間，陸榮廷圖收復廣東地盤，在南寧召集將領討論攻粵問題，陳炳焜力主出兵進攻，林心知絕難倖勝，又明白陸已決心，故默然不言，會議遂決定攻粵。林會後即以說取鄰道相助，極為重要請派其出使湖南各省。陸允許。林即搭船取道龍州出省。陸先離邕到龍，林往謁，不料陸說，打仗最需要你，不必出去了。林打聽，才知是有人向譚督說，林此去必不回來了，故譚電陸止林勿行。林無奈，回邕找馬濟力說無外援的失算。馬很以為然，但說，你此去如果不回來，我要負責的。林表示必回來。馬即為電陸，竟得準。林才得成行；但使命未完而桂已戰敗，粵軍入桂，陸、譚出亡了。

（十三）潮漳揚兵威、五華喪軍實

林虎對孫中山似有成見，故終就陳炯明。

陳炯明反對孫中山北伐而將在桂的粵軍於十一月五月間盡撤回粵，旋即舉兵公開叛孫，孫乃令入贛的北伐軍回師討陳，雙方在韶關、翁源自處激戰多次，互有勝負，最後一次，陳自己的部隊已經用盡，不得已調原林虎部受編的黃任寰、王定華各部應急，七月在馬壩一戰，黃等非常出力，一舉而將北伐軍擊潰遠逃入閩，陳喜出望外，他的局面由此大定，對林虎又增一好印象。

當粵軍由桂撤走後，廣西成為自治軍的紛亂局面，陸榮廷在上海曾召集親信幹部商議應由何人回去收拾桂局？馬濟建議稱：我主張老一輩應休息，讓年輕一輩去負責，我以為林隱青回桂最為合宜。各人都不反對，陸氏也已同意，不知何故，到了九月陸又自己回龍州通電就廣西邊防督辦職，而對林無下文。

陳炯明對林虎不能忘情，努力勸請，許林氏到粵後，即將其舊部如黃任寰等悉數撥歸其統率，並授林以處理廣西的全權。十月，林應邀到粵，陳如約撥兵。林囑其親信林秋帆函致雷醒南赴粵為其籌備一切。雷由貴縣前往，林任其為參謀長。

雲南顧品珍舊部楊希閔等的部隊，為唐繼堯所逼，避入廣西，駐在平南。陳炯明命林虎設法聯絡這支滇軍助己。滇軍已允，並受陳款。孫中山也由滇派鄒魯在港聯絡桂境各軍東下討陳，滇軍又允助孫，接受鉅款。林虎不知此情，十二月滇軍和其他各軍先後由梧州東下，林部在肇慶，對滇軍未加戒備，夜間竟被滇軍所襲，林氏幾乎被孚，他對滇軍用雲南口音說，我是滇軍官長，才逃脫。事後，林常對人述及當初和滇軍訂約時，曾以牙牌神數卜吉凶，得四句云：「將軍百戰易，智士見機難；渺渺蒼梧水，回頭誓已寒。」歎為靈驗。十二年一月十六日滇桂聯軍攻入廣州，陳炯明敗走惠州，林虎所部隨往東江。孫中山二月廿一日由滬抵廣州設大元帥府。從此陳炯明只據有東江和南路，和孫在廣州相持，為時達兩年以上。

北京政府慣用高官以分化廣東內部，曾兩次發表林虎的任命，十二年三月二十日任為潮梅護軍使兼粵軍總指揮，十三年五月十八日任為督理廣東軍務善後事宜，他不想受人一時的利用，並為免陳炯明的猜忌，都沒有接受。

陳炯明不時往港，軍中事多為林虎主持。林部參加較重要的戰役，計有：十二年五月二十五日，費時一週，擊敗粵軍總司令許崇智而取潮汕。七月十一日在閩邊收編閩贛邊防督辦李烈鈞所部賴世璜、蘇世安兩旅。與黃大偉、港兆麟於七月中旬開始向閩南反攻臧致平，八月八日林部劉志陸佔領漳州。十三年四月十四日林部防地河源被湘軍譚延闓部攻佔，林部退往對岸隔江對峙。某日，湘軍師長宋鶴庚通知林虎，謂奉孫大元帥命要與面晤，請約定時間和地點。林即定好日期，地點便在宋的司令部。左右都以為不可。林說無妨，萬一我過時不見回來，你們再照預定計劃行動便是。屆時，林帶衛兵數入入宋軍會宋。宋轉達孫氏懇切相邀之意。林終不為所動而辭歸。

戰局到十四年二月一日蔣中正校長率隊東征後即發生變化，陳軍在海岸沿線節節向東敗退，陳炯明二月廿六日由汕尾逃香港，三月七日蔣的東征軍入潮汕。林部駐在梅縣、興寧、五華一帶，此時南下應援，十二、三日在河田、棉湖激戰，失利。十五日蔣軍佔紫金。十八日五華被蔣中正親自率隊奇襲佔領，林部械彈輕重盡失。蔣廿一日入興寧，廿四日又佔梅縣，林氏率餘眾退入江西，洪兆麟部入閩邊，惠州城楊坤如投降，戰事乃終結。林氏後流寓上海，再回陸川故鄉隱居。

（十四）禦侮方參政、協面被掛名

自國民政府成立後至抗日戰爭前，林虎始終不涉足軍政界。全國一致抗戰禦侮後，國民參政會成立，第一、二、四各屆廣西省都推林虎為參政員。第一屆中，參政會派他赴西康考察。第三屆中，參政會組織「經濟動員策進會」以策動各省動員經濟工作，他被派駐在衡陽，負責粵桂湘贛四省工作。抗戰中，他在柳州郊外營一小農場，刻苦勞作，淡泊自甘。大陸解放後也沒離去，其生活情況如何，少人道及，只聞其任人民政治協商會議代表云。老眼光看看新世界，也許感到一番奇趣！

附錄　我的母親

小序

　　這是我的家傳。我撰刊這家傳的原因有三：

一、我曾為先父編印年譜存念。母親後先父五年逝世，曉初七弟請我
　　將母親這五年晚景編附於父親年譜後面，以備省覽。我覺得那年
　　譜太簡單，不如為母親寫一專篇，較流水帳式的年譜為料多味永。

二、我自己前半世尚生活在古老農村，而子孫輩幾全生長在現代都
　　市，老幼的生活習慣和家庭觀念差別很大，同住一家，半新半
　　舊不中不西的氣氛，常有不易調和之感。思想多應追隨時代而演
　　進，舊的自無須一概保存，但其演變的歷程必須瞭解。他們既遠
　　離鄉井，後即有緣歸省，恐已面目全非，不有正確的記載，何從
　　認識先輩處境與自己的大異？

三、家傳原為留給自己子孫看。但我家景況即是當時一般社會的縮
　　影，故也可供無舊農村經歷青年們的參考。遇著不好紙筆的子孫
　　未必珍惜此類文字，不如刊布公諸同好。

　　母親一生的環境因生計戰亂數變，篇中將依次敘述。

　　今年適逢吾母百零一歲誕辰，謹以此篇藉申孺慕！

戊申暮春，黃旭初於九龍。

在東華村

一、環境與家世

　　我母親姓覃。她的娘家和我家都在容縣楊村墟附近，環境相同，家風
微異，彼此知聞。

　　容縣在廣西省的東南端，楊村墟又在容縣距城百里的東南端。墟的
周圍二、三十里區域，山嶺、河流、田野、村落錯綜散布，氣候溫暖。居

民幾乎全是農人，沿襲著古老的方法耕田種地。逢三、六、九日為楊村墟期，周圍的人肩挑手挽農產品趁墟出售，買些日用品回家應用。家家就是刻板地這樣過活，世世都沒有多大改變。

我們的祖先原籍廣東。淑宏公在明末出身惠州府永安縣武生，食馬糧捕寇，授三水縣城守，陞南雄守備，調任容縣綠雲都司，遂落籍容縣，為來容始祖。子孫聚居楊村墟外的楊村寨，後分一支遷往數里外竹山村。我祖父崑山公由竹山村遷到東華村，入山更深，離楊村墟二十里了。四面皆山，東北兩面最高，嚴冬常見山頂凝冰照眼，無論向何方外出，都要爬過一度或數度高嶺。中間為直徑數里一小盆地，坡邊溪曲散布十多個獨家或幾家的小村。姓氏不只十數，並無大族。我們高洞村不過五家，卻有黃、梁、趙三姓。有三座神廟，常被用作書館和村中公眾集會場所。有店鋪數家，經營藥材和雜貨。崑山公初在高洞老屋和他長兄、三兄兩家同住，後在數十步外的鵬化自建新屋；兩屋都是泥磚牆壁，上蓋瓦面的平房。

我們的始祖雖是武官，但從二世到八世，族中不再有人做官，連秀才也無一個，因為不願應滿清科舉考試。直到九世祖竹溪公才是一名廩生。我祖父是第十世，他喜好堪輿術，著意為祖墳、家宅相地，切望子孫能光大門閭，極力培植兒子讀書。所以到我父親一代，家風大變，已是耕讀並重了。

二、農家相匹配

母親是楊村墟數里外出疏村覃恩寧公次女。同胞一兄一姊一妹。兄於耕種之外，又在墟上開一小店製售餅食，兼營屠宰。舊時政府和社會都不提倡教育普及，故貧家的男子尚且多無機會讀書，女子讀書更談不到，所以母親姊妹三人都是不識字的。但勞力工作卻又男女平等，由家庭諸般雜務以至田間耕耘收穫，女兒們必須參加，不能坐食。女子因須勞作，都是天足，得免纏足之害，出嫁期近才作短暫日子的纏裹，新娘期過便不再纏了。所以母親從小便養成了淳樸勤奮的習慣和強健耐勞的體格，是個典型的農家女子。父親雖已成為讀書子弟，但根本是種田人，和母親正好是門當戶對。

我父親寅生公是四房崑山公次子，出嗣三房，於光緒十一（公元一八八五）年結婚，年二十歲，母親十八歲，住鵬化新屋。那時他嗣父伯蓬公歿已廿八年，嗣祖父名世公歿已二十年，嗣祖母許氏歿已兩年，嗣母何氏也不在。因三房已無長輩，故由本生父母主婚，並負擔費用，三房只遺下耕牛數頭歸崑山公沽用。母親入門後，上有翁姑，下有伯叔姒娌；一家合

力耕作，日用極儉。母親老年時曾對我談過一件事，說她成婚那年，父親在高洞老屋教館，冬天特別寒冷，他由館裡搬一張棉被回來新屋做褥子。伯母們因大家向來都沒用過褥子，遂生閒話，說他不該過分享受。由此可見這個家儉到怎樣的程度了。

父親先聘十二梁積寧公女，未嫁而卒。父母既成婚，依俗例，梁家當年便應接去認親，但梁家推說是流年不利，到第二年才來接，又只接女而不接婿，父親很感不快。認親後才迎梁氏骸骨歸葬湖廣沖。後來梁外祖父逝世，父親不願母親去奔喪，但崑山公以為不可，母親才去。

三、養育最劬勞

我想做母親最辛苦的事當莫過於生男育女了。吾母生我們兄弟姊妹六人，都是在東華村，是我家生活最艱苦時期。她婚後第四年生萌初二兄，父親在縣城華容山姑丈家教館，華氏業醫，囑父親買益母丸給母親服食，妯娌們以為這是補品，齊來分享。第八年生我。第十一年生曉初七弟，二兄趁楊村墟報知外婆家，大舅父雲祥公在他的肉攤上切豬肉一片囑持歸奉母。第十六年生采之四妹。第二十年生旦初十弟。第廿三年生幼弟十三，未滿月而殤。她每次產前產後都須操作家務，難得充分休息。山村裡並無接生婆，更莫說產科護士、產科醫生和留產院了，臨產時只家姑妯娌聞聲到來照料。嬰孩都由母親哺乳長大，但母親卻難得營養食物培補。尤其我和四妹、十弟在三、四月出世，正當青黃不接季節，有時日常糧食尚感不易張羅，那裡來的補品？工作忙急，孩子又沒人看顧，用襁褓馱在背上，肩挑重擔而行，這是常事。孩子衣物多是大人破舊衣服改成，新置的不易有。詩經上「母氏劬勞」那一句，我在幼年時已讀到，雖粗知意義，只順口讀過，到自己做了父親時才深刻地體會到劬勞的真實味道。

四、萬能的主婦

光緒二十年祖母潘氏逝世，父親同胞五兄弟都娶了親，祖父主張分家，於是母親當了小家庭主婦。家中大大小小的事務，如侍奉老人、教養兒女、磨穀舂米、煮飯做菜、打柴挑水、洗濯縫補、飼養雞豚、田頭園尾、親鄰慶弔等等，當父親出門我們還小的時候，概由母親個人獨力去做，莫想有片刻清閒。似乎雨天在家坐著績麻、做鞋，她倒看做消遣呢。探外家該是寫意的了，卻不能留宿，如果一夜不回來，牲畜沒人餵養，家裡將會雞犬不寧。到光緒廿九年二兄娶親後，才有個媳婦分輕些她的負擔。

家裡的事雖極繁瑣，還比較輕便，外邊的事不是耕田便是種地，而且

農作物都要趕季節，失去時令就會失收的，故此吃力多了。旱地上種的都是非穿即吃的東西。如番薯、木薯、芋、鴨腳粟這些雜糧，都是補助稻米的不足，和米混煮來做飯的；花生用來榨油；黃豆可做豆腐；蘿蔔、荷蘭豆是冬天的好菜；這些都是吃的。當時洋紗還沒大量流到窮僻山村，各自種棉花、苧麻、黃麻；棉花由採花、搓條、紡紗、織布到染色後才縫成衣服；苧麻採割後，剝骨、刮皮、曬乾、擘絲、緝線、紡紗、織布、縫成衣服、或做蚊帳；黃麻用來打繩索，間有用來織布的；這些都是穿的。不管是吃的穿的，從頭到尾所有的工作都要經過母親的手。

耕田是最重要的事，比種地繁難。村裡的習慣，犁田、耙田、培田塍、播種、打稻等項，多由男人去做，插秧、耘田、割稻多由女人去做；其他的田工如運肥、修田磡、擔穀等，男女都去做。我家自己沒有地、更沒有田，全是租來的。田當中有半數不定租額，每年兩次當收穫時，田主派人臨田分穀，主佃各半；有半數是額租，都是村中神廟的會田，我家也是會友，所以自己兼是田主一分子。全部的田每次下種七十斤，按穀種每十五斤合田一畝計，還不到五畝田，而且分散在五處，盡是梯田，面積小，坵數多，田磡高，費工夫特別大。但插秧或收割太忙時，鄰人彼此可以互相幫助。

母親主持這個家，工作繁忙已夠她疲累，尤其困難的是頻年節用，有時幾乎數米為炊。有一年夏四月，舊穀已空，新穀未熟，父親的館修接濟不上，母親叫我將冬服拿去二十五里外黎村墟的當舖抵押得錢糴穀，才度過難關。當舖取月息三分，雖屬高利貸，比之向財主佬求借要低聲下氣還未必得，對窮人很感方便。

五、束脩助家計

僅靠租種幾畝田地，無論如何力作也是不夠維持數口之家的生活的，必須另謀副業的收入，以幫助家用。胞伯雲海公向來教書，我父親從小由他教導成才，十九歲起也教起館來了。做教書老師最受社會一般人尊敬，又可考科舉取功名謀遠大前程。父親專心向這條路，目的不僅在一點束脩而已。綜計他授館的地方，自高洞老屋開始，而本村鹿洞陳家；本縣黎村墟時應堂、縣城華家、平貫黃家、踏田陳家、近雅陸家、蔡讀橋劉家；岑溪縣七塊田曾家；信宜縣扶竹徑余家、石圭口韋家、金洞河口、香地坡盧家、李王廟；蒼梧縣疊特黃家等處。總共教了二十多年，到四十四歲以後，學堂興起來了，書館漸漸地少了，萌初二兄出來當教員可以負擔家用了，他然後不再執教鞭。

父親每年束脩所入，除了應考科舉所費外，全為供給家用。而且每年接受關書時，常和東家訂定要携帶幾個子弟同來；二兄、我和七弟在兒童時都是隨父親往書館受教的；只十弟剛滿五歲父親已不教書，得益和我們不同。這樣，既可分輕母親照顧的重擔，又可節省家中食用的開支。但我們在書館裡整天要穿鞋，不比在家時可打赤腳，這又累到母親了。一次，父親和我趕著翌日一早要返書館，等著要鞋，母親漏夜開工，又沒油燈，我坐在她旁邊拿一根大芒點火來照明，做好時已過了午夜。

六、逃學為見母

我六歲時逃過一次學，心想回家見見母親，不是怕讀書或為了什麼。那是光緒二十年，父親在平貫村的石人坡黃家教館，携帶二兄和我同往就讀。在九月間，一天，放了午學，我走出大門外閒逛，不覺間走向大路竟回到了家中。大門內寂靜無人，只見屋簷間黃蜂亂飛，於是自打黃蜂玩耍，得意時哈哈大笑，驚醒了閉戶午睡的大伯祖母。她出來看見，問道：「那不是阿四嗎，你同誰人一起回來的？」阿四是我的乳名。我講慣了平貫話，用平貫口音答道：「我跟三徑口的石灰佬回來的。」平貫在東華北面高山裡，路程不過十里，去時要爬上兩度高嶺，回時卻是下坡，不費腳力。三徑口在平貫前方，土人多種藍製靛，他們製靛所用的石灰，是經過平貫、東華到上龍去挑回來的。我家剛在東華舖對面，挑石灰的經舖休息，我從小便知道這情形，所以我敢跟他們回來。誰知那天母親探外家去了，家中把門鎖著，叫我好不愁悶！一回又一回跑出路邊龍眼樹下去等望，太陽快要下山了，母親才背著七弟回到，我見了自是歡喜不盡。母親只怪我不識危險，單身回來，幸得無事，也就不加責備。不久，二兄回來了，是父親叫他看我是不是回家？夜後，父親也回來了，他很不放心，放了晚學才趕來的；第二天一早帶了我們兩兄弟又趕著返書館去。這是我這無知小孩累了父兄奔波一趟。

七、聞警入山深

光緒二十四年歲次戊戌，端午節過後數天，一日下午天晴，東華舖忽然人聲嘈鬧，哄傳著：「容縣城被賊破了！」這在當時村人心目中是件非常驚人的大事。東華離縣城八十里，很遠，且在山中，多是窮苦人家，想來賊是不會光顧的。但人人都怕賊，挑物牽牛，拖男帶女，急急忙忙，絡繹向山中更深處走避。父親在踏田陳家教館，只母親趕著煮晚飯吃過，便帶我們跟著伯叔幾家翻過村後高山到雙頭村邱姨丈家去。星巖胞叔叫我

替他牽牛，他笑著對我這才七歲小孩子說：這頭牛將來我和你對分。邱家屋內門外都擠滿了來避難的人，幸沒下雨，可以鋪草睡在地上。過了兩天，又傳著「甘木復城了」，眾人才各自回家。我們這些小孩子只聽說破城復城，連大人也不大清楚究竟是怎麼一回事。過後才知是抱有反清思想的三合會首領陸川縣人李立廷，乘大旱飢荒，倡言劫富濟貧，起事攻陷鬱林州屬四個縣城，但鬱林州城未被攻下。甘木也是會黨頭子，賣黨投誠後仍與會黨勾結，破容縣城是他和李立廷事先約定五月初十日發動的，但由封祿階出面。他卻於城破後不滿三天，乘城中會黨不備，率領嘍囉尤其所居楊葉村突襲入城，宣稱縣城由他收復。地方人士因甘木平日無惡不作，復城時又乘勢劫人財物，乃祕密上報：倘甘木因復城有功得官，將如縱虎歸山，民無噍類。得覆：應誅。容縣錢知事即設計於七月初十日將甘木斬首，傳首遊行全縣各村示眾。傳到東華村時，我輩小兒多不敢迫近細看。

八、秀才仍下田

科舉是舊時代守本分的讀書人唯一出路，父親逢考必應，曾經過八次院試，終於光緒二十五年入選，成為秀才，是在二伯父雲海公游泮後第二十一年了。是年他在踏田陳家教館，全年脩金制錢十三千文。院試期近，他準備去考。館東心裡很不願意老師因此曠課，但阻礙人家前程是不能說出口的，於是僅支給他脩金五元，以為這點錢你既須顧家用便不夠去應考了。但父親卻有他的辦法，他替幾位耆老請學院題贈匾額得酬金相助，留一元給母親糴穀，只帶四元往梧州趕考。山心黃少昉也去應試，路過東華，來邀同行，但這次少昉未中選而父親卻考上了。報子佬由梧州趕來報喜，先向東華舖查問，也不知是那一家？因父親以原名屢試不利，新改名「人光」，人不知道。後來大家都說，東華姓黃去應考的只有我的父親，不是他是誰？於是一群鄰友跟著報子佬一擁過來，燒爆仗、貼報條、道喜。那天正值端午，母親釀豆腐過節。二伯母說：「涼粉也該做些給孩子們吃呀！」母親說：「孩子們都沒吵要東西吃。」因為每逢家有喜事，孩子們總佔著便宜，玩的吃的都會有的。對面村鐵寮田梁宗鴻先生和父親同榜，大請學酒，頗為熱鬧。父親卻沒錢請酒，相形之下？祖父總覺不大體面。但父親表示：沒田可賣來請宴，就是有田賣，也不想這樣用。第二年，父親沒去教館，農忙時在家幫做田工，伯母們說他不會使牛，田犁得不好。意思是笑秀才爺還來做耕田佬。這一年他去「拜學」，自置竹轎坐了去各處拜謁宗族戚友，在拜者是致敬，在受者以為增光，必有所贈，計是年「拜學」所得，還多過一年的束脩。

九、隨夫勝侍姑

科舉既廢，父親深知非入學堂求得新知識必無出路，光緒三十二年秋間，他偕我同入不限年齡短期修業的容縣師範，又令萌初二兄考入梧州蠶業學堂本科，都是官費，這是貧寒子弟難得的機會，不願放過。

二兄宣統元年（一九〇九）六月畢業，七月即受聘為龍州蠶業學堂教員，連任至宣統三年，回家接妻子同去。當時母親病了很久，家中正在需人照料。鐵寮田梁家十舅母來訪候母親，說：「為何不叫媳婦在家服侍家婆，任她遠去？」父親卻非常體恤少年夫妻的心意，答道：「如果不去，將來她丈夫有了錢，在外頭討妾侍，丟了老婆在家不管，怎養活得了？還是去的好！」母親聽了甚以為然，表示同意。二兄遂偕其妻、次女、曉初七弟同赴龍州。父親這項主張，後來對各媳同樣鼓勵，無意中將大家庭化為小家庭，各自食力振奮，年節喜慶一齊回敘，大家小別重逢，更添一番歡樂。

遷邕江西岸

十、移家遠至邕

家住東華村雖平安順適，但田地少而人口多，又無商工業，謀生太困難了，逼著要向外發展。村人愛說想發達可走南洋的口頭禪，可是非單身漢不敢冒險，我們的澤光胞叔走這條路竟一去無歸。也曾聽說本省左右江區域地廣人稀，但人地生疏，無親無故，恐受人欺侮，且路程不近，搬家要一筆旅費，真是談何容易。

然有志者事竟成，我家終能脫出窮僻山村遷到新省會南寧城郊去了。因我們有一位梧州蠶校同學龐紹宗，別號心宇，待人非常誠懇，世居南寧亭子墟。宣統三年二兄夫婦去龍州經南寧時，曾造訪龐家，知道當地情形的概略。武昌革命爆發，廣西響應，省政改組，二兄冬間携眷回梧，民國元年二月赴桂林謀職，教育司委他仍任龍州蠶校教員，他留妻女在梧函請父親出來看顧而單身赴龍。父到梧後嫂向他談及南寧情形。父因問嫂：「你的意思想回東華抑或去南寧呢？」嫂答：「能像在東華那般力作，那去南寧謀生容易多了。」父親遂於三月偕嫂往南寧，龐心宇兄讓其祖叔的閒屋給住，招呼很好。八月廣西省會由桂林移到南寧。父親在邕數月，情況既瞭解，準備略就緒，即於十一月親回東華料理搬家前來。亭子雷家

有田而難得佃戶，知父親回去，因以招佃事相託，父親以告同村牛路坡宗家彩利五祖叔，得其同意挈家同行。母親以此行遠離鄉井，親戚見面不知何時，心情頗為難過。五祖嬸也怕生別故鄉，好在她媳婦大嬸十分願去。所以父親說：「這次兩家遷移南寧成功，都是靠媳婦贊成的力量。」那時晚稻收割已完，父親將存穀數擔讓給各兄弟，房屋和田地也分給各兄弟暫住暫耕，舉家便行。同行的，我家是父親、母親、四妹、十弟、華慈大姪女，共五人；彩利一家男女共九人。星巖十一叔送了廿五里到桐油崗，覃雲秀舅父和唐祝三老表直送到南寧。計由東華步行，第一夜宿石洞，第二夜宿容縣城，第三夜宿六陳墟，第四日到大烏、武林，這日有牛車坐，由武林搭梧邕電輪直達南寧。一路幸無驚險阻滯。全家租住邕城隔河江西岸福建園雷宅。鄰人以蠶桑、種菜、耕田為業，我家也租地種桑養蠶兼種菜。父親、二兄和我都是梧州蠶校學生；我民元轉學陸軍，兄任教員；都不在家，只父親主持其事，採桑、飼蠶、除沙等工作，經常在做；繰絲卻由母親和二嫂動手。種菜只須常識，節令時好都有村人榜樣可隨，過江入城挑賣，母和嫂均優為之。過了數年，又兼種三畝多稻田，但已視為副業，與前不同了。在此時期，家中過的仍是農人生活，然已不若在東華的艱苦。

家在福建園繼續住到民國十四年。容縣人來省城的漸多，常在街上聽到故鄉的口音說話，故舊也有往還。家中年輕的和本處人來往，都一樣講本處的平話。母親已無初來時遠適異域之感，而覺得他鄉無異故鄉了。

十一、兒大愛離家

父母在福建園生活雖不寂寞，但我們幾個做兒子的卻像羽毛豐滿的雛燕，離巢到處飛去，很少在側侍奉分勞。我和兄弟也難得聚首，只民國元年二月間，二兄由梧上省謀職，我上年秋間由梧赴柳參加革命後由柳赴桂考入廣西陸軍速成學校肄業，七弟上年冬間在龍從軍後隨隊移駐桂林，三人不約而同，在桂林得一次意外的暢敘，此後又各勞燕分飛。二兄連任了六年蠶校教員（元年在龍州蠶校，二年三年在省立南寧女子蠶業教員養成所，四年至六年秋在省立甲種蠶業學校，即梧州長洲母校），四年縣政佐理（六年冬到七年佐陸豐縣知事莫遺賢，八至九年佐新興縣知事仍是莫遺賢，十年佐西隆縣知事蒙導之），一任西隆縣八達州彈壓委員（民十一年）和劉日福旅軍法（民十二年），十三年冬至十五年夏任西隆縣知事。我入了五年軍校（元二兩年在桂林速成，三至五年在北京陸大），連任九

年軍職（六年任廣西陸軍模範營連長護法入湘，八年由湘歸任廣西陸軍第一師步二團團附，九年隨團赴粵兼任營長，十年六月調桂督軍署參謀，八月任廣西軍政處科長，十一年冬任李宗仁旅參謀駐鬱林，十二年冬任定桂軍參謀長駐桂平，十三年冬任廣西陸軍第一軍參謀長，十四年冬兼任第一縱隊司令官有事於欽廉）。七弟民二離軍遊粵，十稔方歸。十弟六年曾受一次軍訓，十二年五月又與七弟同入鬱林獨五旅幹部教練所將校除受訓。七弟十三年任定桂軍連長，十四年任綏署警衛團副官。十弟十四年也在軍中任排長。在福建園時期，算起來我們四兄弟還是十弟幫助父母料理家務的日子為最多。

十二、婚嫁父母責

在舊時代，父母對兒女的婚嫁認為自己的責任。我們處在新舊過渡中間，一切仍依舊例。雙親對兒子的婚事，先憑親友做媒人，問明女方家世的概略，如果合意，女家即將女子的出生年月日時用紅帖繕好叫做「八字」（算命先生用干支表示年月日時各用兩字，共為八字，故名），託媒人送到男家，男家把它和男命交算命者排算，如斷為女命好（如宜男、益夫、長壽、旺財等等）而又和男命相合，再看自女家八字送到後，男家沒有不吉事情發生，或更出現吉祥好兆，這門親事即決定可成了，父母不須再問當事兒子的意見，兒子也依習俗不敢表示意見，就舊時說，父母討媳婦的意義比自己討老婆要重得多。以後的節目是文定、報日、過禮、迎親、合巹、洞房、謁祖先、拜翁姑、見家人戚友，才算嘉禮告成。我們四兄弟都同樣遵行這種儀式。但姻緣遇合，人各不同，二兄和兩弟的一說便合，惟有我的卻屢經阻折。結婚年齡：二兄最早，十六歲；其次十弟十八歲（民十）；我（民八）和七弟（民十一）都遲到二十八歲。結婚地點：二兄在東華村，我和兩弟在福建園。女家籍貫：二嫂陳萱芙是廣東省信宜縣，我妻宋綠蕉和十弟婦張苡芹都是邕寧縣，七弟婦趙葭菁是靖西縣，沒有一個是容縣的，而四個都取上了草頭的名字。這四個媳婦雖有許多的不同，但母親待她們絕無愛憎厚薄之分，都一樣的好。我們這四對盲婚夫婦，都恩愛和諧，始終相守。妯娌姑嫂之間從來未鬧過爭吵財物之類事。

采之四妹在東華時，父將她許配相距廿五里楊梅墟附近雅堂村李由寬（號暢懷），民國八年八月父母偕她回東華省視廬墓，並主持她出嫁，佳期恰是中秋前夕。

男已婚，女已嫁，所謂「向平願了」，父母心安了。

十三、下獄累親憂

我從小就不是頑皮孩子,很少受到尊長的責罵,不料年紀已上三十歲,犯上一場牢獄小災難,累著父母貽憂。

事情的經過,因我曾任廣西督軍署參謀,民國十年六月兩廣巡閱使陸榮廷和廣西督軍譚浩明反攻廣東失敗,七月十六日宣布下野,八月孫中山大總統任馬君武為廣西省長,在省長公署下設廣西軍政處,而我受任為總務科長。十一年五月,陳炯明將在桂粵軍悉撤回粵叛孫。陸譚殘部在各處乘機紛紛復起,稱自治軍。馬氏辭職,省署瓦解,我歸福建園家中閒住。七月廿九日忽有便衣兩人到我家來,其中一人指著我對另一人說:「就是他。」即押我進城到邕寧縣署,扣上重腳鐐,下在縣監獄,並不訊問,不知所犯何罪?家人戚友深為詫異,父母受驚不小。原來自治軍那些舊將領素不喜陸軍學生,他們稱曾依附粵軍的為「反骨仔」。我既任職軍政處,故為他們所不容。承岳丈宋淑庠翁竭力奔走營救,杜植(陸軍速成學校隊長)、陳良佐(陸大同學)、江耀君(步二團軍需同事)、林上陸(督軍署同事)四位師友熱誠自任擔保,幸獲省釋。在獄剛為十天。

駐鬱林的自治軍第二路總司令(後改為廣西陸軍第五獨立旅旅長)李宗仁和我為陸軍速成同學,我出獄後,他邀往相助。我冬間才去,受任參謀。翌春,妻兒也來鬱。

陸榮廷和沈鴻英兩大舊勢力首領在十一年秋冬先後回省,李宗仁為新派,與他們臭味不相投,但所部僅兩千餘人,嗣得黃紹竑部加入,力量仍小,不足與陸沈抗衡。十二年夏,李以兵助黃取得梧州,黃同時得孫中山大元帥任為廣西討賊軍總指揮,力乃漸長。冬間李更約黃合力由上下游夾擊盤據橫縣至平南一帶陸雲高部,李部在發動時改稱定桂軍,自任總指揮,旬日即蕩平陸部,大河暢通,鬱潯梧蔚起成一聯合新力量,與陸、沈鼎足三分了。李即將總指揮部移駐桂平,我在鬱眷屬一同隨來。

十四、母初遊百色

萌初二兄自八達州彈壓委員卸職回邕省親,十二年四月一日在百色就劉日福旅司令部軍法職;八月復回邕携子女赴色就讀。十二月廿一日二嫂奉母親到色就養。這是母親首次離家旅遊,從此脫卸了半生的田園生活。孫男褒良、孫女華惠、華德承歡左右,稍息勞肩,而年已五十五歲了。當時邕色間尚無公路,來往係搭電船,頗為便利。

兄與百色似十分有緣,自此以後七年中,他的職務雖屢有變更,而地

點總不出百色或其附近，使其自然地以百色為家。

　　母親此來，不覺間過了四個多月，又想著福建園的家。適劉日福十三年五月三日率兵向南寧有所活動，兄遂奉母隨船回邕，十三日到達。時陸榮廷在桂林被沈鴻英所困，邕城駐有一部邊防軍，劉派其參謀長李華新偕萌兄入城見張其鍠省長和善後處長劉傑臣後，十八日張往晤劉日福，十九日劉旅才由西鄉塘入駐邕垣。廿四日百色突為叛軍勾結土匪所陷，劉急率兵回救，兄又隨船同往，卅一日到，匪已先逃，兄家平安無事。六月十日，兄長女華慈在百色與商掄元結婚，這是父母的孫輩首次的喜事，只由兄嫂主持婚禮，父親與母親都在南寧，未及參加。

十五、女丈夫留守

　　定桂、討賊兩軍實力漸壯，李宗仁和黃紹竑決心掃除舊污，一新省局，因不能同時對陸榮廷、沈鴻英兩面作戰，故採先陸後沈的策略。十三年春，陸由南寧出巡桂林，至被沈圍攻，李、黃以機不可失，決定聯合兩軍於六月下旬分左右兩路由貴縣水陸並進乘虛襲攻南寧。

　　計劃既定，我料這一役不會有劇烈的戰鬥，但鑑於我前年的小災難，恐對方知我在此，會遷怒到我的家族，故事先託詞沈軍陷柳、邕垣可慮，祕密請父母和家人暫來桂平。那時二兄一家仍住百色，七弟和十弟同在定桂軍任職。家中人可走，物業卻搬不動，母親真有膽勇，自己留下來看守，采之四妹適歸寧，遂拉她作伴。好在江西岸一帶和城垣隔江，地勢又低下，歷來有事都不在此處打仗。村人彼此相處還好，不會乘機欺負。所以父親只偕七、十兩媳和孫女華容搭船東下，於六月十四日到桂平。

　　劉日福在舊派中人較渾厚，他因二兄和我的關係而與李宗仁有聯絡，但取邕消息我事先不能洩漏給任何人。左路軍六月廿一日乘船上溯，李宗仁乘西成輪跟進指揮，我同船行。劉十七日曾電李求助子彈，十八日李覆電允助，劉即派二兄十九日乘興平輪赴桂平接領。兄二十夜到邕省母；廿一夜原船下駛，到平塘江聞下游有警，仍前進；廿二日上午十時到百合墟，遇我軍先頭部隊，問知李總指揮隨後來；午刻到伏波灘下遂和我們相遇。兄過船謁李，李將一般情勢和我軍行動詳告他，希望他勸劉和我軍一致行動。他深表同情，謂劉必能一致。遂相偕上駛，夜泊橫縣，廿三夜泊永淳，廿四夜泊蒲廟，廿五日午刻到南寧。一路並無戰事，林俊廷聞風率部先逃往欽州依申葆藩，蒙仁潛逃往右江，省會遂入我軍掌握。午後，兄偕我、十弟一同回家看母親和四妹，見了面不勝歡慰，大家擔心了好些時都一旦放下來了。廿六日李約兄商定給劉日福以定桂軍第一獨立旅旅長名

義，仍駐原防，並派參議楊慶祥送給劉子彈一萬發。兄即電劉。三十日劉覆電受命，並於七月二日就職。

七月九日黃紹竑提議：組織「定桂討賊聯軍總指揮部」，並推戴李宗仁為聯軍總指揮，黃自願為副總指揮。北京政府任命的省長張其鍠自聯軍到邕後即等候移交，七月十一日他不耐久候，離邕而去。於是由省議會、各法團、軍事首長公推省議會議長張一氣為臨時省長。七月十六日張、李、黃同時就職，樹立了新的全省政軍機構，人民觀感一新。局勢既定，父親即率桂平家人回邕，兄返百色，我和兩弟隨定桂軍向柳州進兵。九月陸榮廷再度下野。

十六、戰息返家園

萌初二兄十三年九月曾奉省署委宰岑溪而函辭，但岑人聞訊敦促其赴任的已有多起。他對西隆情形最為熟悉，因請劉日福函省為介，張省長十月廿九日遂改委其為西隆縣知事。他在福建園歡度三十八歲誕辰（舊曆十月初七日）後，十一月六日奉母搭船赴百色由嫂姪等侍養。母親舊地重遊，頗饒興致。兄留色經旬，十二月一日才到西隆履新視事。

李宗仁、黃紹竑聯合的新勢力發展迅速，廣州大本營極表欣慰，任命李為廣西綏靖處督辦，黃為會辦。並令取銷定桂、討賊兩軍名義，改為廣西陸軍第一、第二兩軍，李、黃仍各分兼軍長。我改任第一軍參謀長，這是十二月初的事。七弟調任獨一營第三連長，後再調綏署警衛第二團副官。

省內舊勢力尚餘沈鴻英部，十四年一月我軍即向柳州、平樂、桂林從事掃蕩。雲南唐繼堯適於此時乘孫中山先生北上，兩廣內部未穩，想染指桂粵，大軍三路入桂東下。其第二路龍雲先動，一月廿四日（舊曆除夕）到百色。我軍不能同時對沈唐兩面作戰，決定先解決沈再來對唐，暫時避免與唐軍接觸，故劉日福部讓開未與衝突，母親在色寓所未受驚擾，平安如常。龍雲聲稱北伐，省中各界紛電阻止無效，其部隊指向南寧前進。省長公署和財政廳即遷往桂平設行署，綏靖處和第一軍部也一同移駐，第二軍部卻在梧州。父親偕家人也再度避居桂平。

龍雲所部二月廿三日到邕，我守城軍逐步後退監視。龍部進至高田墟，三月下旬黃紹竑將其擊敗驅返南寧城中，黃與范石生合兵攻之不克，而唐軍第三路胡若愚三月十三日由西隆入境，四月十七日到邕與龍部合。我撤城圍誘敵不出，乃移屯高峰隘、崑崙關一帶遠遠監視。四月下旬我軍再度大破沈軍於桂林兩江墟附近，正在追擊和部署善後，而唐軍第一路唐繼虞五月中旬經貴州入柳州。我調桂林、南寧兩方的兵到柳，由六月初開

始，柳州、沙埔、慶遠、懷遠連戰皆勝，繼虞慘敗遁逃回滇。我將沙埔一役俘獲唐軍放一部分入南寧城，龍胡知其第一路已敗歸，在邑的又病死甚眾，我軍已由慶遠回師進逼，遂將大部陸續渡河到亭子墟各處駐紮，準備退走。我軍已近城郊，龍雲七月七日夜間即棄城逃向左江，全部經馱盧、靖西回雲南去了。沈、唐兩軍既告消滅，亂了五年的廣西才復歸統一。

南寧復常，母親七月二十八日安返福建園，在桂平家人也回去團敘。只父親三月間財政廳委其為洪水統稅局長，仍在武宣；七弟八月辭去軍職到稅局隨侍。

桂已統一，粵仍分崩割據，冬間國民政府令桂出師助平南路，於是以俞作柏部攻高州、廉州，我部攻靈山，胡宗鐸部攻欽州。十一月初興兵，十二月中旬三路悉奏凱而歸。

移居南寧城

十七、從此捨農村

父親、二兄和我都是梧州蠶業學堂的學生，但我未畢業便改了行，二兄做了三處蠶校教員，只父親真能學以致用，在福建園從事蠶桑十餘年之久，宅門外他親自題上「容喬蠶戶」的橫額。後來因母親去了百色兩次，父親也兩度率家人避居桂平，遂與田園事業逐漸疏遠。又因家中幾個男子都在軍政界中執業，收入比前較好，不事耕作也於一家生計無妨。既不耕作，當然居鄉不如居城方便了，十五年初舉家便移入南寧城內，租住鹽埠街三十四號；秋間，父親購得財政廳巷三十三號葉宅，全家九月入住。無論租宅或自宅，屋邊並無餘地，想種菜自給也不可能，從此家人完全脫離祖宗相沿的農村生活，這是家風一個大轉變。婦女對家庭工作雖照常動手，但已漸有使女幫助。至於母親，大家已尊敬她為老太婆，不讓她有操勞的機會。她不慣於遊賞享樂，看戲只是孫輩邀她助興而已。

父親在稅局一年辭職回邑。夏間入省辦「課吏館」研修，在學員中他年最長而成績優異，館長係民政廳長粟威兼任，對他甚為器重。他七月十二日在家登梯失慎，背部受傷；時二兄已卸西隆縣職，七弟赴黔試學經商，兩家婦孺均住百色；我春間率部往側鬱林五屬土匪，剛到合浦縣蘇村；聞訊先後歸省。父傷經旬餘而愈；母親看護勤勞備至。兄弟久別藉此晤敘，至為快慰。我旋往處理剿匪未了事件。兄仍赴色，九月財政廳任其為田南禁菸局監督，七弟也在局任檢查員。十一月二十八日為父親六十一

歲生日，兒媳四對、婿女一對、孫婚孫女一對、男女孫和外孫一群圍繞老夫婦膝前同申慶祝；軍政首長、戚族寅友紛來致賀；民政廳是日發表父親為同正縣知事，這是粟館長對他的高足助興，為老人最快樂一個誕辰。

十八、平民化縣官

父親過了生辰即赴同正縣就知事職，因地非衝繁，用人不多，摒擋尚易就緒。他來自田間，深知只要官不擾民，民眾便可安居樂業，故一切設施，務求簡要，力避繁瑣。他的衣履一如普通平民，不時到鄉間和村民閒話，故對地方利弊，人民好惡，非常明白。鄉愚常受訟棍挑唆興訟，從中漁利，父親將最奸惡的訟棍懲辦後，無謂告狀的風氣便息。當時縣知事兼理司法，父親受理訴訟必立即處理；不識字的並准口頭控訴，親筆錄供；訊明情節，即刻判決，有如鄉老斷案的簡單、迅速、公道，所以監獄裡犯人極少。對待屬員親若家人，又嚴如父兄，故員役都知勤勉，遇事不敢怠忽。珍惜公物，雖片紙木屑也不浪費，必善為利用。縣距省垣一百四十里，因公來往，都步行而不乘轎，僅隨帶警兵兩名。既政簡刑清，在春秋佳日，常邀約三數同志詩酒唱和，為公餘消遣。到十七年五月六日稱疾辭職。地方人對這位平民化的縣官異常親切，遠出送別，依依不捨。父親也為之黯然。八日到邕。

母親未同父親到任所去，父親每次因公晉省，必順便回家晤敘。她在邕由我和十弟兩家奉養。二兄和七弟兩家常住百色（十六年五月兄改任田南禁菸局長，弟充會計員），時時歸省。李暢懷妹夫也經常往來邕色，四月間更回容接眷同來。所以母親在家也不寂寞。

十九、傷心失愛兒

我和兩弟學了陸軍，又在號稱「國民革命軍」的部隊服務；而結果只是打了幾次莫名其妙的內戰。我最小的弟弟，也是父母最鍾愛的兒子，竟在十七年初一次革命軍極勇敢的「兄弟鬩牆」中做了犧牲。

先是，國民革命軍十五年夏出師北伐，第七軍半數由黃紹竑統率留在廣西，第四軍半數由李濟深統率留在廣東。北伐軍十六年三月克復滬寧後大舉清黨，軍閥未滅，革命陣營中已內爭迭起。在前方的第四軍無故而回師廣東，經江西時在南昌分裂為共產和非共兩部分。共產部分由葉挺率領，與賀龍一致；先趨贛南。李濟深以力薄難禦，請黃紹竑率部往助。我為第七軍留在廣西的第四旅旅長，奉令赴粵，七月廿九日率部離邕，被任為第六師師長（第七軍初不設師而直轄各旅，此時在前方各旅已併編為

師，令後方各旅也照併編），八月十日在韶關就職後，進至贛南會昌，與葉賀部遭遇，被我阻擊而轉往閩西。黃指揮後隊到達，而葉賀已入潮汕，黃即與留粵第四軍各師合力將其消滅。戰後我師回駐韶關，適南京西征唐生智，我又待命入湘。在南昌第四軍非共部分由張發奎、黃琪翔統率於葉賀消滅後回到廣州，謀擁汪兆銘在粵開府，而李濟深、黃紹竑都不贊成，遂為張等所恨。他們十一月十五日先騙李隨汪赴滬開會，十六日捕黃不獲被脫險到港。我適在穗，也逃港間道回梧，所部由副師長韋雲淞率領自韶繞道湘南而歸。十二月十一日共黨在廣州暴動，大事焚殺，海內外粵人都歸咎張黃，南京下令平亂。李濟深再請黃紹竑率師東下與後方的第四軍合擊這殘餘的前方第四軍，由廣州跟踪向東江尾追，十七年一月十七日到五華縣潭下墟附近，血戰兩日，被我擊潰北逃入贛，對方師長一死一傷，我方傷亡亦大。且初十弟在我師葉叢華團任連長，奮勇率先，中彈斷足，因藥器材料缺乏，經軍醫盧紫照等盡力救治，至廿二晚（舊曆除夕）而逝，靈柩運返南寧葬於東門外。時父親在同正縣，想為讀書較多而曠達，聞訊後，以「有子為國而死，可以無憾」自解。母親晚年失少子，悲愴殊深。

戰後，我被留在東江剿辦興寧、五華、龍川、河源、紫金五縣股匪，歷時三個月而肅清。在前方的第七軍已大加擴充，令留在後方的改稱第十五軍，黃紹竑兼任軍長，我為副並兼第二師師長。五月我由粵回桂。

二十、趣聯祝帨辰

我五月五日由廣州到梧而患病，梧州警備司令龔傑元為下榻於北山下柏廬，我妻得訊由邕趕來看護，告我以母親在家安好，只聞我病而掛心。十五日晚二兄偕其女華慈、外孫商國興到柏廬看我，謂父親已由同正卸任回來，家中平安；百色局務簡易，且有七弟幫助，特請假出省考察，順便送女赴武昌追隨夫婿。他們十七日別我赴港轉滬。我病了半月才愈，回邕見雙親康泰，互傾別緒，我覺得母親心境寧靜如常，私衷暗慰。

二兄一去三個多月，歸述此遊，津津有味，母親為之開顏。他說：由香港搭法國郵船亞多士號五月二十五日到上海。二十六夜搭江新輪溯長江上駛，二十八晨到南京，華慈母子偕使女秋菊逕往漢口；我登岸訪友，逗留至六月十日，遍遊金陵名勝。其間曾乘火車回滬訪友六天。十一日自南京搭大通輪船於十三日到漢口。翌日到武昌三道街八十七號看商掄元華慈夫婦。在漢曾兩次謁候李宗仁總司令相談省內近況與前方軍情；晤第七軍夏威軍長，他建議我順遊山西。十八晚搭火車北上，廿一晨到北平。故都舊友名勝特多，遊訪幾無虛日。白崇禧總指揮告以他對外交、軍事、內

政的主張和對省內同志的希望，並望我參觀山西。廿八晚隨第四集團軍參觀團乘火車赴山西，參觀了軍事、教育、村政等建設，可資借鏡。七月十一夜返抵北平。十六日唔葉琪、廖百芳，他們對時局的趨勢與國民黨的將來多所論列。廿六日女婿商掄元由南苑駐兵處來唔，攝影留念。廿八夜李宗仁、李濟深、閻錫山等南下，因附車同行；白崇禧、李品仙來送李等，因得與握別。白並託要言致季寬、旭初：北伐雖告成功，危機又已潛伏，不可大意樂觀。三十日晨到鄭州，得馮玉祥自開封電話請由隴海路和他同行赴京。午刻到開封，見市集很整齊，公園布置甚新穎，長官服用極平民化。車停在候閣，嗣得閻電：至順德後病不能來，晚九時車復行，八月一日到南京。十一夜搭火車赴滬。十三日訪李宗仁於鴻恩醫院。十八日搭俄國皇后輪離滬，二十日午到香港；未留，即搭新寧輪回梧，廿二日上午到；未曾留，即轉搭海南號電船返邕，廿五日到家。

九月一日兄偕我乘汽車赴柳州向黃紹竑主席報佐軍事情況、政局趨勢、各地見聞、老友傳言。五日回邕。七日兄赴色返禁菸局驅事。局旋改稱為百色區戒菸局。

九月二十一日（舊廣八月初八日）為母親六十一歲誕辰，兄弟各率妻子回邕祝賀，戚友紛集。父親將己、妻、兒、媳年齡的相距與母、妻、媳、孫生日的相連構成長達八十四言的楹聯以為紀念，運用一連串的疊字，非常有趣。

流寓香港及廣州灣

二一、赴港撫兒傷

民國十八年夏，我又參加一次內戰；兵敗負傷，就醫海外。父母為我憂心，捨家離邕，長途跋涉，趕往撫視。

事因北伐已告功成，李濟深仍任廣州政治分會主席，李宗仁仍任武漢政治分會主席，黃紹竑主桂，白崇禧在津，各又握有重兵，桂人聲勢太盛，樹大自易招風。而武漢少年得志的將領輕舉妄動，二月間乘李宗仁不在漢，用政治分會命令改組湖南省政府，派兵攻擊魯滌平。南京於是師出有名，先將兩李和白撤職查辦，並囚濟深於湯山，即用兵討伐武漢。戰端既開，桂援武漢，命我由韶關率師入湘，將到郴州，武漢我軍已全部瓦解，我奉令經龍虎關回省。李宗仁自滬、白崇禧自津脫險到桂，粵局已變。南京令黃紹竑將李、白拿解赴京，並促湘粵兩省興師夾攻廣西。黃不

理，被免職，和李、白憤而先發攻粵，五月五日由梧出兵，至廿二日在白泥市失利，全軍經大塘、四會、廣寧、懷集回省。是役我負傷，退到梧州，再經貴縣、鬱林、廣州灣赴香港就醫。

我經貴縣時曾派撫東堂弟（在我師部任軍需）赴邕報知家中。父母自是驚心，我妻和七弟趕來看望，到貴縣時我已離去，不遇而歸。粵軍西上，湘軍北來，邕垣人心惊亂。老人和妻子對我放心不下，決意去香港看我，廣西紙幣在省外不通行，二兄和七弟連日奔忙為找換外幣，匆匆收拾衣物即搭電船往龍州，時為六月初旬。父、母、妻、子、女之外，慶良姪也同行。到龍在邊防對汎督辦署兩宿，等候照相辦理出關手續，一切得署內同鄉黃抗坡照料。入安南在諒山、海防各一宿，即搭船往香港。到後費了一番工夫探訪，在銅鑼灣法國醫院見到了我，我這傷者說話、起坐、行動、飲食都無大礙，大家才鬆了多日來的緊張。

我受傷是因親握手槍督隊和敵人搶奪一個山頭，已將到頂，胸間忽中敵人步槍彈一顆，卜然有聲，暈眩不支，被衛士扶掖下山而退。軍醫為除淨血污、在創口敷了藥，便隨敗軍大隊退走，部隊交副師長代為指揮。由大塘經懷集到梧州是坐轎，由梧到貴是坐船，由貴到廣州灣是坐汽車，都不很痛苦。因彈由右胸穿出背去，彈頭不留體內，內臟幸沒損傷，不須剖割，在醫院抽了幾次腔中積血，外塗藥劑，傷口便逐漸生合了。但愈後骨痛，日本醫生醫不好；宋申甫岳叔為請平樂劉遜民醫生用針灸治了一段日子才平復如常。

老人以我休養需時，遂命家人租住堅道英輝台六號。

二二、無心作寓公

老人原無久作寓公之想，二兄和七弟也沒離省的打算。因黃紹竑整頓由粵退歸的部隊將深入柳州的湘軍猛擊驅逐回湘後，對由武漢海運到粵配合粵軍進入梧州的李明瑞、楊騰輝等廣西部隊，卻不想同室操戈，決意退讓，遂將省內部隊交呂煥炎、梁朝璣等統率，令與對方謀妥協；並留民政廳長粟威代其將省政交代於南京任命的省主席俞作柏，即於六月下旬和白崇禧離邕（李宗仁已在攻粵前赴港負責對外活動）經龍州入越南往香港；省內已無戰事，家人原可照常居住。但田南清鄉總辦朱為　先和粵方有勾結，受委為師長，黃、白行後，朱即收繳百色部隊和機關的武器，派員接收百色各機關。二兄將百色區戒菸局長職交卸後住在家裏，被朱派人暗中監視，圖勒取鉅款，乃於七月廿一日乘夜步行到平馬上游搭日光輪赴邕。兄既安全離去，嫂和七弟也就先後離色到邕。

兄在南寧數日，籌到了旅費，七月廿九日搭輪東下，八月二日到香港，和我們敘晤後老人命來同住。三日他訪候李宗仁、黃紹竑、葉琪、夏威、胡宗鐸和各同鄉。九日隨父親往遊澳門，覽勝之餘，順便調查生活程度與居住環境，因父母都有香港太過繁華，費用恐難持久之感；一宿即返。十三日兄搭船赴上海、杭州旅行；在滬遇其長女及婿並同鄉多人；其次女華惠九月四日又自港赴滬入師範學校肄業，也與相晤；旋赴杭州參觀博覽會，即僦室小住。十一月初乃返港。

在這期間，省內又發生政變。俞作柏九月廿七日在邕通電反對南京，歡迎在宜昌脫離南京的張發奎部來桂。但呂煥炎等省內部隊全體和由漢回來的楊騰輝部都厭惡俞氏反覆和左傾，一致起而倒俞。南京十月二日將俞撤職，任呂繼主桂政。俞奔香港，李明瑞、俞作豫率少數部隊逃往左、右江樹赤色旗幟。經過短促，交通如常。

七弟十月中旬由邕到港探望我們。母親曾對家人談及，來時因太怱忙，十弟婦母女未及同行，彼此心裡都覺難過；我妻因託七弟回邕接來；十一月三日弟偕十弟婦並華容、華青兩姪女來到，老人非常快慰。翌日兄由滬到，時家已遷至巴丙頓道十五號，均來同住。我久患臀骨痛艱於起坐，正用針灸治療。

二三、節用遷赤坎

父母不問外事，但我們兄弟已隨著廣西這團體混入時局的漩渦中，敘家事為使頭緒清楚，常不免有許多話涉及時事。汪兆銘十八年八月由歐返港，聯絡所有反對南京的人作大規模活動。俞作柏既倒，汪促黃紹竑等返桂使桂張兩軍合作取粵，梁朝璣等因呂煥炎不能領導省內全體部隊，曾派人來港歡迎李黃白各領袖回去。他們十一月間由港越先後回邕，編省內部隊為護黨救國軍第八路，李宗仁、黃紹竑、白崇禧分任總司令、副總司令、前敵總指揮。張發奎部由湘西入桂為第三路。兩路合力攻粵已迫近廣州，不幸受挫，退歸平樂。朱紹良率中央軍尾追而來，粵軍入梧，呂煥炎同時叛據邕、潯、鬱地區。李急整編部隊，取銷三、八兩路，恢復張部為第四軍，楊騰輝部為第七軍，黃仍兼領第十五軍；令黃率所部和張軍討呂，白率楊軍對朱。黃收復邕潯鬱各地，呂只據鬱林城頑抗；張軍遂進略廣東南路；白大敗中央軍於平樂，朱逃梧州；這是十九年一月下旬至二月初旬省內的情形，當時我們並不完全清楚。

李、黃二月初間電令在港人員回省工作。二兄、胡朝俊和我二月十一日搭船赴廣州灣，打算經廉江入鬱林或經高州入北流；次日午到，由黃仲

庵函介寄寓西營新街仲良宗叔家中。十三日阻雨。十四日查得鬱林仍為呂春琯所據；不便通過；因由東營乘車經兩小時到梅菜，聞粵軍已到容縣，我張軍已全部由信宜赴援，此路已無車行，只得循民船回西營。派人向鬱方偵察，十九日悉張軍已開北流應戰，沿途無我軍，安全可慮。我們卻不知我黃張兩軍十六日在北流被粵軍所敗，已退往貴縣、橫縣去了。我仍留待入桂的機會，二兄偕數友廿二日回香港候消息。

父親聞仲良宗叔在赤坎，二月廿六日特由港來訪，叔留住其家，因得詳悉當地諸般情況。我新接南寧通知，令經北海回邕，而廣州灣近日無船往北海，因於三月十七日回港候船。父親以赤坎風俗簡樸，還境清靜，生活低廉，囑將在港家人遷往，以節開支。除慶良姪、永良兒仍留港在西南中學讀小學班外，二兄奉母偕家人二十日搭船行。這是母親初次乘海輪，未遇風浪，尚覺舒適。翌日到西營，承梁誠康照料入赤坎，父親已租就法國馬路羅姓樓屋一間，隨即入住。全家又變換了一次新環境。

二四、媳孫欣繞膝

我也在母親與家人赴赤坎那天搭船往北海，三月廿三日到達。第四軍第卅五團團長薛岳率部駐此，待我一到，即撤回邕，廿四日同行，四月三日到南寧。時閻錫山、馮玉祥、李宗仁幾位老集團軍首領聯合在北平另組中央對抗南京，李已於四月一日就第一方面軍總司令職，準備進軍湘鄂，會師中原。我受委為教導第二師師長。

我四月九日郵函報告老人：「在邕稍休養，仍復往日生活。總司令已派黃鍾岳、黃薊、廖競天、蒙飛鴻、白志鯤、伍信生與兄為禁煙總局委員，囑速回任事。老人及少小以仍住赤坎為便。」這函他們五月三日才接到。七弟適於四日由容縣到赤坎，父親令其隨兄回邕。時鬱林仍為呂煥炎部所據，而俞作豫據龍州組織蘇維埃已被我軍於三月二十日收復，兄遂取道越南，八日偕七弟搭船離廣州灣，十日到海防，入河內，十一日到諒山，十二日護照簽字，入關到龍州，白志鯤招待住財政整理處候船，廿一日待張定璠、黃建平、陳勁節等和各方代表由越到才同乘六號巡輪下駛，廿三日到南寧。嫂偕兩女在邕，我已出發到武宣。兄唔衛戍司令韋雲淞，悉李、白、張三位已統大軍前隊入湘。黃副總司令在柳，因赴柳晉謁，令在邕佐韋，旋委兄為平塘江鹽稅徵收局長，六月四日接任。韋因軍事緊張，以兄兼衛戍司令部祕書，代核文稿，兄遂將局務託七弟照料。

近年隨小家庭分居各處的婦孺，反因戰亂而團聚起來了。二兄以滇軍入境即將犯邕，七月六日令二嫂偕華恩、華忠兩女離邕赴港轉往赤坎。七

弟婦六月間送女華東到赤坎後復返東華，七月廿四日再由東華到赤坎。到此，老人的四個媳婦和各孫女都齊集在大家庭同居，這是難得的機會。八月十四日平塘江為粵軍所陷，七弟被困，廿四日脫險，九月也到赤坎。

二五、黑豆味同甘

此次我軍傾全力分前後兩批入湘。前鋒甚銳，六月五日入長沙，八日佔岳州。黃紹竑率梁瀚的教導第一師和我師為後隊，出發稍遲，我師五月廿九日才由修仁向龍虎關，到零陵而衡陽已被粵軍襲佔，將我軍前後隔斷。前軍不得已回師與後隊合力擊粵軍於五塘，七月二日受挫，全軍退回柳州整理。全部仍為第四、七、八、十五等四個軍，任張發奎、楊騰輝、顏仁毅和我為軍長。南京令湘粵兩軍追入廣西，滇軍圍攻南寧。但湘軍因共黨陷長沙，只到全縣即撤走回湘。

雲南龍雲派盧漢指揮朱旭、張冲兩師及其自兼一師犯桂，七月十九日已到南寧近郊，八月七日才開始攻城；連續一週，且有粵方空軍轟炸助戰，因我守將韋雲淞防禦有方，滇軍只有死傷，全無收效，遂撤往上游二、三十里各村落防守。李總司令料其必再來攻，即派我為南寧守備司令官，由柳州趕往乘隙入城坐鎮。九月二十日滇軍果然又來攻城，而我軍城中糧食僅能維持至雙十節。李總司令得報，即派白總指揮率兵於九月廿八日由柳出發往解邕圍。但崑崙關被粵軍阻斷，高峯隘被滇軍阻斷，他從這兩個天險之間的險峻山脈中；覓得三道僅能通過單人的小徑，留下砲兵、電台、馬匹不帶，全部輕裝徒步偷度過山，滇軍驚出意外。白在過山前以無線電和我約好，十月十二晚我率守軍突圍而出，在城外徹夜。十三日與援軍夾擊滇軍，苦戰一天，全部被我擊潰，敗走右江。廿三日我軍追到平馬，又激戰五日，滇軍才敗歸雲南。粵軍也由賓陽退往貴縣。在將解圍那幾天，城中糧食將絕，官兵多以黑豆充饑，二兄與我共同領略這難逢的況味，同人因定十月十三日為黑豆節以為紀念。

因梧、潯、鬱地區仍為粵軍所據，當局急圖恢復百色的稅收，委二兄為田南禁煙局長兼田南財政整理處長，隨同追擊滇軍的部隊趕往就任。

華慈姪女於邕圍解後數日在南寧病故，七弟婦於冬至節後由赤坎回邕，謂老人康泰如常。

二六、課績與殊賒

家寓廣州灣的情形，父親致東華撫東五弟的信中屢有提及，現摘記數段如次，可知其概略。

甲、二十年一月廿三日函:「叔旅次藉祖蔭叨安,老壯幼均康健,亦不覺饑寒。我痰咳如前。老妻朝朝入市買菜,婢已嫁,媳晏中操井親勞而已。孫六、七、八、九、十妹習字亦有姿勢。永孫自港來此未經旬,而所課新授之國文均能解覆,書法亦日漸有規模,其係前旬我著七男往接來此者也。慶孫未肯來,昨其母又往港接之矣,今未知肯來否?七媳冬節後回寧。時局和平空氣雖濃,結果殊未敢料,一個月之限內當無變動,叨安度歲,所頂祝也。今乘此間專使之便,再寄聯稿(旭按:共春聯十一副,皆切合東華高洞、鵬化兩宅辛未年用者)。自擬一聯:何陋之有;盍歸乎來。」

乙、四月廿七日覆函:「修族譜乃吾輩之責。四十年前曾略整有稿,後該稿在如英公處,遂至今未追及。猶憶自住容至十世,得舊本考妣生終年月日時,在道光以前者可考。舊本有干支而無年號,我曾開列二百餘年之甲子,推入容當在明萬曆間,二世祖尚屬明時生人。去年曉初携家譜來此,我甫執筆照抄,未滿首版而七媳携八妹來到。嗣後時刻課讀,無一刻清閒,然縱得閒,亦只錄本文,而闔族的必追得舊本及前稿,或有頭緒。舊本我記得存景雲兄處,曾約其輯十世以後之生終,諒亦未失舊本也。今我遠離鄉族,修譜實屬無能,姪就近商之,但能如舊本之某公某氏生子子某某,其生終之年時,能詳則詳,否則缺之亦可,其遷居者必詳之,俾知同祖各支為是。刊雖所費無多,亦可不必也。二十七日,八叔復。」

丙、在前信的紙背又寫云:「去臘永良先月初,慶良後月杪,來此過年。今年正月初十日四媳、七男、二孫往港;慶良復校,初中班年需費五百元;四媳、七男回梧歸邑,彌月安抵,有信來矣。旭主政委會;萌仍色局,久欲調回而未逢機會;曉尚賦閒。永良在此同四妹插法華官校高小第二年第四期班,夏季畢業;但永良算術趕不及。六、七、八、九妹亦插初小第四期班,均有進步。既免費,且有教科書、筆、墨、紙賞給。女教員亦好,高州語音清白。但行法蘭西休息,星期四及星期,一周停兩日。每日授課午前八時半至十一時半,午後二時半至五時半。授課前後,課室鎖閉,未屆時,學生在廊簷之下圍牆之內等候,喧擾不堪,而教員亦無住校者,絕無管理,兒童多好大早離家就陣,佻撻陋習,實在可憎。女子求學尚易入路,可喜。男兒旋大旋劣,痛恨多錢之

累，誤了青年即誤了一世。今自己課永良高小級國文、歷史、地理、算術而外，加古文、唐詩、故事瓊林，字學趙帖。察其心猿意馬，尚未想求學識也。八嬭今年無紗可紡，買苧績之。媳婦井灶之餘，略事種菜。老懷課孫度日，經歲不出；又罕閱新聞，竊揣人心尚未厭亂也。」

重返邕垣

二七、省安返舊居

時局也像天氣，有時會突然變化。全國反對南京的勢力到十九年冬僅殘餘半個廣西；而且這半個廣西的三領袖之一黃紹竑，又以嚴倦內戰、主張和平於十二月間脫離廣西而去，此時廣西的景況黯淡到了極點。不意二十年二月政南京忽有立法院長胡漢民被幽禁於湯山的事發生，激起了粵人的不平；四月粵方遣使來桂釋嫌修好，團結抗寧，五月撤退在桂的粵軍回粵，破碎艱危的廣西，轉眼間復歸完整安穩。六月老人即率流浪了海外兩年的家庭從廣州灣回到南寧，門庭依舊，親故重逢，心情暢快，現於辭色。

各處原與南京不能相容的國民黨人群集廣州，得兩廣的實力支持而在粵開府，對粵桂行使中央黨政職權與南京對抗。特任陳濟棠為國民革命眾第一集團軍總司令；李宗仁為第四集團軍總司令，白崇禧為副總司令；並改組廣東、廣西兩省政府。

我們兄弟的職業此時也隨著政局的演變而有所更動。去年廣西因戰亂省府不成立，在第一方面軍總司令部內設政務處以掌理省政。十二月在總司令部下設軍事委員會以示對各軍人事及軍費公開，我被任為委員之一。二十年三月十五日又在總司令部下設政治委員會，我被任為主席。五月粵桂和平，全省的軍事與政治悉隸廣州國民政府，六月撤銷軍事、政治兩委員會。六月九日國府任我為國民革命軍陸軍第十五軍軍長、廣西省政府委員兼主席。七月一日廣西省政府成立，廿一日國府又任我兼民政廳廳長。八月七日國府特派我兼國民政府政務委員會委員。十一月國民黨第四次全國代表大會選我為第四屆中央執行委員。廿一年七月一日我辭民政廳長兼職，由雷殷繼任。

二兄自二十年四月各財政整理處裁撤後，專任田南禁煙局長。五月調任梧州區禁煙局長，從此他家住梧州。廿一年七月改任廣西銀行董事，籌備復業；八月銀行成立，被任為梧州分行經理。廿二年六月辭銀行董事及

經理職，復被任為梧州區禁煙局長。廿三年二月奉派往湘鄂兩省考察禁煙情形。

七弟二十年五月在梧州禁煙局為兄佐理，旋被任為那連鹽稅局長。廿二年六月調任平塘江鹽稅局長。

父母看著兒子們都能為國服勞，從小一番教導的苦心不為枉費，卻恐再下一代不能再像我們的刻苦而墮落。一家的衣服飲食，仍保存著農村鄉土氣味，不染一般官場習慣。時值喪敗窮阨之餘，軍政當局力倡節儉從事建設，所有部隊官兵及公教人員一律著用土製灰布制服，這點最為老人所贊同。對我這年不滿四十、只從歷次剿匪粗知民隱、毫無政治經驗而遽擔一省重任的武夫，雖知其素性謹慎，但慮其拙於肆應。天幸我負責後，省內數年無戰禍，匪患也因民團制行而息滅，人民樂業，生氣瀰漫，老人感覺居之安才無所牽掛。

父母初歸時仍住財政廳巷舊宅，廿三年春遷到南門外桃源路二號新居，距離省政府合署新廈很近。我除了因公離省，每日得晨昏定省，閒話家常，稍補往時常離膝下的缺憾。母親在南寧住膩了，有時又去梧州二兄家散心。廿三年一月十七日我赴南京出席国民黨第四屆四中全會經過梧州，到崗嶺街十五號兄宅謁見母親，兄、嫂、七弟、四妹、妹夫、各姪女擁著她擠滿一堂。她來梧很久了，非常康健愉快。我當天辭別東下，她定第二天由七弟侍送回邕。

二八、再抱喪明痛

家在最安適中度過三年多的好景，到廿三年歲晚，二兄突然急病逝世，真是事出意外。兄因出席禁煙會議，十一月十八日偕嫂到邕歸省。母親數日來適患喉症，但非嚴重。三十日全家慶祝父親六十九歲誕辰後，兄嫂才返梧州。十二月廿九日夜半，我接梧州禁煙局職員李溥生電告，兄患急症，甚危。三十日晨再接李電，兄患腦充血症，昨日夜半醫治罔效逝世。以他平素這樣強健的人，竟會突然便死，全家老少莫不悲慟。他是父母的長子，剛由蠶校畢業便去做教員，以所得薪水助家用，我才有讀大學的機會，造就現在事業的根柢，回想及此，感愴尤深。我立即電告平塘江七弟，囑其回邕慰視老人；到省府將事務安排後，午刻偕妻和華東姪女赴梧為兄治喪。父親面囑：你兄年僅四十七，雖不能算壽，但為國家服務，盡了他的天職，對於飾終典禮，應適合分位，不可草率。我受命即行，夜宿容縣，卅一日午後二時到梧。兄遺體停在崗嶺下街自宅，我揭他的面幕一看，見顏面腫黑，口鼻流血。嫂、姪女華惠、華忠、惠婿鍾恕人同在，

不禁同聲一哭。下午十時小殮。孤子慶良和女華恩在廣州就學，廿四年元旦由李警晨兄伴送回到，然後大殮。一月三日星巖十一叔、頌祥三兄、發強六弟自東華，撫東五弟、曉初七弟自南寧，良海大姪自鬱林來弔。六日商定：一月十四出殯；葬地看定了大漓口蓮花山。因距葬期尚遠，各自有事，七日叔偕諸弟和大姪回東華，我回南寧。我到家將情形報告，老人雖極悲傷，幸尚平安。母親初疑兄死或非善終，曾令十弟婦等往問仙婆。仙婆以術召兄魂問其死因？魂答：「病由自召，不必疑人。得病即瘖，想要茶水終不能得。」十弟婦歸以報母，母說：誰料他死得這樣辛苦！為之淚下。十弟婦順便令仙婆召旦初十弟的魂問其近況如何？魂說：「失去的腳，已經找著；二兄剛來數日。」弟十七年在潭下戰役右足中敵彈折斷，不治，今經七年了。兄在同胞五人中體形較肥，但也非太肥，近數年未聞患病，或因此而沒檢查身體，不知血壓過高，更不曾戒酒，致遭此厄。十一日我偕十弟婦、華青姪女復赴梧。十三日開弔，族戚來賓到數百人。十四日出殯，九時到蓮花山，十一時二十五分下葬。

喪事既了，我偕妻、女和十弟婦母女返東華省視故居各長輩，二伯母健康最佳；雨亭九叔病已數月，時好時壞；頌祥三兄久咳依然。我們十九日歸抵南寧。

為安慰老人心情的悽寂，在梧州、平塘江、東華各長幼特頻繁更番歸省。最熱鬧一次是七月六日嫂偕慶良、保良、永良、華恩、華忠、鍾梧生（華惠子）等由梧到邕，和老人盤桓了數日才去。

二九、棣華連萎謝

父親在廿四年夏秋間，兩遇雁行折翼，棠棣花凋。他同胞六人，姊逝最早，年才卅二；十弟鹿門，出嗣長房，壯遊南洋，不知所終；兄雲海公，歿於民五，桃李滿門，壽六十二；今九弟雨亭六十五，十一弟星巖剛六十，又在東華相繼病故；僅餘自己，殊難為懷。

九叔七月十七日的噩耗由頌祥三兄函告，我們廿三日接悉。我因省務忙碌，無法分身，父囑母親偕各人歸弔。廿八日七弟回接母親先赴平塘江；八月十三日母親偕七弟婦由平塘江，十四日五弟、十弟婦、永良由南寧，十六日七弟由平塘江，二嫂、慶良由梧州，先後回東華齊集弔唁。十九日下葬。事後，十弟婦偕兩女及華東先返，廿八日到邕，謂母親偕七弟、慶良、永良往遊香港後順送慶、永赴穗返校。

往弔者尚在歸途，不意第二個噩耗又到。八月三十日接五弟自東華來電：十一叔廿七日申刻仙逝，叔母命九月五日安葬。父親令我即電叔母致

唁。我並電梧華惠姪女轉知七弟：兄事太冗，不能遠行，希弟親往經紀星
叔喪事。於是七弟由梧遣良經姪先赴東華照料，又託六弟即代送致賻儀，
他親送母親於九月二日晚到平塘江後，翌日趕往。五日葬叔於石燕頂三叉
崗。叔今春頸上生一瘰癧；土醫生用膏藥貼穿頸肉以割除癧核，傷口愈爛
愈大，各病並發，終至不治。

家門在數月間連喪三人，五弟疑為去年修理高洞老屋大門石礎不利所
致。祖父崑山公為堪輿名家，但到了我們這一輩已不談此道，只好歸咎於
衛生醫藥的落後了。

十一叔葬期適逢母親六十八歲生日，故她未往東華參加葬禮，只在平
塘江靜靜地渡過良辰。她的酒量與飯量都比往日增進。中秋節後，九月十
三晚，她偕二伯母、七弟、三妹，由平塘江返到南寧。

三十、老懷憐少小

父母的孫輩，女數倍於男，在眼前只得兩個男孫。兄生二子，但長的
幼殤，只次的慶良成長；我獨生永良；七弟時只有女；十弟不曾生男。人
以稀為貴，這兩孫遂受其祖父母特別珍愛，經常為其學業和操行而關心。
家自廣州灣回邑時，慶良未同行，他由香港轉入廣州中德中學肄讀；永良
雖同行，後來也和保良（撫東長子）入廣州嶺南大學附屬中學就讀。當時
社會上當父兄的總覺本省不論大、中、小學都不及廣州的好，家境富裕的
連小學都有送入省外的。廿四年九月十八日白崇禧副總司令在南寧特別為
此問題邀教育廳長雷沛鴻、民政廳長雷殷和我共同商討，當時我也感慚
愧。慶良和永良是得在廣州就學了，但成績並不見佳，慶良有一期且曾自
請降級，如果學生自己不努力，任何著名學校也難為力的。離家既遠，老
人每年中好容易見到他們一兩次。廿五年一月學校放寒假，慶良、永良和
另外三位同學二十日回到南寧小住；廿三晚為舊曆除夕，他們五人陪著老
人暢飲，良會難逢，興致特濃；廿七日告辭返校復學。

父母那時的孫女剛好排滿十人，名字以「華」字冠首，長華慈、二
華惠、三華德、四華恩、五華安、六華容、七華同、八華東、九華忠、十
華青。慈、惠、德、恩、忠為二兄出；安、同為我出；東為七弟出；容、
青為十弟出。慈已婚、有子、早逝；惠已婚、有子；德、安已殤；餘正在
就學。孫女既多，自然是最小的華青更易得老人的鍾愛了，何況這小孩又
聰明伶俐呢！不幸她在廿五年六月初患了牙癧，中西醫生都診治過，纏綿
到十五日，醫生斷為已無希望，姑且送入南寧醫學院附屬醫院再盡人事，
竟在當日下午六時不治。年才九歲。母親說：「十妹出世時不哭，次日打

銅盤嚇她才哭。人說不宜養育，養起來會尅父母。倘沒有她，她父親或許尚在呢。」她這次病中也從不啼哭，不呻吟。母親曾問她：「十妹，你覺得難受嗎？」她答：「沒什麼難受。」因十弟無兒，不特她母親和祖母對她深為痛惜，家裡人人對她也莫不痛惜。我為安慰老人，特電七弟回家一行。他十七日由平塘江回到，在家陪侍了三天才去。

三一、避容防戰發

　　廣西局面太平了五年，廿五年秋安定的家慮有戰禍，又作一次遷避。事因屏障兩廣的胡漢民氏五月十二日逝世後，南京即表示要收回廣東的軍政大權，遂引起陳濟棠的反應，以抗日救國大題目壓迫南京。廣西曾加勸阻而陳不聽，彼此唇齒相依，只好與陳一致行動，是謂「六一運動」，戰事有一觸即發之勢。各子姪在廣州就讀，我妻自往接歸，六月廿三日她偕永良回到南寧。我顧慮戰火燃後南寧有被對方空襲的危險，七月二日請老人偕全家返容縣暫住，以期安全。到了容縣，租住西大街九十四號。從此，家人在容縣、南寧、平塘江之間來來往往不停。八月六日我妻回容，我函稟老人以再遷赤坎為更好。但八日得七弟函，謂老人以為赤坎可不去，倘情況有必需時，離開城市到距公路稍遠的熊膽口即可無虞。實際上戰對雙方都不利的，經過熱誠愛國的政要奔走幹旋，情勢逐漸緩和。永良八月十八日自容縣函問可否仍回嶺南大學復課？我電覆可。九月六日我方與蔣委員長在廣州達成和議，南京從新任命廣西軍政首長。十六日李宗仁就廣西綏靖主任、白崇禧就軍事委員會常務委員、我就廣西省政府委員兼主席職，中央派程潛來邕監誓。十七日李宗仁、程潛、黃紹竑和我飛穗謁蔣，二十日李和我回邕。滿天風雲，既告消散，廿一日我派車赴容迎接老幼回來，廿二日老人偕子、女、媳、孫、外孫等回到，且添一女孫華楠，是八月十九日七弟所生。在時局恢復祥和之下；廿四日全家為母親六十九歲生辰作歡欣暢快的祝賀。九月七弟辭去平塘江鹽稅局長職務，在家侍養老人。

三二、省遷離膝下

　　六一運動過後，廣西黨政軍聯席會議以抗日戰爭勢難避免，省會南寧太近海口，易受敵人威脅，決定遷至桂林，舊省會又成為新會省，綏靖公署和省政府都於廿五年十月五日在桂林開始辦公。老人由七弟和十弟婦兩家侍奉，依舊住在南寧桃源路；嫂家仍住梧州；我家隨往桂林，又不能常依老人膝下了，好在交通便利，隨時想見不難。

今年父親七十一歲大慶，我們很想格外熱鬧些，曾和七弟往返函商，而父親卻誡不可鋪張，只得將順其意。期近，嫂家和我家先後回邑。十二月七日，全家和許多戚友如往年作祝賀，沒甚特別排場，兩老十分高興。我九日辭往鬱、梧各屬視察；妻和慶姪十八日辭返桂林。

母親廿六年一月三十晚由邑搭船赴梧看華恩病。我二月十三日離桂經湘赴京出席國民黨第五屆三中全會，三月十一日回經廣州飛梧。母親也還在梧。華恩病半身不遂仍未愈，只能說兩三個字的短語。我報告母親和二嫂：「在廣州時慶良和永良都來見過，保良正在考試未能出來。已囑慶良應在中德中學讀完高中；至於婚事，絕不強迫你。」十二日陪母親搭民航機返南寧，費時八十分鐘。到家，見父親康健，甚慰；七弟旬前由邑回容途中汽車失火致跌傷足未愈。一般共感想發展本省經濟，須注意建鐵路和開鑛，十四日白崇禧、張淦、蘇誠和我為此特到上林縣黃華山視察金鑛；適父親和李卓臣、李溥生也到上林縣益群公司金鑛參觀，因遇雨故我們不及進至益群同行。十五日我辭經柳州返桂。

三三、桂賀快初遊

桂林的山水、氣候、言語都和南寧不同，各子姪未到過的如保良、永良、慶良等都趁廿六年一月寒假期間先後由廣州飛來看我，順便遊覽風景名勝，流連經旬才返穗校。華同遷省時未同來，仍在南寧讀小學，二月四日才由十弟婦送來，從此留桂就讀。十弟婦三月廿二日由桂回邑。

母親第一次遊桂林是五月七日由七弟夫婦陪她由南寧乘汽車來的，經柳州一宿，八日抵桂，沿途尚覺安適。當日晚餐後我們陪她遊覽皇城和省政府，尚有興致。她乘長途汽車並不疲勞，十二日七弟夫婦又陪她往遊賀縣八步。那是本省最著名的錫鑛區，容縣人士來此經營鑛業的很多，不時聽到家鄉口音，鄉親招待殷勤，欣感無已。十六日回到桂林，是夜大家又陪她到南華戲院看天津義俠精武團表演精采的武藝。七弟夫婦廿二日先回南寧，母親留桂小住。她很少去遊山玩水，看看戲之外，也看各種展覽會。六月六日杭州西泠社在桂開書畫展覽會，我陪她往看，有一幅貓畫得非常神氣，她最為欣賞。十多日後，七弟復來接她，廿五日午刻搭民航機飛邑，下午三時三十分平安到達。

三四、遷葬便掃墓

我們這一代，風水吉凶的迷信是淡薄了，尊祖敬宗的觀念卻仍存在，因此，廿六年秋有遷葬祖父、二兄、十弟等三墓於南蛇嶺之舉。

祖父原葬東華的墓地，各叔父、兄弟以為不吉，將骨罎暫寄土室以待擇地安葬。父親以子姪輩多執業遠方，東華交通不便，常常多年不能回去祭掃，心殊抱憾；倘能遷到舟車飛機都便的梧州，即使不能春秋按時上墳，但隨時經過都可瞻拜。子姪們很表贊同，遂在梧州物色地點，得東門外冰井埇南蛇嶺。其地後枕白雲山；西江橫其前，且不說風水如何，論風景和形勢已不錯了。父親雖然未去看過，但梧州地理他最熟悉，對南蛇嶺他同意了。嶺上較高稍平坦處已有人開闢為頗廣的建屋地基，下端為第四集團軍總參謀長葉翠微（琪）墓，只中間尚有小段空地，地權屬廣西綏靖公署，六月初我向綏署洽商，承讓給數丈，我即函告七弟轉報老人。

　　因籌遷祖父墓時，觸起了二兄、十弟的墓也有遷移的必要。兄墓在撫河西岸大漓口，掃墓者既須乘艇，又要走路，轉折不便；地勢較低，江潦高漲時曾遭淹沒；附近發現金鑛，鑛坑危及墓地，不得不遷。弟墓在南寧東門外，墓下為別人的農田，年年剗除田磡的茅草，已損及墳堂；每逢家人往掃弟墓，不免惹動老人的傷感，能移往遠處為好。這樣，應遷的墓有三，而南蛇嶺數丈地僅能建兩墓，嫂叔兄弟們晤商後，決定以祖父和十弟合葬上穴，以下穴葬兄。

　　我七月一日到梧主持廣西大學理工學院第三屆畢業典禮，順和二嫂商談遷葬兄墓的事；次早復偕嫂、姪到南蛇嶺實地踏查；二日晚七弟也為遷墓事由邕到梧，互相面談。七七事變發後，我奉召赴軍事委員會廬山暑期訓練團第二期參加訓練，關於遷葬事未再得參預；八月十九日回到桂林，知祖父二兄十弟已於前十七日同時下葬，三兄、五弟、六弟、七弟、慶良、保良、元良齊來會葬。未完工程，六弟繼續督率進行，九月二日立碑。六弟將碑文鈔寄給我，謂係撫東五弟所撰，並經我父親過目。碑正中一行為墓中人的官銜、別號、名諱等。前為正文，敘墓中人生平重要行誼、生卒年月日時、配偶姓名。祖父碑文中有「孫旦初出世，公見之掀髯笑曰：此子長大必為門閭光。愛逾拱璧。」和「以彼幼時為公所愛，愛舉而抱葬焉。」兩段，說明祖孫合葬的原因。後為立碑人署名，男、孫、曾孫按次序長幼排列，已故的加一方框。但女、孫女、曾孫女全不列，這是父系社會的習慣，以為出嫁後已非本家人。末一行記安葬年月日時和立碑年月日時，均用干支而不用數字。兩墓都是坐癸向丁兼子午，即背北面南。

歸容縣城

三五、回容堅抗日

廿六年秋，全國一致奮起禦侮，決心對日抗戰到底，南寧有被敵轟炸或被敵侵入的顧慮，七弟遂偕家人於雙十節前夕侍奉父母歸住容縣城外新南街弟的新宅。雖非舊居，已近故里，族戚鄰好，時相晤敘。只是我卻政務愈繁，距離愈遠，定省愈疏了。

十一月末，為使縣政措施配合抗戰，我出巡視導，經南寧、百色、龍州、潯州、鬱林各區，於十二月十日到容縣，乘便歸省。父親不知我已出巡，他偕七弟去了桂林，這是民國建後他首次到桂，距前次來應歲試已三十五年；七弟婦和十弟婦去了楊村外婆家弔大舅母的喪；只母親在家，身體康健。我十一日赴梧州視導；十二日同嫂、姪等往祭南蛇嶺祖父、兄弟的墓；十三晚返抵容縣，父親、七弟、弟婦仍未回來。十四日別母視察橫縣、永淳；十五日復到南寧主持民團幹校第七期開學禮，父親和七弟前日已由桂到此等候與我見面，並一看他去年就城內邕寧縣政府遺址創辦的文光中學的近況，睽違了數月，得一夕歡談。十六日父親偕七弟回容縣，我赴慶遠、柳州視導，同到賓陽，然後分手。十九日上午九時敵機十一架狂炸梧州，市區受損很大，這是敵機犯我桂境的第一次，嫂家幸尚平安。

三六、老病苦反復

父親向來體強少病，老年才患痰咳；寓香港時醫藥方便，但自覺無礙，終未診治；到廿七年，血氣稍衰，病也漸多。常在老人身邊的七弟，四月一日受任為鬱江鹽稅局長，離家去了，好在局設船埠，距容縣僅一小時汽車行程，隨時可歸。四妹家近在雅堂，歸寧很便。唯獨我看著春天將盡，明知倚閭望切，三月末尚須赴武昌出席國民黨臨時全國大會，四月初到徐州慰候第五戰區司令長官李宗仁，往返費了半月光陰；四月十八日赴邕主持幹校第六期緒業禮後，二十日才得偕妻轉赴容縣，經鬱林時弟來同車到家。母親很好；父親近數日言語已清楚，手能用箸，飯量增加，是晚復開始飲酒。父母既平安，翌日我們辭歸桂林。

文光中學免收同姓和成績優異的學生的學費，受人歡迎，但尚未向省政府立案，父親為此事於四月三十日由容乘汽車到桂，住五美塘我家。我請熊靜和醫生為他診病，醫說是氣血虛後被風填入，故有舌頭或手指不

靈現象，服藥兩劑後，由膝到趾已覺溫暖。他五月三日上風洞山訪九十九歲馬相伯老人，復由潘幼芹秘書集壯夫數人扶登獨秀峰頂眺望，云不感疲倦。桂林八十歲老人王壽齡（芝生）親畫紅梅一幅贈他。五日他赴邕看過文光中學即歸容縣。

綠蕉六月四日由容歸報，父又氣喘夜不能眠，我即請父來桂就醫。但七弟和我函電商量後，他望我覓名醫歸省。我夫婦偕熊靜和醫生廿八日到容。父喘以午後和夜間為甚，日有定時如瘧疾。我乘間七月一日赴梧視察，得晤嫂，她適得慶良自粵函告，定十三日在從化與林寶珍女士定婚；三日回容。熊醫生不能久留，我夫婦遂侍父母經邕赴桂，車中三天雨凉舒適，七日抵桂。熊續診，效未見。華惠十六日由容來電：慶良婚期定本月廿二日，應在容抑在梧舉行？喜訊令老人興奮，囑在容舉行；十七夜和我們討論禮服問題很久。十八日綠蕉、華同侍兩老回容，我廿一日才行。二十夜大風雨，父親受了外感，服何醫生方發散太過，廿一晨又服高麗參，致昏沉不能辨人；改服醫院覃醫生方，夜半三時後才神智復清。因老人病情變化，令慶良提前於廿一夜迎親。廿二日晨起，父精神大好，索食，索禮服穿以待新人拜見。婚禮下午三時假嶠雅堂舉行，兩老親臨主持，興致很高。我因全省中等學校校長會議定廿五日開始，須趕回桂，廿三日早報告父親，他無異詞。侍早餐後告別，並請他稍愈再遊桂。他說，要去不論幾時。我下樓上車，父竟令人扶著追送到大門外。我急下車，見他神色異常，泫然欲涕，這是他向來所未有的，知他心裡難過。我和七弟扶他上樓，回臥室，安慰他道：我會常常回來。又囑四妹多住些時，小心照料，才上車去。當晚到柳即電詢七弟：別後老人如何？廿四日到桂得弟電謂父親精神好，才放心。

「父病稍愈便不願服藥，戒口也不嚴，氣一緊又各藥紛服，以致反覆。」七弟曾以此函告。九月十二日在邕得弟電謂父病劇，十三日我夫婦趕往，夜半到家，父親仍能起床出廳中坐談。嫂也得電由梧來視。黃啟融醫生說，父是肺病，已到第二期末，將入第三期，須多休息，多食滋養品。我們十六日回桂。嗣請馬起雲以針治，未效。十月一日為母親七一誕辰，全家在我新南街新屋慶祝，父親自撰聯致賀。五日起請程笑仙醫生診治，汗止，睡酣，想食。十一月初赴船埠小住，母親不時往看；到廿八日又感不適，乃回容就醫。十二月十五日父親七三生日，馬相伯老人以紅箋親書一大壽字致贈，我持歸預備祝賀。但父親以數日來較好，俗忌久病鬧生日，囑勿提及。大家只好順其意，不提。當日午刻我率妻女辭返桂林，不料此別竟成永訣。

三七、父壽終故鄉

父親病久，神智漸失寧靜。華東廿八年一月四日函：「祖父雙足浮腫，夜難安睡，氣緊呻吟，甘藹平醫生診治不見大效。祖父說一定有鬼作祟，先幾日想偕祖母返東華做鬼驅邪，後因腳加腫了才不去。他老人家每晚在壽星天神前祈拜，但亦無靈。」五弟也主張老人回東華住，可免因走空襲警報而擾及病體。一月十六日，母親、二嫂、六弟、慶良、寶珍等侍父親回東華，住在高洞老屋，十七晚請師公為父親做「十保福」。繼續診治服藥，腫仍不消。七弟以鄉下醫藥一切都較不便，請仍出城住。但老人想在東華度舊歲，暫不出去。我電告弟：可待過了舊曆年再出城。

國民黨第五屆五中全會在重慶舉行，我一月十九日飛往出席，二月二日返桂，政務叢集，未即歸省。十二日夜半，突接容縣電報局主任李熾來電：「接府上電話云：『旭：叔父文未壽終里宅，請速回。撫東』等云。經轉知曉兄，並聞。熾。文」為之震驚飲泣。稍後復得鬱林李溥生電，謂曉弟今日申刻到局，今即回容。十三日晨到省府將省務交人代理及電行政院給假治喪，午偕妻、子、女奔喪回容；十四晚到家，登堂號哭撫視父親遺體，母心尤感哀傷。夜侍母談父臨終時情形：七弟和四妹十二日朝辭剛去，只母親、二嫂、七弟婦、十弟婦、慶良夫婦侍側；父以七弟和十弟未有子嗣為念；日前又曾說，將來死了就葬我在東華，得歸葬故鄉，似頗感安慰。十五日未刻入殮，棺木係去秋我託人由柳州購來的。十六日晨入殮祭，承重孫慶良為主祭，行三獻禮。連日我們兄弟看了墓地多處，廿一日決定取茶辣坪；地承山雞村唐家讓給，謝之以禮。廿四日訃告族戚鄉友。各伯叔母向母親說，應照例請師公做齋醮以超度死者，母以問我，我說無須，母心頗不安。除不做齋醮外，一切悉依當地向來儀式行事。廿八日晨家祭，由慶良、我、七弟三人為主祭，行三獻禮。禮成，天明，族戚鄰友接連來祭，到晚才完，客多至庭不能容。三月一日晨出殯，孝子孝婦先行三跪九叩禮，按序入糧（裝飯餡入陶罐，滿後將罐口封固，葬時置柩前，意為備死者在地下盤餐之用）後，抬伕與親族合力用手抬棺出大門外縶杠，孝子們預先到大門外跪迎，縶好抬走，乃按序起行。十時到茶辣坪，十一時下葬，野草茫茫，一抔黃土，我們號哭一場而返。二日夜侍母閒談，七弟婦述：去年舊曆十一月十七日祖父崑山公誕辰，父親率三代夫婦（時慶良夫婦適回在容）成雙拜祭，自讀所寫祭文，且讀且哭，俗說老人病中愛哭不祥，果然。四日晨合家對父行三七祭後，侍母親出城。五日訃告近城親友：明日為父親在城設靈開弔。禮堂設在新南街我宅中，各方

致輓幛聯懸滿至無隙地。傍晚祭者絡繹而來，六日更多。孝子孝婦只穿白衣，不披麻，不拄杖，麻和杖已在送葬時棄在墳上。八日我回桂銷假視事。

三八、足麻痺纏綿

母親喜鄉村清靜，厭城市繁囂；三月十八日回東華主持父逝五七忌祭後，便一直住下去，嫂嬸們也在東華陪著她。四月中我函請她來桂林住些時，她以桂林言語不通，不若家鄉舒適而沒去。五月廿六日才由東華出城來。

母親向來體健，但父病時她患小咳。在侍病中，父當精神好時，很愛聊天，她眼倦想睡而不得，很是辛苦。三月底小有不適。五月下旬又曾手痛。端午節後，右邊手腳的筋骨都痛，右腦也脹，痛處隨時移動，曾受過幾位醫生診治。七月十五日患風濕痛嘔；時我出巡龍州，十九日到邕得電知已好了大半；因決定巡視百色後再歸省；廿六日我偕妻由邕赴容，經鬱林時七弟同車到家；母親十多日來只食粥，痛處現往右腳板。那時有件喜事，慶良適在十日前生女，命名國薇；母親成為曾祖母了。

我們請得母親同意再遊桂林，我尚須繼續視察，廿八日先行，由綠蕉、瓊英、華楠陪侍她於廿九日離容，三十日到達，住木龍洞我宅。卅一日敵機狂炸桂林，死傷五百多人，我宅近在防空洞口，老人走避尚便。九月二十日在桂家人慶祝母親七十三歲壽辰，慶良不去同濟大學復學，往來鬱柳做汽油買賣，特到桂省視參加。母親來了兩個多月，只腳仍麻痺，已無他病，願在桂久留；十月十二日我電告七弟，並請將母親的冬衣寄來。七弟婦和慶良十一月十六日到桂省候老人，二十日得日軍攻破小董進迫南寧消息，即趕回容縣。廿四日南寧淪陷。

我廿九年一月廿四日赴遷江參加桂林行營主任白崇禧召集的政治檢討會議，會後赴鬱梧各屬巡視。卅一晚到容縣，二嫂、七弟婦、十弟婦三家長幼都在城住，得同晤敘；七弟昨已在鬱晤談，他今晨先回東華辦理紀念父親逝世周年各事，我太忙竟未能同往祭掃。二月二日離容，三晚到藤縣。四日到梧州，即以電話問桂林家中，知母親安好。六日拜南蛇嶺祖、兄、弟墓。九月離梧經八步回桂。

母親足部麻痺腳背發熱久尚未愈，三月十六日請平樂劉遜民醫生針治，同時治我胃病。劉五月四日回家一行，母足疾稍好，我胃痛已止。十九日劉復來繼續治療。

南寧淪陷，岳丈宋淑庠翁全家避往桂西樂里。五月五日岳母雷氏率同子、媳、孫乘防空獎券處汽車經百色、東蘭、河池、柳州到桂，即住我家，母親又多一伴。我們不時陪兩老看戲。

七弟久未見母，六月九日令七弟婦來接回容。我請老人稍留試行電療，廿四日她才決定回去。廿五日乘汽車到平樂，即晚搭館船赴梧州，由七弟婦、瓊英、華楠陪侍，宋澤民內兄、覃孔燕老表同行，三十日平安到容。我函告二嫂、七弟、十弟婦：母親足疾仍未全愈，望當心照料。

三九、娃娃疼老人

母親離桂第二天六月廿六日，我乘汽車經賀州赴重慶出席國民黨五屆七中全會，七月十五日飛返桂林即電問母親近況，得七第覆謂老人安健、飯量增加。八月下旬弟和華東先後函報詳細起居，弟廿五日函：「前月向梧州醫院聘趙姓女護士來家看護母親，頗為周到。每日進食五次。晨四時吃冰糖五更粥。天明後小睡約點餘鐘即起，在園內門前各處散步，已能扶杖自己遊行。體比前肥健，僅腳背間有熱麻，用冰片或藥水擦後可止。但止後不久又發，未能根治。」東卅日函：「祖母由桂初歸，尚覺安泰，數日後忽發寒熱頭暈，病情頗重，後經數醫診治，過四五日病漸減輕，現已恢復健康。每日食兩碗多飯，什麼食品都喜歡油多。老人自己說差不多似舊時一樣了。她時時想飲酒與吃鷓鴣，但此二者皆為醫生禁吃，且鷓鴣甚難買得，她常為此感到不快。又時為想吃之物而不能吃、或吃不適口而生氣，真有點返老還童像小孩子的神氣。小容芳（即國薇）很奇怪，十四個月了，還不曾有牙齒，連爬行都不會。體格不大強健，樣子卻很像阿嫂，頗惹人愛。她時常見了祖母便伸出手臂要抱，別人抱她都不要。祖母曾笑說：只有小娃娃最疼我，不討厭老人。」以後的情形沒甚變動，只老人耳邊又多了兩個小娃娃的啼聲，因為九月廿三日慶良第二女國萍、十月三日七弟第三女華坤先後出世。她常早起晨餐後步行里許，能上樓，能自行往鄰居訪友，但足部時復發熱。有時要破戒飲酒，大家每不忍違其意。

到三十年四月，我違別慈顏九個月了。其間因桂南敵退，趕往邕龍處理善後；又赴重慶向中央洽請戰災振款和農村貸款；復巡視右江，日不暇給；乃決乘出巡梧潯順便歸省。四月九日乘汽車到平樂，轉坐民船於十二日到梧州。晚到北環路華惠家中晤二嫂，她是和五弟、慶良昨日由容縣來到的。十三日午刻嫂、我、弟、姪等往南蛇嶺掃墓，晚在惠家敘餐。十六日我搭船赴藤縣視察，嫂、弟、姪等另船晚間到藤；十七日赴容，十八日先後到達；因轎夫速度不同，昨夜曾彼此相失。母親十多日來耳忽不靈，要接近大聲說話才能聽到，腿也復痛。綠蕉由桂來，十四日先到。七弟說：鹽務事繁責重權輕，每月虧空很大，屢辭而不獲准。我連日赴鬱林視察，每夜返容縣宿。廿四日偕七弟回東華祭父親墓。夜，與叔母、弟、弟

婦、妹、姪等十餘人聚談，很有興味；二伯母和九叔母在病中；六弟夫婦迷於賭而忘管教兒女；十六弟怕見人。廿五日回城。綠蕉為我五十開始設席請合家晚會。宴後侍母在庭園中話家常至夜十時，知寶珍涉世淺而肺病很深，嫂安頓費力。廿六日別母赴潯。三十日到邕，蕉也由容到。五月四日同歸到桂。

四十、又多一孫媳

永良和華同暑假無事，七月十四日我令其回容省問祖母，廿六日返桂，華容、華東為入高中，遂與同來。我宅在木龍洞，緊靠灘江邊，後門外便是水清沙白的天然泳場，他們這一群兄弟姊妹每天何止游一兩次。北流黨叔懷先生的長女又是容、東在容州中學的同學黨樹珍，來考廣西大學，常來同游泳，像一家人，她和永良非常投契。情形看在綠蕉眼裡，她要我面告永良將為其與黨樹珍訂婚，時為九月一日。翌日七弟婦、四妹、十弟婦到桂看兒女在學情形，對永、珍事也表贊許。十一日我夫婦偕兩弟婦、四妹到容省母，老人一眼已看不見物，兩耳有時也數日欠聰，聽到孫將訂婚，為之色喜。黨家時住容縣，亦同意此事。我夫婦十三日回桂，廿四日在家款宴少數親友，席上對永良、樹珍宣布正式訂婚；並託七弟同日在容代辦禮束、禮物送致黨家文定，備牲酒奉告祖先，請黃抗坡兄為介紹人。黨家也回帖回禮答報。十月廿日電七弟：定本月卅日令永良、樹珍在容結婚，請代備禮束通知女家，並請盤斗寅先生證婚。廿四日再電弟：請代籌備，一切應從簡樸。弟即覆謂雙方地望不能拒客不來，期迫可勿論，禮用何式？待客一切辦法何若？事前應妥商女家，望嫂先回主持。綠蕉遂率永良、樹珍、各姪於廿五夜搭火車赴柳回容。我廿七夜行，廿八夜到，母親很健，足已不痲，能安睡，食量好，慮我勞頓，略談後即歸就寢。廿九日晨訪抗坡、斗寅商量結婚儀式，主張新舊兼用。黨家借南門街萬松山房辦喜事。三十日晨七時送禮物到黨家，計有豬二、羊二、鵝兩對、鷄四對、酒四罈、鹽、茶、月餅、飽子、鯇魚、海參、蝦、蠔、冰糖、藕糖、瓜糖、棗糖、蓮子糖、瓜子、核桃等。午刻永良乘汽車到黨家親迎新娘回新南街我宅。下午一時在我宅行結婚禮，男女雙方主婚人（女方黨叔懷先生患喉症不能來，只其夫人黃普煜參加）、介紹人、證婚人、新郎、新娘、雙方親族來賓在場，秩序為宣讀結婚證書、新人交換戒指、各在證書蓋章各項。晚宴來賓。卅一日上午八時新郎新婦拜謁祖先和尊長；下午二時回門，謁見女家尊長親屬。於是禮成。十一月二日永良夫婦赴邕致謝外祖父後回桂，保良、華容、華同、華東同行返校。我夫婦五日返抵桂。

四一、斷絃與續絃

　　母親僅有的寶珍、樹珍兩孫媳，卅一年初寶珍忽然病歿，老懷為之不舒。自去年四月母親告我寶珍病情，我說可快作詳細檢查。五月十四日慶良送寶珍到省立桂林醫院用X光線透視和照相，證明為左肺結核，我們勸她即在院留醫。醫院正在我家隔鄰，家中各人時時去看，而她不慣醫生和護士的約束，未到一個月便請求出院。我們安慰她應照醫生囑耐心住下。我宅中有片草地，俯臨灕江，空氣清新，特為她建兩房一小廳的板屋，於七月廿二日出院入住，獨立而在宅中，清靜而不寂寞。八月十五日她母親到桂，即住在她對面房，照顧方便，病況漸好。嫂囑我留病者多住數月，期澈底養好。但慶良卻望她回容。他十月四日到桂，過了十天便和他岳母伴寶珍回去了。病已日深，到一月九日遂告不治，遺下一鰥夫兩孤女。嫂姪心傷，去電奉慰。

　　我盼望母親到天暖時來遊桂林，一月十五日函致七弟預約。冬間容縣雖遇奇寒，老人卻很強健，遊行不須持杖。七弟一月廿六日到梧治牙後患氣痛，三月十七日到桂，醫診為肝病，服中藥效很緩。七弟婦四月九日由容電弟謂，老人欲乘體健天暖遊桂，請我派車往接。我因趕寫先考年譜稿順便送交五弟修訂，二十日才派車去。七、十兩弟婦侍老人廿四日離容，夜宿柳州；廿五日晨略事遊覽柳市景物即行，當晚到桂，住木龍洞山邊廿一號之十三石屋，因江邊我宅竹壁殘破改建，旬前移居在此。老人坐了兩天長途汽車，膝部略痠，精神卻好；每餐飯兩碗，假牙難嚼硬物，故喜扣肉。五月三日星期，她和我談東華舊事很長，已分為十多項記入本文中。七弟二月十七日生第四女排行廿八名華漢，我三月廿七日生第三女排行廿九，因生在桂林，老人為命名華桂。若晚晴又無空襲警報，大家每擁她往看戲，耳目聰明不及往時，劇情刺激性少時會打瞌睡；記得看過的話劇有《天國春秋》、《風雨歸舟》、《北京人》等等。五月十五日晨七弟夫婦進「盤桃」祝我五十歲周，並宴集家人，當晚和順娘侍老人搭火車赴柳回容。七弟婦說二等車較寬適，故不購頭等票。我們送到桂林北站上車，夜九時車行。老人此來頗愉快，能飲酒，初飲金雞納，後改飲茵陳。只覺此屋石級多，上下稍不便，同行人多熱鬧，故先回去，待江邊屋改好，孫媳抱娃娃，再來遊云。她十六日在柳州遊賞一天；十七日到鬱林已晚，因往船埠宿；十八日到容，未感勞頓。

　　慶良續絃，嫂電催歸，我夫婦七月一日到容。和母親分別剛個半月，又得見面，她因坐多動少，旬前腳腫；現將全消，興致很好。嫂家原住新

南街我宅，現在七弟宅前餘地自建新屋落成，二日辰時入伙；上午九時假粵西鹽務管理局桂南辦公處（租用弟宅）為禮堂，慶良與俞佩瑤小姐舉行結婚典禮，因在戰時，諸事節約，未多請客。這次婚事，因嫂照料兩個幼小孫女，一步也離不開家中，急望慶良續娶，好有人擔當家務。嫂意想娶本地人，母親意也相同，但慶良早已屬意俞氏。俞和林寶珍同學，年稍長於林，以前曾隨林在嫂家作客年餘，自林故後，林母以俞和寶珍平生交情深摯，定能善待兩幼女，故勸慶良娶俞，且親赴廣州接俞來容，事即告成。我家也有兩幼女，永良六月八日生一女，名國龍，未滿月，難出行，故我們這次只攜華桂來。華桂生母丟下其女不管而歸娘家，母親想將華桂交十弟婦撫育，但綠蕉愛這小孩，要自己照料。我們四日辭返桂。

四二、天何令人老

母親自有了新孫媳佩瑤，心情頗愉快，華忠到桂林說，祖母說新二嫂很懂禮數，能留髻就更好了，因佩瑤是剪髮的；又訊：七月廿四日老人且有興致去鬱林看戲。但有時也會煩惱。華東八月十二日給華同的信說：「此次蕭秘書調職桂林向老太太道別時，她很牢騷地要蕭轉告四伯父說是我們服侍不好，一班媳婦無情，子孫沒有一個孝順，祖父的墳沒人去拜；不望兒子為我做什麼壽，到重陽能回來拜山就心滿意足了。蕭不會將這些話照轉，故特向你一提。其實祖母這樣大年紀了，我們還敢怎樣冷淡她不成！這不過是『老』脾氣，誰教上天令人會老呢？」後生人不易體會老人的心意雖是常事，卻提起了我的警惕。

母親七十五歲誕辰將到，綠蕉、樹珍、華桂、國龍先赴邑飲了九月十三日宋文同內弟續弦喜酒，即歸容縣。我那幾天忙到不堪，十六日天未亮才由桂動身，趕到容縣已是夜後將十一時，母親已睡，聞我到即起來相見，自是歡慰。祝壽一切事宜，嫂、弟等早已加意安排妥善。十七日喜辰，上午六時由嫂領導全家男女長幼向母親祝賀。族戚鄰友絡繹而來，座為之滿。最難得為母親胞姪覃孔經、孔修、孔貴三位老表齊來，向所未有，使她格外欣悅。燈燭輝煌，杯拳交錯，這是母親最熱鬧一次生日。

我必須返東華掃墓，十七夜和兄弟們商定，請六弟、九弟明日先歸代為準備。十九日我和慶良往，二伯母、容縣縣長黎植松同行，下午到達，即赴茶辣坪父墓、湖廣埇聘母與二福大兄合墓祭掃。晚在高洞老屋請兄弟並親友聚餐。兩宅中三位老人：二伯母康強，能出城赴宴；九叔母多病，時常臥床；十一叔母還好。三兄、五弟、六弟、九弟、十二弟、十六弟都在家。村中的三界廟改為行仁鄉公所和中心學校，今年加建左右兩廊；古

欖河和尚書河都建了石橋；這些都是桂強九弟倡議並墊款舉辦的。二十日晨我偕黎縣長到鄉公所對職員和村民講話，早餐後和慶良、黎縣長回城。母親以綠蕉、樹珍無事，可多留數日。我廿一日告辭，沿途視察縣政，廿七日抵桂。蕉等十月一日回到，據談：母親在容，媳婦雖多，仍覺照料不周，時惹嗔怪；四日前母在弟宅聞黨親家太來我家，要上來看，行到後門踏著石子跌倒，使女雙喜跟隨，幸未受傷，擦藥酒後已無大礙，次日只感頭痛，請醫診脈服藥略效；老人很喜歡我們兩小孩，還想蕉等多住些時。

七弟自三十年十月辭職後，得有較多時間侍奉老人；但卅一年十一月一日他復任粵西鹽務局桂南分局局長，戰時搶運食鹽入來，局務緊張異常，且兩個月後局址由容遷鬱，弟又不能晨昏在側了。以後的景況，得華容函述：「桂南分局遷後，門口少了衛兵，所以來訪祖母的親戚朋友特別多。因徵兵和其他情事被縣政府拘押請求保釋的，祖母常有難卻而願幫忙。新年近了，縣監裡四百多因犯來信請求布施，她也給了桂鈔一千元。老人不以此等情事為煩擾，反覺幫助了人心才安樂。」

四三、養志最重要

我們時時想見母親，母親一樣想見我們，她在將過年時給我信說，明春天暖將到桂林。卅二年二月二十日我函七弟說，已將木龍洞住宅由山邊遷回江邊，再無上下石級的麻煩，盼望母親來住。弟電復：母願來。我廿三日派車往接，因華同定下月中結婚，望各位長幼同來。母親由桂強九弟和五弟婦伴送於廿八日先到，她的體氣和食量都比前稍減；十一叔母、二嫂、三嫂、五六七九十各弟婦、四妹、華容、德良、李瓊芳甥女等十餘人三月十二日才到。十四日華同與梁煦結婚，下午二時新郎來我家迎接新娘歸樂群社，三時在社內禮堂行禮，請李濟深先生證婚，曾其新、蘇希洵兩先生介紹，親家梁杓（斗堂）先生夫婦在貴州荔波縣原籍未能來，託梁達常先生坐為男家主婚，禮成，就社內以茶會招待七百餘來賓，男家設晚宴答謝婚禮執事和男女兩家族戚；十五日婿偕女回門，家人晏敘。這是母親第三個孫女的婚事（第二個是華惠，廿二年七月廿九日在梧州與湖南城步縣鍾恕人結婚）。十六日晚大家在母親房內閒談，不知是誰提及七弟想以六弟次子德良為嗣的事，三嫂大為不平，且責六弟婦驕橫，十一叔母卻不置可否。此事七弟前月曾函告我，我覆謂自無不可，但不知多子的兄弟有爭繼者否？今三嫂果然要爭。但非正式討論，七弟和各兄弟又不在場，自然沒有結論。十九夜餞送叔母、嫂、妹、弟婦、姪、甥等由九弟伴送搭火車赴柳回容。

母親自三月廿六日患腰部漲痛，請熊靜和醫生診治後，痛處漸向腿部下移，經過十日，以藥太難吃而停服。旋用白樹頭燒水洗浴，到四月中旬腰痛已減，勉強可以行動；但腳底發熱，腳趾麻木，手既怕冷，眼也昏瞀，食量稍減，整天想睡。十八日說夢見旦初要她看戲眼自會明，於是綠蕉、樹珍、華忠、李炳德甥晚間陪她往戲院「聽」戲。二十日又說夢人告以日裡出門走動走動便好，綠蕉即陪她和岳母乘人力車往訪岳母的娘家。她近來不時提及想回容縣，問容縣空襲警報多不多？七弟聞她思歸，派七弟婦廿九日到接，謂母親八字今年和我相尅，不宜同住；五月三日她和華忠、炳德陪侍老人搭火車赴柳而歸，我們大家送到北站上車。這是最後一次她在桂的情形。忠、炳十七日回桂說，老人到容後很愉快。可見養志的重要。

五月底三民主義青年團中央幹事鄧文儀赴鬱視察，我兼廣西支團部主任，故偕書記韋贄唐陪鄧同行。綠蕉、樹珍、國龍附車，廿九日到鬱即逕赴容縣省母。我們卅一日視察到容，晚才抽空回家視母。她膝部和左足略腫，著拖鞋每不穩，行動無力，別無他病；夜十時復辭赴鬱。六月一日在行政保安會議講話並聽取各縣報告，晚仍回容。二日在容視導縣政黨務。三日晨偕樹珍、國龍乘車至北流，她携女乘轎回黎洞歸寧，我視導黨政後回容。四日晨赴鬱視導兩天，五日晚偕七弟回容。這幾天得和母親晤談了幾次，在她面前的時間實在太少。她強健不及去年，但精神卻比三、四月間在桂林好得多了。六日我夫婦辭赴邕。

四四、忙男慚孝女

母親信命理，說是流年不利，勿提生日，吩咐我們到時切勿祝賀，待天涼再回去看她。我們只好依從她。夏間她不能吃燥熱食品，已少飲酒，間日服涼茶眼力便較好，績麻做消遣，否則思睡，善忘。十月間七弟因鹽務上級機構派系鬥爭劇烈，掣肘太多，辭職又不准，乃請假兩週；十六日夫婦奉母回東華掃墓，廿一日出城，廿五日又到梧掃墓後才回局。十一月十六日華容來信說：「祖母心情還好，日食四餐，只眼力已差，麻已不績，除有人和她談天之外，便是睡覺，兩腳麻木，要用酒摩擦才能安睡。以前給她的錢，昨天表叔，今天表姑，一人幾十，全分完了，請再寄些來。慶良二哥在鬱林交通銀行任職，二嫂帶了兩女同去，週末回家一次，所以少兩個娃娃陪伴老人。」二十日華容又函：「祖母近年腳雖不及以前強健，憑著拐杖還能行走，去大小解不願人扶。可是昨天早起小解，剛到便壺旁邊，兩腳忽然無力，不及叫人來扶已跌倒在地，幸好沒有傷損，不

痛也不麻，只是再也不能行動，用草藥燒水洗腳也不見效。七伯父今天將會回來，祖母很望伯父和伯母也回來。」她跌過後，中醫何旭桂診脈斷為內部無其他症狀，不須服藥。草藥燒湯洗既無效，二十日晨請衛生院西醫來診，說足部有顯著風濕症，別無他病，即打風濕針。初時腳固全無運動力量，兩手也感不靈；打針後四肢力量逐漸恢復，手能用箸，傍人扶掖已能數寸一步從容行去，這是二十日晚情景。七弟回來，她一見即執手述經過，頗為傷感；弟實在忙極，廿一日見已如常，即辭返鬱。連續每日打針一次，未滿十日她已不願再打，乃止。足力後雖漸進，終難復元，行勁須人扶持。容、東、忠各姪女上學每日也回家用膳，以使看顧老人。四妹自聞跌倒消息，便趕來相伴，日夕不離，直到冬至節才告辭回家，兩個兒子反不及一個出嫁女，慚愧極了。

　　老人十二月間雖眠食如常，但心情似感寂寞。華忠與廣東梅縣何國泉訂婚年多了，定月內結婚，大家擬在容縣為她舉行，好替老人湊湊熱鬧。但男家要在桂林，二嫂只好偕華忠由容赴桂。廿四日在樂群社行結婚禮，男家請陳向元先生代表何偉三先生主婚；女方主婚是我，請朱朝森廳長證婚，莫遺賢先坐和商掄元姪婿介紹，賀客二百餘人。廿五日新郎夫婦回門，嫂和我夫婦在我宅設宴招待，並請婚禮各位執事和兩方戚族，甚歡。卅三年一月四日嫂偕華忠夫婦、我夫婦等十餘人搭火車赴柳，翌晨分乘汽車行；我倆車較快，晚到鬱林晤七弟，遇母親數日前來此看戲等待我們，相見喜慰，六日晨母、弟一同回容；嫂車慢，宿賓陽，晚才到。七日新夫婦禮謁在容尊長族戚，又有一番歡宴。八日我和盧璟元（曾受業於先父，號希宋）回東華掃墓。十一叔母喜初抱男孫。鄉校建成，為村中生色，九弟出力最多。九日請二伯母、十一叔母（九叔母病）、三兄、六弟九弟、十二弟、希宋同席早餐後，盧向信宜回家；我出城，經雅堂，持昨祭父昨肉一方送四妹，她的姑、婿都在家；晚到城，七弟又由鬱回敘。這次與老人團聚一星期，十二晨偕妻告辭，母送出門外悵望車行，我想她心中定是難捨。一路視察北、鬱兩縣，夜宿桂南分局，得信母親今日暈倒，她望我們回容。日間電話不通，此刻才知道。又報已復平安，我決定待明晨消息以定行止。十三日晨問悉老人昨夜安好，我心雖放不下而不能不行，即返桂。

四五、男病增孤寂

　　卅三年母親碰著無比的厄運。我和七弟先後皆病，不只未能侍奉老人湯藥，反使她為兒病憂心，後來母子消息都被阻絕，傷心日甚，醫藥更

缺，她終至不救。廣西全省被日寇數路闖入，割裂成為破片，縣分被蹂躪了四分之三，人民死傷流離，水深火熱。我兄弟在公私責任交逼下成為最苦難的一對，詳情細述。

我的消化系病近兩年來不時發作，到今年特別厲害。二月八日和李濟深、白崇禧、張發奎各位赴南嶽出席蔣委員長召開的第四次軍事會議，第五日胃痛竟不能參加。十六日返桂後痛仍不止，白氏夫婦推薦熊靜和響生，但服藥經旬無效。廿九日由五位西醫會同診斷後，推省立醫學院內科主任郭光庭主治，經過胃液檢驗、X光透視檢查和照相，知胃部正常，實為慢性十二指腸潰瘍，於是專心在家療養，整個三月份未去辦公，暫時痊癒。

我病潛伏而弟病繼起。他四月七日請假回容休養，廿四日銷假視事，實未全愈。五月中大小便不通，十八日到梧州就醫，次早在省立梧州醫院割膀胱插膠管放尿。時我正在渝出席國民黨五屆十二中全會和行政院召集的全國行政會議，常以電話探問病情，六月四日返桂，知病人屢次發燒。十二日施擴張尿道手術。廿六日日寇圍衡陽，桂林疏散，情勢緊張，我囑弟安心在梧治療。病久體弱，膀胱、尿道有膿發炎，續擴尿道手術延不能施。因西江、南路、越南日寇未有發動犯桂徵候，情勢稍緩，疏散各機關人員復返桂林。八月十六夜我夫婦偕程崇圯醫生、潘幼芹秘書離桂赴貴轉船往梧視弟，十八日到達。弟已於十三日遷到思達醫院以變換環境。我請外科醫生黃榕增由八步於廿三日來郊，他和在梧幾位醫生會商後，認為根本問題在病人抵抗力太弱，決定輸血，廿五日由華東輸給五百CC。數日來病狀漸佳，廿六日晨我和弟詳談，望多食滋養品以恢復抵抗力割口才易生合，待健康大體復常，再通尿道。弟表同意。我說，老人日望我們歸省，今晚即須離梧。在梧視導政務外，並掃墓、訪晤商掄元和鍾恕人兩姪婿家。夜九時乘新廣財電船行，同行有慶良夫婦、華容等十餘人。廿七日晨到藤縣視察，綠蕉偕慶姪等午間轉搭藤容小電船先行回容。我沿大河上視祭平南到桂平，得貴縣縣長羅福康轉來容縣消息謂太夫人違和，望速歸；卅日晨到貴，公路被江潦漲沒至金雞橋，羅已預備小艇渡過，乃上汽車行，過午到容縣。

母親這幾個月的情形，綜合各姪函述，主要為年老氣衰，精神不能自制，易生悲感；其次為足患風濕，行動失去自由，很受刺激。她自一月十二日我告辭回桂時暈過一次，隨後數日又暈過兩三次，醫說是年老氣衰，心血不充，若思慮多或坐立久，血液不易到達腦部，便失神易昏。廿八日華東函云：「祖母精神未見增進，終日心中惶惶，惟恐西山日落，雖

幾經慰解，亦不稍寧。常為思念伯父和父親而垂淚。父親每次歸省，必再三留不使去，去後夜即睡不安枕。昨日父親去後，要我侍側，握手不任離去。」二月三日又函：「老人所患不過是略有憂鬱與風熱，自父親旬日來時常在家安慰寬解，已兩日未覺頭暈。」廿四日又函：「祖母足得草藥名醫來治，果然藥到回春，現恰像一初學步的幼兒，已能自走幾步，但是大家總不放心任她自行，故她有時晚間乘人不覺而自起試走，返老還童，此之謂歟？」七弟三月廿三日函：「母親步履仍須扶掖，且常思見面，故弟逢星期必返容省視。」華容等四月廿三日函：「祖母近日已能自行一二十步，出大門外各處瀏覽。食飯亦可自己用箸。」但五月中旬弟病赴梧就醫後，妻女也隨往照料，不能在家侍奉老人。華忠函說：「七叔母、六姊、八姊都跟七叔父在梧，十叔母要看顧廿八妹，二嫂於國芝滿月後要去鬱林，只有母親在家管理一切。四姑母曾出城來伴祖母，四姑丈也時常來看。」家中是這樣情形，老人更加寂寞更易憂鬱了。永良到梧看過七弟，回容縣省老人，住了三天，六月五日辭別回桂，老人緊緊握手要他多留數日。六月底她想來桂林，碰巧桂林正鬧疏散，自不能來。到七月廿二日晨起至十時，她遺溺八次，大便兩次，見人不大認識，說話含糊不清，早上只食粥些少。大家見情狀異常，即請醫院張醫生診視，檢尿驗血，似是糖尿病，但容鬱都無此種特效藥，無可奈何。改請中醫診為感風，但開藥服下全行吐出。慶良由鬱趕回見狀，乃打電話請桂南分局羅兆駒科長由鬱到診，斷為消渴兼中風，試服順風勻氣湯，夜八時飲藥後睡下，到天明只小便三次。廿三日晨精神已較清醒，但有微熱，將原方略為加減，服後熱略退而安眠，食粥兩次，每次盌半。以後照方續服，病乃漸愈。八月初日軍在南路蠢動，四日陷廉江城，鬱容陡然緊張，七弟婦也暫在容看護老人。嫂等為安全計，六日晨送老人到雅堂四妹家暫住，請梁芳甫中醫隨往，老人能坐，扶掖也能行，食粥。廉江日軍六日退走，母親八日復回容城。後來能起床行動。廿七日又復昏迷，催我速歸。

四六、寇猖忍別母

我八月三十日到家，母親在床，我報告回來了，她看了我好一會才認識是我。程崇圮醫生診後又請曾為檢尿驗血的張醫生來談，雖苦未得確證，只好作糖尿病試治。是日和卅一日晨從皮下注射英蘇連糖尿病特效藥，毫無反應。我說：可否由靜脈注射一試？程張兩醫生上午九時遂由靜脈注射，一刻鐘後，病人流汗而脈搏頻數；即注射葡萄糖來中和，汗即止，脈搏也復常；連注射三次，到下午依然昏睡如舊。四妹建議換換地

方，傍晚便從弟宅移上我宅。夜半竟開眼半小時，漸覺清醒。九月一日凌晨四時便醒，能與人問答，整個上午為一週以來最清醒的時候。檢尿無糖但有蛋白質，醫生才決定為非糖尿病。程說：腦動脈變硬也能昏迷，這由老年人的生理萎縮，現尚無特效藥可治。下午母親說話又不及晨間清楚，夜間多咳而又咳不出，很苦。二日檢尿糖又多了，搖動了非糖尿症的信念，復由皮下注射英蘇連，但病人仍是昏睡。四日程辭歸桂林，潘秘書同行，因日軍已從衡陽沿湘桂路南攻，桂林緊張。中醫診為疲迷，服牛黃丸無效。五日西醫復注射英蘇連，中醫使服清火劑，無得少失；晚間服羅科長開的獨活湯，咳漸少且較易；六、七兩日續服，咳漸愈，但醒時不很多。湘敵已陷東安、零陵，桂林決定疏散，白崇禧副總長八日自渝電話催我回桂主持。十日日軍由清遠向懷集進犯；第四戰區下令破壞容縣至賓陽公路。情勢嚴重，不得已將昏沉中的老人付託嫂、妹、弟婦和各姪請為小心照料，借得李健南的木炭汽車於十一日晨夫婦別母而行，已不知心情是酸是苦。慈母顏色，從此只曾在夢寐中偶然再見。

我們當夜宿遷江，十二日午抵柳，火車為逃難人擠擁不能搭，永良偕在桂家人已遷到柳，住老龍巷卅三號，因在柳一宿。十三日午省府一汽車由邕回到，即乘赴桂，晚入城，人民已疏散淨盡，所見幾乎全是軍人，省府人員上了火車待開赴宜山，各廳長委員正在待我。當夜及翌晨處理事畢，黯然離開這秀美的省會。十五日到宜山，省府借路工紀念學校辦公，省府乘第一批火車來宜人員今晨剛到。十七日容縣黎縣長來電：太夫人比前清醒，服大黃劑後大便已通，能進粥湯大半碗，尚不能坐立。南路日軍經北流境犯容縣，十九日到黎村墟，二十日到楊梅墟，廿一日陷容縣城。同日得報，母親已遷往石頭墟。近來兵、糧需要急，會議特別多，惹起我腸病復發，但省府為使各區各縣貫澈軍事方面的要求，須我親往指示和當面迅速解決它們的困難問題，廿五日赴南寧。廿六日病臥一天，夜間和廿七日上午工作，午離邕到百色。廿九日回邕，得桂平電話：由容出來的日軍已渡江陷平南。三十日歸抵宜山，得黎縣長廿九日電：「敵廿六日離去，廿七日回城。太夫人避難長河，病況比前略清醒，日內將回城轉東華以期安全。府上平安。」十月七日慶良容縣來電：「敵到黎村時，老幼由船移往自良附近，敵離容後，四日晨全返東華，老人較前清醒，餘均安全。」慶十八日又電，祖母病狀未轉佳。我腸胃痛經月不斷，常在病床上批答公文，因母、弟病中流離轉徙，心殊不安，休養勢不可能，藥物也少見效。白崇禧副總長廿四日到宜山召集黨政軍聯席會議，謂成都有可靠良醫，力勸我往徹底根治。我說：病雖要醫，但省府和黨部都在播遷中，無

人主持恐更散漫；且母、弟也病，我遠去將增加其擔心。但白氏以本省戰局不許樂觀，現仍以養身為要緊；廿六日他再催我決心，且約定他往貴縣一行即回柳一同飛渝。我只好應允。廿八日我主持省政府委員會議和民政廳長陳良佐就職禮，宣布我赴川治病，府務交陳代行。看戰況省府終將再遷百色，因令永良攜家人到色暫住，華同夫婦偕子同往。廿九日我夫婦偕秘書梁學基赴柳候機。三十日電告東華三兄、六弟、九弟：我赴蓉治病，煩照料吾母。不自知正在夢中！當日下午即和白氏飛抵重慶。

四七、病失恃亦失

七弟在梧八月廿六夜和我們別後，遵照醫生指導調理，病況日佳。黃榕增醫生留至九月七日才歸八步。日軍由清遠入懷集，十五日到信都，七弟夫婦和華東、桂南分局職員何式典等十六日與思達醫院院長華理士等共百餘人分乘五船撤離梧州，擬赴容縣。廿一日到象棋鄉，聞容縣城疏散，母親和家人已和李健南等避往波羅江口，於是停在象棋待機。廿二日梁朝璣專員由藤縣來電話：容縣已為敵陷，須趕速退返藤城。到藤後，弟和華理士大部分人生張避往百色，遂轉向大河上溯。十月七日我在宜山以電話問南寧李畫新專員，知弟已過邕赴色，並在李處借款。十一日到田東，十七日抵百色，十八日入省立百色醫院留醫，由華理士會同該院外科主任診治。因沿途勞頓，又復發燒，惟精神和食量尚好，直休養到十一月廿六日再施第三次手術擴張尿道，經過良好，到年底時已能自由步行。省內各高級軍政機關於柳州將淪陷時都遷集百色，弟為防敵機空襲，遷往敬德縣東陵鄉何式典家休養。

我到渝，白副總長招待住在嘉陵新村他的公館。翌日以代電報告行政院：為赴蓉就醫，昨已抵渝。十一月二日白氏為請航空委員會派機送我到成都。承四川大學黃季陸校長接往其文廟街六十六號公館下榻。中央大學醫學院戚壽南院長由白氏介紹來診，要我入院檢查。三日入成都公共醫院，經邱煥揚X光線主任連日透視和照相，發現十二腸下行部旁邊突出一袋。戚院長認為食物可流入此袋，如久不返出，會腐敗發酵或發炎而發痛，非藥物治療所能奏效，只有將袋割除。十三日出院住驛馬市中國旅行社成都招待所。十四日黃校長偕曾為他割膽囊的外科名醫董秉奇來談，董即向公共醫院索我的病歷和照片研究。十五日我們到慶雲東街廿一號董的診療所參觀，董對我的病情已明，說必須割治。十六日入住董診所，十八日上午施手術：一、將憩室（即袋）內翻；二、將幽門曠置；三、將結膜後胃空腸吻合；費時五十六分鐘，經過情形很好。十二月五日出院，黃校

長懇邀仍住其公館。李宗仁司令長官來渝開會，十日飛返老河口，臨行時來電話勸我休養完全康復再行工作，對省內事不宜著急。廿一日華東到成都省視，謂一個月前離百色飛經昆渝轉搭汽車來的。廿三日相偕飛重慶，仍寓白公館。廿七日遷寓林森路牌坊里二號廣西銀行新購樓屋。

這是我兄弟倆治病經過的概略。

此時入桂日軍佔據兩線：一由黃沙河沿湘桂鐵路直至鎮南關；一由梧州溯大河、柳江轉黔桂路直抵黔邊；兩線在柳州交叉，全省遂被隔斷為四塊，破碎支離。

四八、百色驚噩耗

我病體已告復原，卅四年二月四日偕綠蕉、華東、黃子敬離渝歸百色。渝色間無航機，來往須繞道昆明。在昆等候至十三日才得搭軍機飛色。永良夫婦及兩女、華同夫婦及一子、華桂都在此。七弟夫婦三月三日才由東凌出來。四個月來我始終得不到母親的真確消息，回來將政務部署略已就緒後，三月五日孫仁林委員將信一封交我如下：

「旭初吾兄禮鑒：去冬弟到宜山開黨政軍聯席談話會，當時宏漢、紹園兩兄以太夫人壽終梓里密告，不勝哀悼！曾共同商定：對兄暫守祕密，對外暫不發表，對中央暫不報喪（只由禧面報委座，經已照辦），俟兄病愈回桂，再行訃告追悼，以表哀忱。因兄在病中，且孝思素篤，若遽以告，則勢必哀痛增加病症，故不得已而有上之從權處置也。今幸貴恙已痊，回桂主政，希望節哀應變，移孝作忠，運用民眾武力，協同國軍作戰，驅逐倭寇，還我河山，太夫人必含笑九泉也。謹此函唁，並叩禮安！白崇禧敬啟。二月四日。」

又另一函云：「宏漢、紹園兩兄勛鑒：茲由梁秘書帶交旭兄一函，請兩兄先閱。究竟應何時面交，其時機望妥為商決。餘託梁秘書面達。」我讀後無限悲痛，即刻回寓告知家人，並和七弟商討後，請各同事代擬治喪辦法，承為決定：一、電行政院報告並請給假治喪，同時電告李德鄰長官、白健生副總長、浙江黃季寬主席、安徽李鶴齡主席；二、八日在百色寓所遵制成服；三、本月內在色開弔，並在色、筑、渝登報訃告；四、柩暫淺厝，待寇平再葬。七日電告東華各兄、弟、姪報告明日在色發喪成服。在寓布置禮堂，八日上午十時行成服禮：著舊喪服，孝子斬衰，拄杖，行三獻體。我自撰祭文：「嗚呼，母乎！今跪於吾母遺像之前者，皆吾母之子媳孫曾也。吾母離世已百三十八日矣，男等耳不舞而不聞噩耗，足不跛而不能奔喪，今始於相去千里吾母舊遊之百色祭告成服，嗚呼吾

母，其尚視吾等為子媳孫曾否耶？讀書為明理，年老靠兒孫。當母老且病，男等猶不辭官終養，且官在病中，何能理事？以致不能盡孝，亦不能盡忠。聖賢詩書，為我輩讀壞盡矣！男等兄弟正當年富力強之時，忽於養生，相率致病，遠出就醫，對於吾母，湯藥不能親嘗，彌留不及在側。今男等無母，心痛已極，當時吾母有子亦如無子，不知心痛更何如也？男等既不在家，吾母身後事宜，悉落慶良肩上，年輕承重，其難可想，故猶停棺未葬。夫入土為安，則吾母其何能安？嗚呼，男等不孝，追悔莫及，母素仁慈，或能恕宥。敬陳詞而薦酒，祈來格而來嘗。哀哉，尚饗。」

　　三月廿五日假田武師管區司令部設禮堂開弔，上午六時家祭，孝子穿長抱馬褂、右臂纏黑紗，行三鞠躬禮。這是國民政府頒行的禮節，但仍用三獻禮秩序。我再撰文讀祭，以抒悲懷，如下：「嗚呼吾母，逝世四月餘矣，男等遠羈百色，欲歸未能，東望鄉關，慈雲已杳，追維遺範，傷如之何？吾母平生習勞體健，自先父久病，侍疾勞苦，先父既歿，益以哀傷，始漸衰邁。樂鄉村之清靜，厭城市之煩囂，而男等以職守所拘，迎養容桂，不克侍奉常住東華，遂令區區母心，莫能順遂。先父故後，吾母五年之間三度居桂，以親故較少，言語不通，雖風景宜人，而思歸時切，竟使吾母他鄉作客。無以為歡。男等對母，食所嗜則警為醫誡，救急難則議為勞神，濟戚友則未滿所需，教尊祖則失時祭掃，以是莫能養志，多傷母心。吾母近年每易傷別，前年十一月曉初目鬱歸省，吾母執手談病狀，情態酸楚；去年一月旭初辭赴桂林，吾母送至門外，悵望車行為之暈倒。嗚呼，男等明知吾母老病侵尋，應陳情終養，以國難嚴重，遂蹉跎至今，卒之省破鄉殘，寇深路阻，既不能奉母同去，又不能遠覓良醫，致吾母在病榻之中流離轉徙，公私無補，忠孝俱乖。男等非理論之才，當繁劇之任，不自量力，體漸不支，先後皆病，貽憂吾母，以致母病益深，竟以不起，痛哉，痛哉！嗚呼，男等負疚太多，百身莫贖，吾母往矣，窀穸未安，倘蒙哀憐，望加默佑，使敵寇速平，得早歸治葬，庶積身罪戾，或稍減絲毫。嗚呼，吾母！恩重如山，情深似海，世世生生，願為母子。哀哉尚饗。」秀英、德英兩堂妹在果德縣服務，同來祭。

　　這是我們在百色聞耗、成服、追悼的情形。

四九、母病逝詳情

　　我們在色先後接得發強、華惠、華容三、四月間由容郵函補述母親避日寇、返東華、逝世後各情。容謂曾迭次函七伯父，因郵路不通，屢被退回。現特綜合詳記。

一、日寇從北流來犯，容縣突然緊張，敵已入黎村墟，慶良從眾議，奉老人和全家三十多人隨同李健南家眷乘船避往自良，住在黃采虹家。途中不免受涼受熱，且兩次虛驚。敵入城後，南門內被劫四家，西街商會附近舖屋被劫二十餘家，我們兄弟各家幸未被擾。華忠九月廿二日在自良產一男嬰，後來華容替他命名「可人」。敵離容後，大家乘船回城，以鄉下比城裡安全，上岸未停留，十月四日晨即用帆布床掛上帳子將老人抬返東華。

二、老人到東華，入門見六弟，即呼他名字「發強」，能認識人，說話也清楚。住高洞老屋的二廳左上房，十弟婦住左下房，二嫂和華忠住右便房。她因服藥已多，不願再服，故始終未再延醫開方。時常閉目，有時開眼。有時說幾句話。每日食粥四、五次，每次半碗，餵粥概由二嫂、十弟婦兩位擔任。經常遺溺，又帶咳嗽，末後幾天咳較多，又無痰。十月廿一日下午二時許，食粥半碗後下帳安睡，嫂、姪多人尚在老人房裡閒談許久才出去。過一會，覃孔修三表兄偶然入去揭帳看視，連呼數聲，不應，只見她唇一動，情狀異常。六弟在二廳修理時鐘，聞聲入看，即召大家齊來，見她面容漸變，悄然而去，並無痛苦。時正下午三時。二嫂和十弟婦即替她梳頭穿衣，用椅抬上正廳安置，貌如酣睡。是日適逢重喪；俗例不許號哭，大家只好飲泣。

三、後事如何辦理？各兄弟因曉初尚在病中，主張暫勿使其知此惡耗為宜，故僅電宜山告我。不料我被蒙在鼓裡，毫無知覺。各兄弟只接得朱朝森（宏漢）廳長和孫仁林（紹園）委員的覆電說，我胃病復發，故將此事緩告，而暫匯國幣二十萬元為治喪費。廿四日申刻大殮，棺用縣城運回的沙徒木造成，外油黑漆。廿五日晨家祭，駿良以承重孫主祭；族戚鄰友祭弔紛來。停柩在堂，家人晨昏敬奉酒肴，有如事生。二嫂以戰事不知何時了結？我兄弟不知何時歸來？主張停柩出外。但三兄以叔母高壽，不妨停在宅中。我回色後，三月十五日與七弟電囑慶良令與各位叔父商量，擇吉將柩停出外邊。四月十三日乃由慶良主持移至中心學校背後操場附近建一小屋停放，十弟婦、華惠、佩瑤、華容、華楠、華坤、華漢參加典，華忠侍二嫂病均在城未能來。大殮和此次移靈，二嫂都令請師公做一次齋醮，於心乃安。

五十、弟歸定葬期

七弟因病曠職將及一年，健康既復，決意穿過敵線冒險回去。四月十五日他夫婦偕華東、何式典、一看護、三工人由百色坐船下駛，十九日到果德上岸，弟乘兜輔行。廿一日到四塘。廿二日向那馬，正遇日軍進擾，縣長陸東海導往什隴村頑燈屯避居。五月晉赴鎮墟。八日到上林。因邕賓路有日軍數萬人守備，伺機十餘天，到二十日才偷過敵線到甘棠。廿一日到橫縣。廿二日到百合。以後經城隍、與業於廿五日到鬱林。廿七日到容縣。此行費時四十三日。由果德同行二百餘人，沿途或遇疏散，或夜行軍追隨不上而落後，或行李失落而回頭，到鬱時已不足百人。弟雖吃了許多辛苦，身體卻越行越壯。到容後他原定歇過兩三天疲勞即返東華，後因連日大雨，東華四合河水漲阻斷行人，省政府桂東行署將開保安會議又堅邀參加，且鹽局也應早日消假，遂令妻女先返，而於六月七日赴鬱回到桂南分局視事。九日參加保安會議。十四日夜回容。十八日乃返東華謁母靈。廿八日來電謂經擇定東華松坡山南麓為母親墓地，坐癸向丁兼子午，局勢甚佳；定九月一日安葬。我電覆同意。

五一、嫂憂母致病

五月間我赴渝參加了三個會議：由五日至廿一日出席國民黨第六次全國代表大會；廿三日出席行政院水利委員會第四次全體會議；廿八日至卅一日出席國民黨第六屆中央執監委員第一次全體會議。六月十三日歸抵百色。入夏以來，日軍氣衰力竭，逐漸退縮。南寧已於五月廿六日為我軍克復，六月廿九日又收復柳州。七月六日我到邕主持桂南收復各區善後會議。廿二日在色家人回住南寧。廿四日偕張任民參謀長、孫仁林委員由邕搭軍用機飛柳州視察，敵臨走時放火焚燒兩日，市面非常殘破。廿六日湯恩伯司令官為我向美軍借得汽車乘赴宜山視察，縣府已毀，廿七晚回柳。是日我軍克復桂林。在柳事畢，擬赴桂視察，候了十天搭不到美軍飛機而去不成。八月九日乘汽車回邕。十日日本宣布無條件投降。十四日省政府委員會在邕決定九月十五日省府由百色遷返桂林。十六日返色結束在色各事。廿四日返邕。廿五日偕家人回里葬母，夜宿貴縣，廿六日到容。

我們下車後即往候二嫂。她因某日偕六弟及堪輿家往深山坡看母親墓地受了感冒，年初即病，在東華醫一個月未有起色，二月一日慶良夫婦和華忠陪她出城就醫。但她對中醫西醫並無信心，卻信神藥。病狀是氣喘、咳嗽、不能平臥，有時數日小便不通，腳腫。三月下旬西醫曾恩濤到

容，診後斷為心病、腎病兼腳氣病，尚無可以速愈的特效藥，只能隔日打利尿針使小便通暢以消腫，作長時間的休養。五月五日慶良生男，嫂初抱男孫，心情愉快，精神較好。她向來體胖，現已瘦削失形，常呻吟不息。華惠說她病因為：一、走避日寇途中兩次受驚，又因祖母病重增加憂慮。二、全省淪陷，慶良賦閒，家口日增，坐食可憂。三、忠妹夫被炸死，遺下孤兒，歸依母家，前途茫茫。四、惠攜四子二女來住，增加她的負擔；恕人隨西江鹽務分局撤退入黔，數月尚無消息，也使她擔心。五、祖母逝後，她非常傷心，七七期中，每在靈前號哭。六、去冬天氣不好，家人多病，她年老體衰，致難支持云。其實因家中她是尊長，自覺在寇亂中病重老人的安危責任壓在肩上，萬分操心吃力，那得不病呢？

七弟約請寅友多人正在我宅商討治喪事宜。我先曾問禮於廣西通志館館長封鶴君（祝祁）翁和朱宏漢兄，多承指示；並以天氣炎熱，百物騰貴，為便利主客及改良風俗，宜從簡儉。所說極切合時宜。

五二、寇平歸葬母

我們以東華距城很遠，交通不便，故決定分在城鄉兩處開弔，免得遠客跋涉麻煩。八月廿九日先在城舉行，預先訃告僅領生花或紙布聯幛。拂曉家祭。承重孫慶良主祭，我和七弟為陪祭，都穿藍袍馬褂，右臂纏黑紗，行三獻禮，仍用拜跪並舉哀。來賓約八百人絡繹來祭，將午才完。

三十日偕家人回東華。路經雅堂，綠蕉到采之四妹家訪候，我正在六秀坡小學避雨，未得同去。晚到家，即率妻、媳、女、孫謁母靈，黑棺上面覆蓋紅綢。掀幛入告，無復慈親喚我小名；遺像儼然，若憾浪子歸何太晚？痛哉痛哉！夜間，六弟對我們詳述去年老人避寇、回鄉、病狀、彌留、入殮，移厝各項情形。說年來家運最壞，高洞、鵬化兩宅病故五人：最先是撫東七歲幼女華寧五月七日夭殤。次是撫東五兄因喪女傷心，獨子保良在韶關鹽局久無音訊，思念鬱結，六月八日病逝。次是八叔母。次是顯西十二弟十五歲次女華瑤十二月某日因病不治。最後是二伯母，數月間連失一子兩孫，傷感致病，二月十一日壽終，七十八歲，三月廿二日葬於尚書廟對面小山上。各兄弟以高洞老屋左廊的三樓高過正屋，風水不利，多損人丁，遂於今年一月拆去一層，今年當否去泰來云。

治喪事承六弟和九弟預為準備，借行仁鄉中心學校做辦事處和來賓食宿所，在停靈屋外學校體育場搭篷為禮堂，執事人員也已派定。卅一日午往看墓地，塚已挖就。弔客今日到的已不少。九月一日凌晨四時家奠，仍由慶良主祭，我和七弟陪祭，都披麻、挂杖，行三獻禮。族戚鄰友到的

二千五百餘人，至午祭完。下午二時出殯下葬。三時在老屋行點主禮，請廖百芳兄點主。昨今幸遇天晴，葬後才下雨。二日再祭母墓。又去拜二伯母、聘母、父親各墓，晚宴兩宅老幼和未行各戚友。三日我們出城，經雅堂順看四妹。

四日午後赴邕處理政務，六日晚回容。日前在東華，十弟婦向我和七弟談及華容婚事，謂己前不審慎，許給金某，幸金自退婚，今欲給鬱林蕭家，何如？我們以十弟婦無子，只此一女，已到結婚年齡，這也是母親未了的一樁心事，所以都表贊同，但須先得華容本人同意。蕭氏子名祖鈞，年紀和學識尚覺相稱，華容同意了。七日特為華容和祖鈞設宴，三週後兩人即訂婚。我們曾祝嫂五五初抱男孫，八日嫂設豈酌歡敘。九日午間我夫婦、七弟夫婦、十弟婦同到二嫂屋中商量分配母親遺物，平分四份，每份得黃金數錢、港幣和銀元各數十元、衣服一堆、拆下輓幛一堆。母親身後各事處理告一段落，十日我即辭別嫂、弟、弟婦、各姪等赴藤縣、梧州，再經八步、平樂、荔浦沿途視察戰後災情，十月三日到達桂林。全城房屋完整的僅四百七十餘家，不及原有的百分之一。省政府借文昌門外開元寺西中山紀念學校為臨時辦公處。我木龍洞住宅，母親曾來住過許久，現已成為一堆瓦礫。

結語

母親一生的景況，大略就是如此。

她的生活很明顯的有三個不同的時期：在東華村時過的是古老的純粹的農村生活，最為艱苦。幸得沒有水旱、風蟲、疫癘、兵匪的災害，年成不好也不至於顆粒無收，所以苦極還不至於逃亡離散，也沒試過欠租欠債。在福建園時過的是城市邊緣的鄉村生活，賣菜賣絲常有收益，我們兄弟的薪俸也有幫助，雖然仍做田園工作，但已不愁飢寒。遷住南寧城內以後，完全變了城市生活，既無耕作可做，且有使女服勞。曾久寓香港、廣州灣等市，又迭次旅居百色、梧州、桂林各城，她卻始終不改向來樸素的習慣，全無時下奢華的嗜好，這是很少人學得到的。

母親生了五子一女，除最幼一個未彌月便夭折外，其餘五個都能在飢餓邊緣養育成人，而且體格並不孱弱。在那樣山僻村野中，使得四個兒子不跟隨樵夫牧童度過一生，而出為國家分擔一份工作，都能盡忠職守、潔身自好。這固然是父親督責教導較多，但若母親稍有溺愛偏私，根基培養差了，便絕做不到個個都跟得上的。

她中年以後，丈夫和兒子先後都做過官，丈夫固然毫無官派架子，兒

子們受了薰陶也學了樣，無論在任所或家中，並無一般所謂官家氣勢，這正和母親的性情相合。她對窮親戚時常照顧自不消說，連素不相識的窮苦人家來請求她，也差不多有求必應，替人解困消憂。大門沒有門禁，甚麼人來她都願見。她是個心胸豁達心地慈祥的菩薩。

母親一生都與人無爭。在家裡對嬸姆們和和氣氣，在東華村和福建園對左鄰右舍也是和和氣氣。她當了家婆，陶冶得一班媳婦也非常和好。當了祖母，薰染得一群男孫女孫以至外孫都友愛相處，這在大家庭中是不易得的。

我們的母親就是這樣平凡的一個人。

但是，我把自己眼前的情形和母親當年所處的來對照，便顯現出許多平凡的地方，在她以後的竟學不上，這才感覺著母親的偉大。

所以，母親令得我愈想愈是難忘！

Do人物56　PC0571

黃旭初回憶錄
──抗戰前、中、後的廣西變革

原　　著／黃旭初
主　　編／蔡登山
責任編輯／辛秉學
圖文排版／周政緯
封面設計／蔡瑋筠

出版策劃／獨立作家
發 行 人／宋政坤
法律顧問／毛國樑　律師
製作發行／秀威資訊科技股份有限公司
　　　　　　地址：114 台北市內湖區瑞光路76巷65號1樓
　　　　　　電話：+886-2-2796-3638　傳真：+886-2-2796-1377
　　　　　　服務信箱：service@showwe.com.tw
展售門市／國家書店【松江門市】
　　　　　　地址：104 台北市中山區松江路209號1樓
　　　　　　電話：+886-2-2518-0207　傳真：+886-2-2518-0778
網路訂購／秀威網路書店：https://store.showwe.tw
　　　　　　國家網路書店：https://www.govbooks.com.tw

出版日期／2016年1月　BOD一版　定價／370元

|獨立|作家|
Independent Author

寫自己的故事，唱自己的歌

黃旭初回憶錄：抗戰前、中、後的廣西變革 / 黃
旭初原著；蔡登山主編. -- 一版. -- 臺北市：
獨立作家, 2016.01
　　面；　公分. --(Do人物；56)
　　BOD版
　　ISBN 978-986-92704-0-3(平裝)

1. 民國史

628　　　　　　　　　　　　　104028569

國家圖書館出版品預行編目

讀 者 回 函 卡

感謝您購買本書，為提升服務品質，請填妥以下資料，將讀者回函卡直接寄回或傳真本公司，收到您的寶貴意見後，我們會收藏記錄及檢討，謝謝！
如您需要了解本公司最新出版書目、購書優惠或企劃活動，歡迎您上網查詢或下載相關資料：http:// www.showwe.com.tw

您購買的書名：＿＿＿＿＿＿＿＿＿＿＿＿＿＿＿＿＿＿＿＿＿＿＿＿

出生日期：＿＿＿＿＿年＿＿＿＿＿月＿＿＿＿＿日

學歷：□高中 (含) 以下　　　□大專　　□研究所 (含) 以上

職業：□製造業　□金融業　□資訊業　□軍警　□傳播業　□自由業
　　　□服務業　□公務員　□教職　　□學生　□家管　□其它＿＿＿＿

購書地點：□網路書店　□實體書店　□書展　□郵購　□贈閱　□其他

您從何得知本書的消息？

　□網路書店　□實體書店　□網路搜尋　□電子報　□書訊　□雜誌
　□傳播媒體　□親友推薦　□網站推薦　□部落格　□其他＿＿＿＿＿

您對本書的評價：(請填代號　1.非常滿意　2.滿意　3.尚可　4.再改進)

　封面設計＿＿＿　版面編排＿＿＿　內容＿＿＿　文／譯筆＿＿＿　價格＿＿＿

讀完書後您覺得：

　□很有收穫　□有收穫　□收穫不多　□沒收穫

對我們的建議：＿＿＿＿＿＿＿＿＿＿＿＿＿＿＿＿＿＿＿＿＿＿＿＿

＿＿＿＿＿＿＿＿＿＿＿＿＿＿＿＿＿＿＿＿＿＿＿＿＿＿＿＿＿＿＿＿

＿＿＿＿＿＿＿＿＿＿＿＿＿＿＿＿＿＿＿＿＿＿＿＿＿＿＿＿＿＿＿＿

＿＿＿＿＿＿＿＿＿＿＿＿＿＿＿＿＿＿＿＿＿＿＿＿＿＿＿＿＿＿＿＿

11466
台北市內湖區瑞光路 76 巷 65 號 1 樓

獨立作家讀者服務部　　　　　收

....

（請沿線對折寄回，謝謝！）

姓　　名：_____　年齡：_____　性別：□女　□男

郵遞區號：□□□□□

地　　址：_____

聯絡電話：(日) _____ (夜) _____

E-mail：_____